中南财经政法大学
经济学院博导论丛

中国人口资源环境与经济发展

ZHONGGUO RENKOU ZIYUAN HUANJING YU JINGJI FAZHAN

陈浩 著

中国财经出版传媒集团
经济科学出版社
Economic Science Press

图书在版编目（CIP）数据

中国人口资源环境与经济发展/陈浩著．
—北京：经济科学出版社，2019.10
（中南财经政法大学经济学院博导论丛）
ISBN 978-7-5218-0965-7

Ⅰ.①中… Ⅱ.①陈… Ⅲ.①人口-关系-经济发展-研究-中国②自然资源-关系-经济发展-研究-中国③环境-关系-经济发展-研究-中国 Ⅳ.①F124

中国版本图书馆 CIP 数据核字（2019）第 210960 号

责任编辑：周秀霞
责任校对：郑淑艳
责任印制：李 鹏

中国人口资源环境与经济发展
陈 浩 著
经济科学出版社出版、发行 新华书店经销
社址：北京市海淀区阜成路甲 28 号 邮编：100142
总编部电话：010-88191217 发行部电话：010-88191522
网址：www.esp.com.cn
电子邮件：esp@esp.com.cn
天猫网店：经济科学出版社旗舰店
网址：http://jjkxcbs.tmall.com
北京季蜂印刷有限公司印装
710×1000 16 开 14 印张 270000 字
2019 年 10 月第 1 版 2019 年 10 月第 1 次印刷
ISBN 978-7-5218-0965-7 定价：56.00 元
（图书出现印装问题，本社负责调换。电话：010-88191510）

前 言

改革开放以来，我国开始进入工业化快速发展阶段，社会经济转型变化显著，带有时代特殊性的人口、资源与环境经济问题也逐渐凸显出来。

一、改革开放与人口、劳动力流动

我国改革开放伊始，已有的经济发展水平、资源条件、产业结构状态、市场发育程度等特殊因素，决定了其未来经济发展和结构转换将不得不走一条既顺应各种有关因素相互传导的一般机理，又更多地反映自身特点的发展道路。能够借鉴的是工业化先行国家和后起工业化小国与地区以市场机制引导产业进步，以技术进步带动经济发展的成功经验，以及过去计划体制本身适应于现代产业分工体系、关联体系和组织体系的合理内核。但无论来自哪方面的成功经验和合理成分，最终都只有内在融汇于我国的国情，才有可能成为促进产业进步的现实条件。

改革开放之初农村剩余劳动力从低效率的农业生产部门转移到相对较高效率的工业部门（乡镇工业企业和外商投资的劳动密集型加工工业），决定了该时期我国经济的快速增长，而这其中靠的比较优势就是劳动力资源丰富且劳动力价格低。随着改革开放深入和居民生活水平提高，再生产劳动力的价值有所提高，但劳动力价格上升速度仍慢于同期经济快速增长的速度，我国有效劳动力供应的增长速度与经济增长同步甚至快于经济增长，因此我国仍然保持劳动力比较优势，有一支既能干又价格相对较低的劳动力队伍。

根据世界银行的报告，在较长时期里，与发展中国家相比，我国资源禀赋的比较优势仍在于劳动力，尤其是受过中等教育的劳动力，这就决定了我国劳动力既能干又低价，具有中等教育背景的劳动力具备了模仿成熟技术能力强的特点，这是我国在较长时间里所具有的资源禀赋比较优势，它决定了产业发展的类型和趋势。

我国是人口大国，劳动力比较优势决定了产业类型的选择。改革开放之初，由于大量农村剩余劳动力需要从农村中转移出来，乡镇企业便成为首选的劳动密集型产业。随着开放的展开，外商直接投资开始进入我国，最早的“三来一补”加工业是典型的劳动密集型产业，也成为劳动力转移进入的产业；紧接着是各种类型的外向型加工业和外资企业，珠江三角洲劳动密集型产业快速发展促成珠三角经济高速增长，到20世纪90年代初达到高峰。丰富的劳动力供给为发展劳动密集型产业创造了条件，按照刘易斯模式，在农村剩余劳动力转移现象终止之前，这个增长过程是不会终结的。

现实的劳动力比价优势，丰富的劳动力有效供给，还有许多中等教育以上背景的劳动力具有较强的成熟技术模仿能力，低成本人力资本优势加上经济体量大、有支付能力的市场需求大等比较优势，使我国能够更多地吸引包括发达国家在内的投资，不仅是低技术产业，而且连高技术产业也从其他国家转移到我国。我国拥有的低廉劳动力成本、巨大市场和智力资源等比较优势是吸引国际资本的主要原因，而持续增长的中国经济让国际资本有更长远的预期，出现了外商投资中国产业的新变化，国际资本投资开始脱离最初的依赖于低成本劳动力的制造业，开始在中国设立研发基地并带来大量新技术，我国产业的选择也就从加工组装生产到引进生产线生产的劳动密集型产业转到劳动密集型产业与资金、技术密集型产业并重，在一定时期后再逐步转到注重技术研发和技术竞争的资金技术密集型产业，也就是从数量上扩张转向质量扩张的路子。

我国产业选择的实质是依靠劳动力比较优势选择生产模式，这种生产模式不同于当年大西洋两岸生产率竞赛中美、英两国的生产模式和产业模式，而是建立在劳动力优势基础上的新生产模式，这是渐进的进化模式，从劳动密集型生产模式，向引进技术、模仿成熟技术、消化吸收创新技术的资金、技术型生产模式的渐进进化。这种渐进进化的生产模式和丰富的低成本劳动力供给是我国经济增长的秘密，也是综合生产率得以持续提升的奥秘。

在一国范围内，区域之间没有封闭性的边境，没有海关，也不存在货币汇兑问题，同国家之间比较来说，它是完全开放型系统，区域之间在不同条件下相对开放的程度不一样。在开放型区域经济发展模式中，生产要素的区际流动能够较为自由地实现。任何一个经济区域，都由一定的劳动力、资金、资源、技术条件、信息等基本生产要素构成，但是对一个区域来说，总存在一种“要素不足”的现象。如自然资源，一个区域不可能什么种类的资源都有；技术条件也是如此，一种技术，对该区域来说是先进的，但对另一区域来说，可能已不算先进。因此，在这种情况下，一个区域如果只依赖本区域的生产要素，它只能处于一种低速发展的状况，或者根本不能发展，或者在近期还能较快发展，但却不能维系长久。一个区域要求得经济的发展，不能局限于区域本身的生产要素，而要与外区域进行联系和交换，由此产生生产要素的区际流动。区域发展的速度越快，生产要素的区际流动频率就越高。区域间要素的非流动性是静态地域分工理论的重要前提，然而在区际经济发展的非均衡状态下，区域间要素收益的差异将促使其区际流动。生产要素的区际流动，由于改变了流入区域和流出区域生产要素的相对稀缺程度，从而导致流入区域和流出区域的要素供给结构都发生变化。而要素供给结构的变动，必将对区域产业结构及其动态化趋势产生一定程度的影响。

刘易斯认为，在发展中国家的传统农业部门存在着大量剩余劳动力，之所以说是剩余劳动力，是因为这部分劳动力的边际生产率极低，甚至为零。因此，这部分劳动力生产的增长几乎没有任何贡献。这就使得农业劳动者的收入水平很低，一般只能维持家庭最低的生活水平。正是农业劳动力的低水平生存收入决定了现代工业部门的工资限界。城市工业部门的工资水平不可能低于这个限界，否则难以诱使农村传统农业部门流向城市工业部门。然而，城市工业部门的工资也不可能比这个限界高出许多，否则农村剩余劳动力大规模流入城市将导致工业部门工资的下降。城市工业部门的工资水平是由传统农业部门的收入和城市人口生存收入所决定，而高于农业部门的收入水平，总能吸引农村劳动力流向城市。发展中国家农村普遍存在的大量边际生产率极低的相对剩余劳动力，使得城市工业部门的规模扩张能以现行工资水平获得近乎无限的劳动力。一旦农村剩余劳动力全部转移到城市的工业部门，那么作为生产要素的劳动就由“无限供给”转变为相对稀缺。农业部门由于劳动力的减少而提高劳动生产率；农民的收入得到相应增加，受此影响，城市工业部门的工资水平也相应增加。刘易斯模式提出后，受到学术界长时期的关注，并在争论中得到发展。拉尼斯和费景汉针对刘易斯模式存在的缺陷提出了新的劳动力流动模式。1961 年美国经济学家乔根森创立了不同于刘易斯—拉尼斯—费景汉的新的二元经济发展模式。这三个模式的共同点是，城乡收入的差距是导致农村劳动力流入城市的唯一原因。托达罗认为，由于发展中国家城市普遍存在失业，因而农业劳动力在决定其是否流入城市时，不仅要考虑城乡收入差异，而且还要考虑城市就业率或失业率。当城市失业率很高时，即使城乡收入差异很大，农业劳动力也不会简单作出流入城市的决策。托达罗认为，在任何时候，流入城市的农村劳动力找到工作的概率取决于两个因素，城市现代部门创造的就业机会和城市失业率。就业概率与城市现代部门新创造的就业机会成正比，与城市失业率成反比。托达罗在对就业概率进行深入分析的基础上建立了复杂的农村劳动力流动模式。应当说，这是对农村劳动力流动理论发展的最大贡献。但根据托达罗的观点，城乡预期收入的差异仍然是导致农村劳动力流入城市的最主要因素之一。

区际劳动力流动要比城乡劳动力流动复杂得多。从流向来看，城乡劳动力流动的方向单一，基本是从农村流向城市。当然在一些发达国家也出现了逆城市化现象，即人口从城市流向农村（主要是市郊），但这种流动和就业关系不大，往往是为了改善居住环境。而区际劳动力流向，虽然主要表现为从欠发达地区流向发达地区，但在一定程度上也表现为发达地区之间的流动，欠发达地区之间的流动，甚至从发达地区流向欠发达地区。区际劳动力流向的复杂性，并不能改变这样一个事实，即区际劳动力的主体流向仍然是从欠发达地区到发达地区。就我国目前劳动力的区际流动情况来看，上海、北京、珠江三角洲等沿海一带经济较为发达，这些地区也是劳动力流入最多的地区。四川、安徽、湖北、江西、河南、湖南等省，劳动力资源丰富，人均收入较低，因而这些省是我国劳动力流出较多的地区。促使劳动力区际流动的原因有多种，如制度安排、劳动者的秉性等，但从经济人的角度考虑，区域间的收入差异仍然是促使劳动力区际流动的最主要原因。这一点与城乡劳动力流动的动力机制基本一致。因此区域间的发展差距越大，其劳动力的流量就越大。

从另一个角度来看，促使劳动力区际流动的原因是区域要素供给结构和需求结构与产业结构不相适应，发达地区的产业结构升级滞后，造成区内资本出现剩余，从而需要欠发达地区的劳动力流入。同时欠发达地区的产业结构升级过快，即过早地发展资本—劳动力比率较高的产业，而使劳动力出现剩余。也可能是因为某个地区大规模的资本流入，使区内的劳动力供给不足，需要其他区域的劳动力流入。我国目前劳动力的区际流动是各种因素综合作用的结果。

劳动力的区际流动，将改变流入区域和流出区域的生产要素禀赋和要素供给结构，以及要素供给价格。在资本不发生流动的情况下，劳动力流入区域，由于增加了劳动力供给，劳动力的价格降低，区域的资本—劳动力比率下降；而劳动力流出区域，由于供给减少，价格上升，区域的资本—劳动力比率上升。区域要素禀赋的变化，将通过要素价格的变动，改变区域在不同产业的发展优势，对区域产业结构的演进和区际贸易结构的变动产生一定程度的影响。

劳动力的区际流动，使流入地区和流出地区优势产业的优势和劣势产业的劣势都得到弱化，即双方的优势产业的增长速度和竞争优势都有所降低和弱化；双方的劣势产业的增长速度都有所提高。但影响最突出的是欠发达地区和发达地区的劳动密集型产业，即劳动力的流动，削弱了欠发达地区劳动密集型产业的竞争优势，而恢复了发达地区劳动密集型产业的竞争优势，因此区际劳动力的流动，在一定程度上减少了欠发达地区劳动密集型产品的输出量，或者延缓了发达地区劳动密集型产业的衰退。

改革开放后农村劳动力外流迅速发展，已从各方面影响到社会经济的发展，其产生和运行机制的动力发挥首先要归功于改革开放的战略方针政策实施，其次是农村历史发展内因和其他外因。农村劳动力的外流改变了一定时间内农村的劳动力数量和结构，既受社会、经济和自然因素的制约，同时也深刻影响农村社会、经济的发展。由农村劳动力的直接外流，导致了城乡间和地区间其他生产要素的流动，如资金、信息、技术等的流动，从而进一步影响到农村的发展。按照增长极理论：“增长并非同时出现在所有的地方，它以不同的强度出现于一些增长点或增长极上，然后通过不同的渠道向外扩散，并对整个经济产生不同的最终影响。”这种影响有积极的一面，也有消极的一面。城镇和沿海地区作为各级增长极点，劳动生产率较高，生产要素的边际收益率也较高，从而对农村地区的生产要素产生强大的吸引力。其结果可能导致农村地区：（1）劳动力的外流；（2）有限资金的外流；（3）农产品外流。作为农村主要生产要素的土地是非流动性的，中国落后的农村生产工具是和土地联系在一起的；经济落后的农村地区资金非常缺乏，基本上无外流的余地；而农产品对城镇和发达地区的供给一直是存在的，农村剩余农产品基本都是商品化了的，由于工农业产品价格剪刀差使农产品的收益率较低，况且我国农村农业发展水平是相当低的，农村人口占很大部分，加上国家农产品的收购政策，外流农产品也是非常有限的，对农村发展变化总体影响问题不太突出。关键在于农村劳动力的外流，农村劳动力外流不仅具有可能性，而且是可行的，在内外推拉力作用下成为现实，并形成了一股“潮流”。由于农村劳动力外流是在外部物质环境条件（如生活设施、交通设施、生产资料、社会保障等）相当不完备情况下的“非正式”短期流动，具有超前性。因而，农村劳动力外流也就成为农村发展变化的一种触发性影响因素，对农村社会经济的作用是显著的，其效应有利有弊，并且是多方面的。

进入21世纪以来，尤其是金融危机爆发后，我国经济发展进入新阶段，东部沿海地区大批低附加值的劳动密集型产业企业受到劳动力紧缺、生产成本高涨、国际市场萎缩等不利因素的制约，加快了产业升级和向中西部地区进行产业梯度转移及布局调整的步伐。同时，随着近年来内地的就业机会增加及劳动待遇不断改善，越来越多的劳动力由以往的“东南流”回流到中西部户籍地就近务工。这就使得东部面临的“招工难”困境更加严重，进一步迫使东部部分产业加快升级和转移到劳动力相对充足的中西部。新背景下的产业与劳动力的“双转移”为内地和农村创新发展模式，克服发展中的问题，促进农民工返乡创业提供了新的契机。在此背景下，解决农民工新问题的落脚点应当结合产业升级和区域转移，放在返乡创业上。从农村劳动力转移的角度来看，欠发达地区非农产业的就业潜力增大，有利于农村劳动力转移，更有利于农民工返乡创业的发展。同时，产业转移与农民工返乡就业有利于中西部欠发达地区形成产业集群，发挥后发优势，加快工业化与城镇化进程。

改革开放以来我国大致经历过三次比较明显的农民工“回流”：1990年左右由于乡镇企业关停并转和基建规模紧缩产生第一波“回流”，1998年左右受亚洲金融危机和国有企业改革深入影响出现第二波“回流”，2004年“民工荒”初现后逐渐形成并在2008年金融危机后集中爆发的第三波农民工“回流”。新形势下又产生农民工返乡契机，这次“回流”与前三次具有本质上的差别：前几次劳动力回流都是在经济出现衰退或受冲击后的被动性行为，目的地是回归到农业与农村以“缓冲”外部环境变动，并在经济形势好转后又迅速流出；而当前的回流具有“主动性、长期化、规模大”的特征，目的地是返回家乡实现本地就业或自主创业，并且使金融危机过后的劳动力回流保持延续，没有出现一些学者预期的大规模报复性流出。2008年金融危机冲击下沿海农民工“返乡潮”可能只是农村劳动力流动方向发生重大结构转变的预演，一些学者认为农民工“主动、长期、大规模”回流现象的动因及其影响效应是需要厘清的问题，其实这是进入新阶段的一个变化反映。

在1997～2001年期间，宏观经济结构调整、亚洲金融危机出现及乡镇企业发展进入低谷的形势下，伴随农民工城市就业潮流出现“逆潮回流”现象，学者开始关注并深入研究民工返乡创业的动因、意义，但存在一定争议。在2004年左右“民工荒”与民工城市就业障碍并存背景下，返乡创业民工增加，引起学者的进一步重视，一般认为返乡创业是农民工在内外双重因素的共同影响下为获取高收入而返乡谋求新的就业生活路径现象。至于2008年下半年“返乡潮”的出现，主要是由于金融危机对农民工城市就业环境造成严重冲击的情况下发生的，较多农民工以返乡作为应对危机的临时措施，较多学者主张采取措施鼓励返乡民工以创业带动就业，国家和各地政府也出台了相关政策鼓励返乡民工结合县域经济及农业产业化发展现状自主创业促就业。此外，经历了在外务工阶段的锻炼，相当部分民工已具备了相关技能、开阔的视野等创业者所应有的基本素质。应看到，推出有力政策吸引这部分民工留在本地进行创业，有利于在发展本地经济、解决创业者自身就业问题的同时有效解决本地闲置劳动力，增加农民工主要输出地对本地劳动力的吸纳能力，这将降低对单向外出务工的依赖性，形成农民工主要输出地经济发展与劳动力就业解决之间的合理循环，增强农村劳动力非农就业中应对经济波动的能力，有效构建稳定的农村劳动力就业转移体系。尽管返乡民工创业的积极意义已为各地政府所重视并制定实施相关扶持政策，目前创业的政策与市场环境也有了较大改观，但应看到创业氛围、创业人才培养及相关政策的适应与否等方面仍存在不足且呈现出新的特点。

二、经济发展与资源、环境

在人类社会物质生产中，人类的技术形式是历史地发展的。例如，渔猎时代主要的技术形式是石器使用；农业时代以铁器工具为特征；工业时代的主要技术是机器系统；当代先进的技术是以电子计算机使用为特征。工业化的发展，为人类提供日益增多的福利，丰富的物质生活和精神生活。今天，现代生活中的每一个人都离不开这样高度发达的技术社会。但是，它也无可比拟地加剧对自然界的作用，从开发森林、土地、渔场和牧场，利用动植物种群，到开发地下能源和其他矿藏，扩展到整个生物圈的自然过程和所有自然物质，甚至影响大气圈、水圈、地壳和生物圈的物质运动，形成对生物圈又一次，也是更大的冲击。工业文明发展，迄今为止大都以损害生态环境为代价。它的大致过程是这样的：人们为了发展工业生产，从自然界取出大量物质，即原料和燃料，通过工业生产过程把它转变为人所需要的产品，同时把大量废弃物排放到环境中。这两者，即从自然界取出物质和向自然界排放废物，都对自然界的原有进程发生重大影响，改变地球上的生物地球化学过程，特别是燃烧煤、石油和天然气等矿物燃料，对地球生态发生最重大的影响。例如，它产生浓密的黑烟，不仅有二氧化碳、二氧化硫和氮氧化物造成空气和水源污染，黑烟还熏黑树干，产生“黑化”现象。

环境问题主要是特定的经济增长方式（生产方式和生活方式）的产物。由于历史原因，中国仍处于发展中阶段。中国在经济发展水平和科学技术水平都比较落后的情况下起步，进行现代化建设，许多城市基础设施不完善，许多企业工艺技术设备比较落后，广泛存在拼人力和拼设备，以能源和材料高消费、低产出和高污染的形式达到经济增长，经济效益不佳，控制污染的措施严重滞后。在这样的基础上进行大规模经济建设，并且要保证有一个比较高的发展速度，这就要加剧对自然资源的开发，增加对自然环境的巨大压力。当前，中国面临着严峻的环境问题的挑战，概括起来是：(1) 自然生态有恶化的危险，生态潜力的损害可能成为制约中国经济发展的最重要因素。(2) 工业污染有扩展的趋势，以燃煤为主的能源结构导致城市大气污染扩展；工业化迅速发展，污染控制滞后，伴随经济规模扩大而使工业污染严重化；工业污染从城市向乡村蔓延，从沿海向内陆扩展。企业的生产经营活动引起了自然环境受到污染、生态平衡遭到破坏、自然资源日益枯竭等问题，已经成为人们亟待解决的重大问题。人类对生态环境的破坏性影响，还恶化了人们的生存环境，毒害了人们的肌体，也减弱了生物的多样性。

中国正处在加速工业化和城市化的发展阶段，人口众多，经济基础薄弱，发展经济与保护环境在总体发展目标中的权重有较大差异。就企业而言，技术水平不高，装备落后，管理水平较低，且不同所有制企业又有所差异。虽然国有企业，特别是国有大中型企业的技术和管理水平相对较高，但在转型期企业生产经营面临一定的困难，环境与发展的协调尚存在问题，部分企业对环境的压力很大。全国有很多企业还处于传统的、落后的生产模式，其突出特点是浪费惊人、污染严重。企业在给人们带来工业文明提供的现代化生活的同时，又对生态环境带来消极影响。我们不能因此而摒弃工业文明，而是要既要促进企业可持续发展，又要改善对自然环境的影响。工业化的发展给生态环境和企业经济本身带来越来越重的损失，也增加了企业的风险，降低了企业的生产能力。为保证人们的生存和发展环境，必须进行企业的生态化建设，开发生态技术、实施生态工程，以有效利用自然资源，减少污染，解决在协调企业经济行为对自然环境的影响问题上，人类的经济利益和自然生态系统的可持续发展发生的矛盾。

诚然，环境问题和资源问题是发展带来的，是同人类经济发展密切相关的。如果离开人类经济活动，就探讨不到环境和资源问题的根源；而且，离开经济活动也不可能解决这些问题，它们必须通过发展，用发展的方法才能获得解决。但问题在于，不能笼统地说环境和资源问题根源于经济发展，为了解决问题而停止发展。因为发展必须持续进行下去，只要人类存在，就不可能停止发展。人们不会愿意永远处于不发达和贫困的状态，不会愿意停止发展而降低它们的生活水平，所有的人都希望通过发展达到他们的目标。而问题在于选择怎样的发展道路。同样，环境和资源问题在一定程度上是科学技术发展的结果，而科学技术与创新又是发展的一种巨大能量，它也是解决问题的必然手段。人类首先必须谋求生存，在当代生产力水平条件下，人类寻求的是可持续发展。

当前企业的环境技术从整体上看有两个重要特点：它是针对点源污染的，只装置在某一个污染源并起作用；对于非固定的污染源，即面源污染这一新的、更严重的污染问题，它不起作用；它对污染排放的污染物进行净化处理。这种净化废弃物的方法，又称“后处理技术”或“管道末端法”。因为这种方法是在生产过程的末端进行的。它在实践中已表现了严重的局限性。例如，净化装置的建设需要巨大投资；它不能最终控制污染，因为采用净化处理方法，在实验室条件下能除去有害物质70%～80%，但在生产条件下去除率只有约25%；而且随着生产发展，又不断出现新的污染物质或新的污染形式，净化设施很难跟得上形势的发展，因而它不能从根本上解决控制污染的问题；净化工程设施的运转需要耗费大量能源，这造成第二次污染，或者净化过程只是使污染物质从一种形式转变为另一种形式，或者从一种介质转移到另一种介质；被净化的物质从根本上说来是有用资源，可以在回收后找到它的有效用途，因而建设昂贵的装置去净化有用物质，是非常不经济的。

企业的资源技术在整体上，仍然是在人统治自然的指导思想指导下，遵循人类中心主义方向发展，常常以浪费资源和损害环境为代价谋求经济增长，具有“反自然”的性质。这是当代环境和资源问题的直接根源。中国目前大多企业还处于传统生产方式下，传统生产方式的组织路线和技术路线是线性的和非循环的。如果用简单的模式表示，它是“原料—产品—废料”。它以排放大量废料为特征。这种生产方式为了经济高速增长，向自然界索取或掠夺过多，过度开发自然资源，滥用或不合理地利用自然资源，导致资源危机。它排放的过多废弃物，也损害了自然界的自然净化能力，导致环境问题。企业的资源技术总的来说，具有资源高消耗、产品低产出和对环境高污染的性质，是一种粗放型或浪费型的生产方式。

我国企业在总体上来说，其生产方式是一种粗放的和传统市场经济的类型。其粗放产生了其不合理：它是不公正的。其表现为一种滥用资源和污染环境的行为，一是外部不经济性，损害了他人的利益；二是对后代不公正，危及后代的资源开发利用；三是对其他生物和自然界不公正，破坏了生命和自然生态系统的持续生存。它是不能长期维持的，自然条件和自然资源没有能力支持这种生产过程的发展。它也损害了人类自身，在一定程度上它破坏了文明持续发展的自然基础，使人类的生存和发展处于危险之中。就其传统市场经济特征来说也具有不合理性：企业生产经营活动的目的，是以本求利，实现盈利最大化。为追求经济高速增长，使企业生产经营管理只顾企业利益和局部利益，不顾社会利益，不承担社会责任，实际上是常常以牺牲社会利益为代价谋取企业利益。其中一个突出的表现是以牺牲生态环境为代价来谋求企业的经济发展。而解决问题的途径只能是进行企业生态化，建立生态企业。

三、人口资源环境与经济发展的关系

人口与经济发展密切相关。一方面，人作为社会经济活动的主体，既是社会经济发展的目的，又是实现社会经济发展的动力，适度的人口规模可以促进可持续发展；而人口规模过大，人口素质不高，则会成为可持续发展的障碍；另一方面，人又以一定的自然资源和环境基础为存在前提，社会不断进步，持续稳步的经济发展，可以为人类的生存和发展提供更为广阔的空间及更丰富的物质条件。中国是世界上人口最多的国家，人口对中国的可持续发展具有重要的影响。如何解决中国的人口问题，协调处理好人口与资源环境经济的关系，已成为一个具有战略意义的课题。

自然资源和环境是经济发展的物质基础和前提。在经济大系统中，资源和环境是人类赖以生存和发展的必要物质条件。资源不仅为人类生存所必需，而且是经济发展的直接投入要素，在一定技术条件下，转化成能为人类利用的物质、能量和信息，是人类生存发展的基础。环境是人类周围一切物质、能量和信息要素的总和，是经济发展的前提。经济发展离不开资源、环境的供给。我国自然资源总量大但人均占有量少，区域分布不均衡，存在着严重的资源结构性短缺。在资源的利用上也存在着资源的消耗速度不断上升，保证程度下降；资源利用中浪费大，破坏严重等问题。资源经济发展研究有五个基本问题，即资源资产问题、资源产权问题、资源价值问题、资源核算问题和资源产业问题。自然界为人类的各种活动提供活动空间和安居乐业的场所，自然过程调整着人类必要的环境条件，生态环境系统向人类源源不断地提供着生物和非生物资源，丰富、充实着人类的物质生活和精神生活，使人类社会得以繁衍、生存和发展。这种生态环境具有调节功能、载体功能、生产功能、信息功能。生态环境功能具有社会经济价值，具体体现在生态环境对人类的生产、生活和环境系统所产生的某种影响或价值对人类本身的社会经济活动具有的有用性、有效性和使用价值上。生态环境功能的社会经济价值可能带来生态环境的改善，也可能造成自然环境的恶化。生态环境问题贯穿于人类发展的整个阶段。历史上早期的生态环境问题主要是人类活动特别是农牧业生产活动引起的自然资源和自然环境的破坏。环境污染则是随着工业化的不断深入而急剧蔓延，直至形成了大面积和全球性的公害。污染问题在工业社会迅速发展，与工业社会的生产方式、生活方式等有直接的关系。

经济发展也给资源和环境带来了影响。经济的发展、技术的进步，使得人们改变了生产、生活方式，减轻了空气污染、水污染等一些环境污染问题。同时，也使我们更加合理、更加充分地利用了各类自然资源。经济发展又是为了满足人类物质文化生活的需要，即人口发展。人口处于经济发展的核心地位，是经济发展中资源的重要组成部分，是环境的能动要素。一方面，人口本身就是一种资源，科技的创新发展、经济的发展都离不开人才资源。人口资源推动着经济的发展。另一方面，我国人口基数大，人口素质偏低，对经济发展也产生了一定的阻碍作用。人口的数量、质量、结构、分布等与环境、资源有着密切的关系，对其有着很大的影响。人口可以促进经济发展，使资源利用合理和环境优化；也可以阻碍经济发展，造成资源过度开采和环境恶化。在发展与环境这对矛盾中，人类和人类的经济活动是矛盾的主要方面。只有从人类和人类的经济活动入手，改变人类的思想和行为，树立发展要以保护自然为基础、要与资源和环境的承载能力相协调的思想，在发展经济的同时必须保护环境，包括控制环境污染、改善环境质量，保证以持续的方式使用再生资源，使人口与环境、人口与资源、经济与环境持续地、稳定地协调发展。

可见，人口对资源、环境和经济发展的影响是极其深刻的。这就要求人口本身也应当是可持续发展的，但又不是孤立地发展。这是因为，离开了资源、环境，就不可能有人类；离开了经济、社会，就不可能有人口发展。人类生存和发展都是有条件的，不顾生存和发展条件的人口增长是不能长久的。人口、资源、环境与发展的关系中，人口是关键因素，随着人口的增长和经济的发展，人类对自然资源的需求量日益增长，排放的废弃物也逐渐超过了自然环境的自净能力。造成了环境污染，由此可见，人口、资源、环境与发展组成了一个相互作用、相互依赖的整体，人口、资源、环境相互制约。人类发展（人类社会生产、人口增长）需要消耗资源，影响环境，但不能超过环境、资源的承受能力。在环境、资源能够承受范围内，合理、利用资源地发展，这就是人口资源环境与经济发展的合理关系。

目 录

上篇 人口与经济发展

中篇 资源与经济发展

下篇 环境与经济发展

◆上 篇◆

人口与经济发展

出生人口性别比失衡的因素分析

一、人口性别比例现状

随着计划生育政策的有效推行，我国在控制人口数量，提高人口质量方面取得了巨大成功，生育率已经出现低增长，人口绝对数量基本上得到了控制，已实现了人口再生产类型从高出生、低死亡、高增长到低出生、低死亡、低增长的历史性转变，进入稳定低生育水平阶段。然而随着人口控制政策对生育数量的限制，生育性别偏好日益成为我国特别是农村生育意愿的核心。生育性别偏好的直接后果是生育上的性别选择，最终导致人口性别比尤其是出生人口性别比失衡。从总的情况看，我国出生婴儿性别比失调的问题越来越严重，在农村尤为突出。应采取果断措施，遏制住出生婴儿性别比严重失调的现象。

我国 1953 年、1964 年、1982 年、1990 年和 2000 年五次人口普查出生性别比分别是 104.9、103.8、108.5、111.3 和 116.9，从 1982 年以来有明显偏高势头，并有继续攀升的迹象。1982 ~2000 年三次全国人口普查统计资料显示，我国出生婴儿性别比（每 100 名女性对应的男性数）从 108 上升到了 116.9；广东与海南甚至高达 130 与 135，远远超过了世界上大多数国家公认的 103 ~107 的正常值范围（如表 1 所示）。我国出生人口性别比城乡有较大差异，1990 年城市为 108.9，镇为 112.1，乡村为 111.7；2000 年城市为 112.8，镇为 116.5，乡村为 118.1，不仅城乡差别大，且都有不同程度的上升势头。再从孩次上看，1990 年和 2000 年一孩出生性别比分别是 105.2 和 107.1，二孩分别是 121.0 和 151.9，三孩及以上则分别升至 127.0 和 159.4，孩次越高，偏离正常范围的程度越惊人。如果按照目前出生性别比推算，到 2020 年，我国处于婚龄的男性人数将比女性多出 3000 万 ~4000 万，这意味着单身男性增多，有数千万男子无妻可娶，平均 5 个男性中将有一个找不到配偶，婚配形势不容乐观，由此可能增加社会的不安定因素；女性是人口再生产的主体，女性人口的减少，会使人口再生产出现障碍，引发人口年龄结构的畸变，由于人口惯性的作用，影响是深远的；男性人口的过剩将加大对女性就业的“挤压效应”，女性就业机会的减少会直接影响妇女地位的提高；女性人口的减少，也将导致少年儿童人口的萎缩和老年人口的增加，由此会使消费需求减弱，进而影响经济增长。同时人口出生性别比的长期失衡也会引发诸如买卖婚姻、拐卖妇女、卖淫嫖娼、性犯罪等违法犯罪行为以及非婚性需求增加、社会结构扭曲、就业结构失衡等各种复杂的社会问题，而这些严重社会问题的存在，势必会影响我国和谐社会的建设与社会经济的可持续发展。

表1　1999～2000年全国及部分地区分性别的出生人口和出生性别比

地区	出生人口（1999年11月1日至2000年10月31日）（人）			出生性别比
	合计	男	女	
全国	14114536	7606007	6508529	116.86
北京	81605	42849	38756	110.56
天津	71069	37627	33442	112.51
河北	761766	404849	356917	113.43
山西	234193	229684	204133	112.52
上海	90498	47534	42964	110.64
江苏	582282	313340	268942	116.51
浙江	472454	251536	220918	113.86
福建	347425	188002	159423	117.93
河南	1208404	655250	553154	118.46
湖北	469244	263596	205648	128.18
湖南	689164	384443	304721	126.16
广东	957870	541945	415925	130.3
广西	603910	336158	267752	125.55
海南	109658	63122	46536	135.64
重庆	302858	162081	140777	115.13
四川	862006	452955	399051	116.01

资料来源：国务院人口普查办公室、国家统计局人口和社会科技统计司编：《中国2000年人口普查资料》（上册），2002年8月。

二、影响出生人口性别比的因素分析

影响我国出生人口性别比的因素有很多，排除统计上的一些误差，我们可以从两个大的方面来考虑。一是从自然选择的角度来分析，出生人口中男性比例多于女性是生物学的自然的选择，正常情况下，世界各国出生婴儿性别比例基本上一致，一般为105左右。因为年龄构成不同，性别比也就不一样。在成长过程男性夭折和因为意外死亡的比例常常高于女性，所以只有在出生时男孩多于女孩，在成人中男女的比例才可以趋于平衡。这是由人类生殖过程的生物学特性决定的。二是从人为选择的角度来分析，我国人口出生性别比失衡受到历史文化、经济社会关系、科学技术、制度等诸多因素的影响。

（一）重男轻女的传统文化

我国是一个经历了漫长封建社会的国家，两千年遗留下来的传统文化观念根深蒂固。在我国奉行的以儒学为重点的传统文化中，男尊女卑，重男轻女，不孝有三，无后为大等一系列的封建君臣、父子、夫妻关系及封建家族观念、宗族观念、宗法观念在农村还不同程度地存在。这种思想文化主要表现在三个方面：一是认为“女大当嫁”，赡养父母的责任应主要落在男孩身上，在今天这种现象依然比较普遍，女孩嫁出去后一般是不要求承担父母的养老的。二是传统中大多女孩长大嫁出去之后要到男方家庭生活，很少在父母的身边。这样，无男孩家庭中父母的安全保卫效益就基本上等于零。三是传统思想认为“有无男孩”关系到家庭是否后继有人，也就是说男子在家庭地位中占有绝对地位，并起着传递家族血脉的作用。此外，在农村中妇女的土地权益往往得不到保障，女性出嫁后要到男方家庭生活、所生孩子冠以男方姓氏的习俗使很多农村妇女无法分得本来就不多的土地。这样，有女无儿的家庭就面临生产资料缺乏、社会地位相对较低的问题。所以在我国农村中人们有着生养男孩的强烈愿望。

目前人们少生的观念已初步形成，但重男轻女的性别偏好没有多大改变。解决性别比失衡问题比人口数量控制的难度更大、任务更艰巨。其一，在数量控制仍然严格的前提下，性别选择成为人们退而求其次的选择；其二，性别选择的控制难度比出生人口的控制要大得多，性别选择往往于无形中就可以完成；其三，家庭作为生育行为的微观主体，在控制孩子数量问题上，也面临成员数量过多、抚养负担过重等压力，与国家要求基本吻合，而在性别选择上，有着性别偏好的家庭思考问题的出发点与国家和社会利益并不一致。

（二）滞后的社会保障体系与男女不平等的社会关系

在生产力不发达的时期，男性是家庭主要的劳动力，担负着养家糊口的重任。现在虽然我国生产力水平已经得到很大的提高，但是在农村，由于科学技术的相对落后，传统的耕作方式并没有根本的改变，这就迫使农民必须生育男孩来从事繁重的体力劳动。近年来我国推行了一系列社会保障制度，相对于广大农村人口来说，城市人口的社会保障问题已在一定程度上得到解决。但是在农村（特别是落后的农村）地区，这一问题还没有得到根本性的改变，生儿防老，女儿出嫁后不方便供养和照顾老人，由儿子供养年迈的父母，还是家庭赡养的一种重要模式。

此外，男女在接受教育、劳动就业、社会地位方面的差异性也加重了人们养儿防老的观念，也使父母产生了男性后代在未来发展中强势地位的预期。教育方面，女性在高文化人群中所占比例偏低，受教育程度不如男性，呈现出随文化程度升高性别比升高的特点（如表 2 所示）。

表 2　　2002 年全国按城乡、性别分的平均受教育年限　　单位：年/人

地区	合计	男	女
全国	7.73	8.27	7.18
城镇	9.21	9.70	8.72
乡村	6.79	7.37	6.17

资料来源：国家统计局人口和社会科技统计司：《2002 中国人口》，中国统计出版社 2003 年版。

经济生活方面，妇女收入水平仍普遍偏低、权益保障仍显软弱；在政治生活方面，妇女在国家和社会事务管理中，尤其是在领导权、决策权的参与度、参与层次、参与比例、参与渠道上受制仍较大。而经济、政治生活中的弱势又自然会延伸至妇女在现实的家庭、社会生活中的各个方面。这就决定了妇女在赡养老人方面不如男子有更好的经济基础，无儿户的养老问题不好解决。总的来说，在当前社会保障体系（包括社会养老体系和救济体系）还无法满足农村中老人供养和照顾的需要的时期，农民存在着养老的后顾之忧，生育男孩就成了农民的迫切愿望。因此农村中重男轻女的现象不仅仅是传统文化的影响，更是农村老人生活的物质需要与安全需要。从本质上来说，出生人口性别比男性比女性偏多是男女不平等社会关系的表现，也是女性生存权和发展权受到侵害的反映。

（三）现代科学技术因素进步

近年来现代科学技术飞速发展，然而生物化学的发展及在胎儿性别鉴别上的应用却对我国人口出生性别比例产生较为严重的负面影响。超声技术与医学化验察看染色体使胎儿性别能够提前知晓。首先是超声技术的应用，使胎儿性别能够提前鉴别。近年来，随着超声医疗检测技术精度的提高、B 超设备的普及以及检测费用的下降，作为一种无创性诊断技术，使胎儿性别鉴定更加具有随意性和隐蔽性。其次，羊水胎儿脱落细胞培养染色体核查、羊水胎儿脱落细胞 X 染色质检查、手指血杆状细胞鼓体检查等技术，均可早期鉴定胎儿性别，进行性别选择。

此外在医学上用碱性溶液改善阴道环境则可提高男婴受孕比率。

我国是在生育上男性偏好较强的国家。随着生育水平急剧下降至趋近于更替水平或以下，生育上的男性偏好也随之移到低孩次上。虽然生育上的男性偏好不能直接影响出生子女的性别，但是，如果只生有男孩的家庭基本上都停止再生育，而只生有女孩的家庭基本上都会再生育，或者说，如果只生男孩的家庭停止再生育的比例远远大于只生有女孩的家庭停止再生育的比例，在低生育水平下，相应的低孩次出生性别次序构成比分布，既是影响第二孩及其以上各孩次出生性别比升高的一大因素，也是构成总体出生性别比升高的一个重要成因。由此可见，生育率急剧下降中产生的出生性别比升高，与分孩次出生性别次序别的构成比分布改变密切相关。然而，根据分孩次出生顺序与性别次序别出生性别比的理论值域可知，该值域对分孩次出生性别比及总体出生性别比升高幅度的影响是有限的。因此，我国的近期总体出生性别比与分孩次出生性别比的超常升高，更主要的原因是有相当数量的孕妇通过“B 超”对胎儿性别鉴定并有选择性地进行人工流产。这就是说，受分孩次出生性别次序构成比变动影响，本应是有限升高的出生性别比，在胎儿性别选择性人工流产人为因素的干扰下，远远背离了理论上允许的上升范围。中国大城市的绝大多数市区，在生育率急剧下降、生育水平已为世界最低之列的情况下，总体出生性别比却一直未发现异常现象。其根本原因并非是胎儿性别鉴定的量少，而是胎儿性别鉴定后，极少有人会以流产女胎为代价来实现生男孩的目的。

众所周知，生男生女本是一种自然选择，正是这一自然选择，才使人类的性别比处于一种正常的水平。这是人类赖以生存和可持续发展的根本，也是一种自然规律，是任何人和社会都不可违背的。利用 B 超进行非医学需要鉴定胎儿性别，并选择性终止妊娠，人为导致出生人口性别比失调。这一行为不仅给计划生育工作的实施带来了新问题，更是给未来社会安定埋下了隐患。

（四） 法律制度规定的缺失

人口的运动和发展有其自身的规律性，是产生于一定的社会经济和文化基础上的。自我国推行计划生育政策以来，国家和地方制定的计划生育规定和条例，注重于人口数量的控制，当然也强调了提高人口素质，但对广大的农村而言，实际上更多的是产生了生男即止的效果。如果不考虑人们有意识的生育性别选择，这些规定条例和实施办法因疏于相应的控制和管理，客观上也促成了性别比的偏高，迫使人们在两难之间做出选择，导致在控制人口数量的同时出现了性别比失调问题。自 20 世纪 70 年代实行计划生育以来到 21 世纪初，国家没有出台综合治理出生人口性别比的法律法规，直到近几年，《人口与计划生育法》以及国家三部委相关规章颁布实施后，综合治理出生人口性别比才有了具体的法律规范。

在1994年中国颁布的《中华人民共和国母婴保健法》和2001年通过的《中华人民共和国人口与计划生育法》都规定，禁止非医学需要的胎儿性别鉴定和选择性别的人工终止妊娠。但是上述立法只有一般的行政和经济处罚，而在刑法上没有任何体现，显得非常“苍白”。像在《人口与计划生育法》第三十六条虽然做出了对违法行为，给予责令改正，警告，没收违法所得，罚款，吊销执业证书，直至依法追究刑事责任的规定，但这些规定既过于宽泛，其中的刑事责任因为刑法无相应条款而变得缺乏可操作性。目前对于查处到的进行非法胎儿性别鉴定的人员，一般只是没收B超、罚款1万~2万元和吊销行医执照而已。虽然我国的母婴保护法和人口计划生育法都明确规定“严禁进行胎儿性别诊断”，但是由于取证困难，这两项法律的威慑效果实际很有限。因此，与从事非法鉴定可以获得的巨额非法收入相比较，属于行政处罚范围内的法律法规，对违法行为没有较大的约束力。除此之外，对堕胎等可以用来终止妊娠的药品管理的混乱，也是客观上助长了非法鉴定胎儿性别的行为。

三、人口性别比失衡的调整策略

从上述几个影响因素分析，我们可以判断是人为的重男轻女选择引起我国出生人口性别比的失衡。其中，根深蒂固的传统男性生育性别偏好是深层原因，科学发展带来的胎儿性别鉴定及选择性别的流产、引产是出生人口男女性别比失调的直接原因。而滞后的社会保障体系（特别是在农村）、男女不平等的社会关系助长了人们重男轻女的传统观念，相关法律制度不健全使得胎儿非法鉴定行为和选择性别的流产、引产行为有机可乘。

（一）改变我国出生人口性别比失衡现象的调整因素选择

可以看出男尊女卑传统观念的转变对解决我国出生人口性别比问题有着决定性作用。然而由于中国封建社会时期的传统观念根深蒂固，要彻底改变以男性为中心的社会和文化行为模式，克服男尊女卑的传统观念是一个艰巨的任务，需要一个较长的过程。生物医学技术的进步更多的是给我们社会带来许多积极的作用，它给出生人口性别比所带的负面影响是由于我们没有合理使用所造成的，因此当前我国应从以下两大因素着手改变我国出生人口比例失衡的现象。

（1）改变社会上男女在教育、经济生活与政治上的不平等现象，提高女性的收入水平与社会地位，以此来改变人们传统的养儿防老的观念。同时通过完善社会保障制度，特别是倾斜于农村独生子女户和双女户的社会保障制度，以及完善并落实奖励扶助政策，制定有利于女性及其家庭优先发展的综合性政策措施，切实保证计划生育女儿户的生活不低于平均生活水平，使农民懂得养老不是单纯依靠儿子或是女儿，还可以依靠社会的力量，逐步形成家庭抚养孩子→孩子回报社会→社会赡养老人的良性循环。例如湖北省在全省范围内开展对农村独女户、双女户家庭的奖励扶助工作，农村独女户、双女户老年夫妻，除每人每年可以获得600元的帮扶资金外，还在种植、医疗、子女入学等方面享受优惠政策。在当前经济快速发展时期，经济上的引导对人们重男轻女传统观念的转变极为重要。

（2）健全我国相关的法律制度。生物医学技术的进步对进行胎儿非法鉴定，给出生人口性别比所带的负面影响很大一部分是由于法律上的不完善所致。一些医疗机构和妇幼保健机构，特别是个体诊所，受到利益的驱动，做出违法的事情。因此应该从我国的法律制度上对其进行更严厉的打击和制裁，加大胎儿非法鉴定行为的犯罪成本，让其遭受的损害、付出的代价要达到惨痛的地步，产生威慑作用，不仅要对其采取严厉的行政处罚，还要就其行为对社会的危害程度在刑法上加以规定。立法严禁非医疗性流产和中期引产，加强执法力度，对贩卖、残害、遗弃女婴等违法犯罪行为给予严厉打击。我国还应该从制度规定与实施上体现男女平等的精神，保护妇女的合法权益不受侵害，从而在外界条件上来阻止重男轻女的各种行为，促进人们传统思想的转变。

（二）改变我国出生人口性别比失衡现象的对策措施

控制人口性别比涉及多个方面和多种因素，要进行综合管理和控制，要完善各种配套的制度，加强计生、卫生和药监部门，以及人事、监察、教育、公安、劳动、社保等部门之间的协调管理和执法。要通过以下几个途径，标本兼治出生性别比失衡问题：

（1）做好宣传和教育，转变人们传统生育观念和性别歧视。现在有相当一部分人对出生性别比偏高不重视，对其危害认识不到位。性别比失衡的危害是多方面的，宣传教育的内容也应该是多方面的，要用利益机制诱导人、用危害案例警示人、用生动事例教育人。我们特别要对单女家庭进行奖励扶助，从资金支持、生产生活帮助、精神慰藉等多方面进行关怀，并以此为鲜活的事例进行宣传教育，这比单纯说教更有效。我们要进一步研究，挖掘宣传潜力，采用灵活多样的宣传方式，引导广大老百姓，扭转性别比失衡的局面。

（2）加强管理和法制，如B超使用管理，流产、引产管理等。现在孕期管理仍然是个薄弱环节，要实行孕情跟踪随访，孕情信息交流通报。管理还包括对非法鉴定性别进行积极整治和管理，给予更严厉的打击和处罚。通过有关的法律文件，比如《母婴保健法》《人口与计划生育法》等的明确规定，严格限制非医学原因的性别鉴定。这种限制不仅仅是限制个人行医，同时在卫生和健康机构也要加以严格限制，如果出现了这样的问题要追究法律责任。对一些法规规章要进一步完善，对于一些影响比较大的案件，除了行政经济处罚，还要进行法律的严惩。鉴于我国计划生育工作、生育观念转变、社会保障的完善、提高妇女的地位需要有一个时间过程，在短期内尤其要强调强化对出生性别比的管理和法制。

（3）提供保障和服务。建立有利于计划生育、有利于女孩及其家庭的利益导向机制和社会保障制度。有关部门对独女户或两女户给予一定的生活帮助和生产生活扶持，帮助生育人群提高其收入水平和劳动能力，使广大的农村计划生育群众不因实行计划生育而陷入生活困境，而因实行计划生育老有所养。例如帮助辍学女孩重返校园，帮助贫困母亲脱贫致富，维护妇女的合法权益，提高妇女的社会经济地位，为母亲们提供优质的生殖保健服务，全面落实农村计划生育家庭的奖励扶助政策等。可以改变特定人群性别选择的生育观念，引导其生育行为。

（4）进一步从各方面提高妇女地位。要不断地解决妇女在政治、经济、文化、社会、婚姻家庭等方面遇到的新老问题，要在现代竞争中真正实现男女平等，即要使法律上的平等变成事实上的平等。女性教育程度和社会地位的提高会使得养儿防老观念的人改变其认识和行为。要加强执法力度，认真贯彻执行《人口与计划生育法》《婚姻法》《妇女权益保障法》等法律法规，同一切歧视、虐待生育女孩的妇女和女婴、女童的行为作坚决的斗争，严肃查处溺弃女婴的犯罪行为，使妇女在政治权利、文化教育权利、劳动权利、人身权利、婚姻家庭财产权利等方面真正享有与男子平等的权利。进一步开展“关爱女孩行动”就是一个非常重要的实践，已经在全国开展试点。这个活动重点针对目前在文化差异上所造成的男孩偏好倾向，要把女孩的地位、女孩的权利非常强地在社会上进行宣传，其最重要的目的就是要使老百姓能够有一个正确的观念，纠正男孩的偏好，提高女孩的地位，让女孩出生的时候，就拥有一个平等的权利。

参考文献

［1］刘铮、邬沧萍、查瑞传：《人口统计学》，中国人民大学出版社 1981 年版。

［2］施春景：《对韩国出生人口性别比变化的原因分析及其思考》，载《人口与计划生育》2004 年第 5 期。

［3］施中传、李权林：《关于湖北部分县市人口性别比情况的调研报告》，湖北省计生委网，2003 年 11 月 10 日。

［4］王梦涨：《关于出生性别比治理问题的思考》，载《中国行政管理》2005 年第 2 期。

［5］唐钧：《性别比失调实质在于社会保障不完善》，载《社会观察》2005 年第 3 期。

［6］翁清雄：《中国，能否接受人口的考验——我国人口问题研究报告》，载《发展》2005 年第 5 期。

［7］李子康：《从性别比升高专项治理看完善计生法律法规的紧迫性》，载《人口与计划生育》2005 年第 1 期。

［8］张翼：《我国人口出生性别比的失衡及即将造成的十大问题》，中国社会学网，2004

年1月13日。

[9] 黎昌政、向秀芳:《中国人口结构优化面临六大问题》，中国网，2004年7月10日，http://www.china.com.cn/chinese/kuaixun/606946.htm。

[10] 李倩、谭博文:《我国人口性别比严重失衡》，载《北京青年报》2004年7月12日。

[11] 李鸥:《关注人口出生性别比》，载《光明日报》2004年9月7日。

（原载《人口与计划生育前沿问题论坛（一）——出生人口性别比问题研讨会论文集》，中国人口出版社2006年版）

城市流动人口计划生育管理探讨

一、城市流动人口计划生育管理状况分析

1990 年第四次人口普查，全国共有离开户口所在地一年以上的人口 2135.6 万人，是 1982 年 657.98 万人的 3 倍多。另据国家公安部门统计，1993 年全国“流动人口”已达 8000 万人①。流动人口数量大，发展速度快。在全国 8000 万“流动人口”中，绝大多数是劳动年龄人口，年龄构成轻，其中 18～40 岁的占到 85% 以上。这部分人处于生育旺盛期，使计划生育管理工作强度和难度加大，原有的计划生育管理体制和工作人员难以应付。

在市场经济发展过程中，城市中人口职业构成日趋复杂，户口空挂、人户分离问题日趋严重，加重了计划生育管理的负担和难度。流动人口中，“三无”（无固定职业、无固定居所、无有效证件）人口不在少数，使得城市计划生育管理系统对流动人口的婚育状况难以掌握和管理；各种社会经济成分构成日益复杂，不同性质的所有制或经营机制的企业大量涌现，还出现了一批跨越条、块管理体制的单位、机构，由此产生的流动人口使原来以块管理为主的计划生育管理体制不能很好地适应新的情况；另外伴随经济体制的改革，企业自主权扩大，在市场竞争机制和价值规律的局部短时效益诱导下，一些企业只注重抓生产经营，而忽视计划生育管理，对于企业分流、优化组合的剩余人员不加管理，对聘用的临时工、合同工、季节工婚育状况无人问津，再加上一些私营企业和个体工商户只管用人，不管计划生育，更加重计划生育管理的负担和难度。

① 《青年报》1994 年 5 月 17 日。“流动人口”指总流动人口。本文中流动人口是指城市范围内现居住地不是其常住户口地所在地且有生育能力的国内公民。

二、城市流动人口计划生育管理机制

市场经济条件下的流动人口计划生育管理机制是同市场经济体制下的社会经济条件相联系的。在我国仍然存在两种最基本的机制：一是计划生育的微观生成机制；二是计划生育的宏观调控机制。城市流动人口的计划生育管理，须合理组合利用这两类机制。

市场机制和价值规律是流动人口产生的外在动力。由于目前经济利益是流动人口生育行为的内因，在我国一般劳动力市场趋向充分发育的前提下，流动人口计划生育微观生成机制将逐渐成为其自身的一种受约束的自主行为。通过流动人口中一般劳动力的素质、收入、竞争、供求方面的市场作用约束其经济利益限制其生育，表现为成本—效益对比关系上的生育决策。但在目前我国大部分地区，特别是农村，养老保险，医疗保险等社会福利保险没有保证的情况下，以及农村仍主要靠简单体力劳动为主的条件下，流动人口的生育行为意愿趋向于多育。流动人口进入城市环境产生的非经济需求因素（社会、文化、心理、习俗、制度等）也起到一定限制生育的作用。居民的价值观、婚姻观和生育观的影响，还有部分流动人口担心早育或多育会妨碍他们在暂住地继续从事收入较高、条件较好的工作，因而逐渐倾向于晚婚晚育、少生优生。如在城市中务工和被企事业招聘的流动人口，其生育率往往较低。

目前，在市场经济尚未完善的发展过程中，城市还不可能形成稳定的吸收流动人口的机制，城市劳动力市场还没有条件对流动人口实行全方位开放，其一般劳动力市场也是不充分或是混乱的，流动人口的生育行为一般不是在经济、文化、生育观的影响下自发形成的，而是在自身的经济、文化、生育观与国家政策指导，计划生育管理及服务等合力的交互作用下形成的。由于城市流动人口来源的复杂性，人户分离，其大多数人从事个体劳动和经营活动，有些没有固定工作地点和住所，以及我国计划生育区块管理机制，使流出地和流入地都难于管理，使许多流动人口的生育行为处于“失控”或“半失控”状态，趋向多育的流动人口认为有机可乘，产生超生动机和行为，也有一部分流动人口因得不到很好的计划生育服务导致计划外怀孕和生育。因而，流动人口的计划生育微观生成机制也就只能产生部分作用。

为发展国民经济的计划生育的宏观调控机制的实施，用人口总量和发展速度目标来管理，调节和控制流动人口的人口个量发展变化。一方面通过行政、法规等进行指令性控制；另一方面是运用经济手段等间接调节引导流动人口生育，达到总量控制要求。在宏观调控上指导性和间接调控方式将顺应市场经济的发展，其比重将不断提高，进而成为主要的宏观调控方式。

三、城市流动人口计划生育管理策略和措施

城市内非农村流动人口，一是城市（包括外城市）企事业单位分流出的部分人口；二是城市（包括外城市）内的部分待业人员。这部分人要由其流出的城市企事业单位，街道办事处、居委会结合计划生育部门齐抓共管，不能把这些流动人口作为包袱，弃之一边不予管理。与流动人口有关的企事业单位应将他们与在职职工等同对待，提供正常的计划生育管理和服务。街道力、事处、居委会要对本范围内的流出人口加强管理。以利于城市流动人口计划生育管理。

流动人口产生的人户的空间分离，突破了以往的块管理为主的体制，必须采用条块结合的双向管理。流出地必须健全《流动人口计划生育》制度，并签订《计划生育责任书》，并与流出人口或其流入地定期联系；流入地是流动人口所在地，应负有计划生育管理的主要责任，在结合流出地管理的基础上，要坚持谁的区域谁负责，谁聘用谁管理的原则，凡涉及的企业单位，部门及个人都要认真执行计划生育政策措施。流出地对流出人口加强计划生育的管理及服务是管好流动人口计划生育的基础，而城市对流入人口加强计划生育管理及服务是管好流动人口计划生育的关键。而且城市的计划生育管理标准比农村及小城镇要高，难度更大，但更有利于流动人口的计划生育。

在当前，搞好城市流动人口的计划生育管理，必须通过各方面的通力合作，齐抓共管：

1. 城市各部门、企事业单位和个人要重视流动人口的计划生育管理。城市流动人口的出现是市场经济发展的必然趋势，所以要面对现实，要在抓经济建设的同时，抓流动人口的计划生育。各部门、企事业单位和接纳流动人口的个人要把流动人口的计划生育管理作为一项应尽的职责和义务，并与上级管理部门签订流动人口计划生育管理责任书，配置有能力的培训人员进行管理。上级部门对管理好的进行奖励，对确因自身原因造成的管理不善进行处罚。各级人民政府及街道办事处应当将流动人口计划生育管理的纳入人口与计划生育目标管理责任制，定期组织检查，并提高流动人口计划生育管理人员的业务素质。

2. 对城市流动人口实行综合计划生育管理。城市内的工商、劳动、公安、交通、卫生、房地产、建设、民政等行政管理部门及其他有关部门包括企事业单位以及个人应当配合计划生育行政部门共同做好流动人口的计划生育管理工作。如对没有计划生育证明的流动人口，不批发营业执照，不办理暂住证、不发给营运证明，劳动部门不办理务工许可证，招工企事业单位和个体工商户以及家庭个

人不得录取或雇用，建设部门不得办理施工许可证等。发现躲避计划生育管理的流动人口，应及时报告有关部门予以查处。

3. 对流动人口发挥计划生育的管理职能。城市内各部门、企事业单位及个人要对流动人口进行计划生育的宣传教育；查验其计划生育证明；检查其计划生育情况；与他们签订计划生育责任书，建立定期联系制度，并且收取一定的保证金，或者由其担保人承担计划生育责任，尤其是对女性流动人口的管理。计划生育主管部门要督促有关单位落实流动人口计划生育管理措施，如宾馆、旅店、招待所应主动查验孕妇的计划生育证明；将房屋出租（借）给流动人口，出租（借）者必须与政府部门或管理部门签订监督房屋承租人计划生育责任书，并交付一定数额保证金，对流动人口提供避孕药具和节育技术措施，建立好流动人口计划生育登记台账和有关账卡，及时掌握怀孕、出生、节育情况并向其常住户口所在地计划生育主管部门通报。着重对城市中平房、城乡结合部、女性流动人口较多地区进行计划生育管理，抓早婚、私婚、早育、多育。重在管理，辅以教育。为流动人口提供计划生育服务，尽力帮助流动人口解决实际问题，协助有关部门合理有效引导利用流动人口。对流动人口营造城市定居人口那种计划生育气氛和机制，使流动人口有城市主人翁态度，感受到竞争等压力，产生自发控制生育意愿和行为，将宏观上的外界控制生育和微观上的少生育意愿结合起来发生同向作用。

4. 筹措城市流动人口计划生育管理费。城市流动人口的计划生育费来源，第一，可采取征收流动人口管理费和城市增容费等提取部分用于流动人口计划生育管理；第二，由流动人口用工单位承担费用，无用工单位的由暂住地计划生育部门承担；第三，上级部门调整下拨流动人口计划生育费，地方财政拨专款补助流动人口计划生育管理；第四，各流动人口流出地分担城市流动人口计划生育费。

5. 打击违反流动人口计划生育管理行为。对伪造、出卖、骗取或者滥发计划生育证明的，给予处罚；对侮辱、威胁、殴打计划生育管理人员、妨碍计划生育公务的，追究民事或刑事责任。对流动人口违反计划生育规定的，同城市有关部门按计划生育政策规定予以处理，在流入地未被发现的，流出地应及时作出处理。对城市内各部门、企事业单位或个人违反流动人口计划生育管理规定，不履行管理，监督义务，给予相应处罚。在处理办法上要尽量加强经济处罚的力度，使受罚个人和单位经济利益受到打击。

6. 加强对“三无”流动人口的计划生育管理。对那些既无固定职业、又无固定居所和有效证件的“三无”流动人口，公安、民政和计划生育等部门要加强管理。组建“三无”流动人口管理办公室，制定有关规定，组织协调各部门对“三无”流动人口清查，登记，进行计划生育管理。

随着社会主义市场经济的发展和完善，计划生育微观生成机制将通过市场机制发挥越来越大的调节作用，在目前经济体制转换过程中，政府的宏观计划生育调控还发挥主要作用，但必须有意识地顺应市场经济的发展，适时适度地引入扩大市场经济调节手段。从长远来看，城市流动人口计划生育管理将逐渐步入规范，进而成为流动人口自发控制行为的引导。

（原载《南方人口》1995 年第 4 期）

中国人口产业结构发展趋势分析及对策

一、中国人口产业结构发展的趋势

中国人口产业结构经过多年变动，到1993年，第一产业、第二产业和第三产业的人口比重分别为56.4%、22.4%、21.2%，从发展水平上看，只相当于日本1920年、美国1870年的就业结构水平。第一产业人口比重持续下降，而第二产业和第三产业人口比重持续上升，表示中国尚处于工业化与城市化阶段，农业劳动力向第二产业和第三产业转移是劳动力产业间转移的主导方向。第二产业人口向第三产业相对转移，表明中国第三产业的相对落后，但发展趋势好，是未来发展人口就业的主要渠道。

中国目前还处在工业化阶段。由于中国经济基础较差，资金缺乏，加上第二产业发展投资大、周期长，因而第二产业只能稳步发展。现代工业和建筑业劳动生产率仍在迅速增长，技术装备水平不断提高，使第二产业能提供的新就业岗位就很有限，增长较为缓慢。

从中国人口产业结构看，第三产业相对落后，但第三产业人口就业具有很大的优越性和必要性。我们从日本和美国等发达国家100多年人口产业结构变动情况可见，第三产业从业人口最终成为占比重最高的部分，这是就业结构变动的必然趋势。

第一，社会经济发展的趋势在客观上要求扩大第三产业部门。随着生产过程中知识集约度越来越高，脑力劳动的领域日益广泛，劳动力再生产费用不仅越来越高，而且在其使用分配中，用于吃穿的比重逐渐下降，用于其他方面（如受教育、增长技能、丰富阅历等）的比重越来越大。这不仅意味着文教科研要大发展，而且像旅游这样的行业必然将兴盛起来。另外，物质生活水平的提高和社会结构的变化促进了消费的进一步社会化，从而要求不断扩大社会服务行业。

第二，从国家的社会经济政策目标来说，一方面要进一步扩大市场，增加消费，不断提高人民群众的物质文化生活水平；另一方面为了解决失业和待业问题，达到充分就业，就要广泛兴办社会服务行业，增加就业岗位，从而也促成了第三产业部门的扩大。

第三，从社会生产力的发展看，第三产业从业人口比重不断上升，是一种必然的趋势。只要科学技术和社会生产力不断发展，劳动生产率不断提高，直接从事物质生产的人员所占比重只能越来越小。从这个意义上讲，社会劳动就业人口由第一产业、第二产业向第三产业的相对转移是社会生产力和社会分工进步的表现。

第四，第三产业部门在安置其他产业过剩劳动人口方面成本低，容量大。根据国家信息中心经济预测部的测算，第三产业比第二产业在同量的投入情况下，可以多安排4倍以上劳动力就业。我国目前存在一定数量失业人口，近些年来失业率逐年上升（1991年城镇失业率为2.3%，1992年为2.4%，1993年2.6%，1994年达到3%；1993年跨省区流动的农村劳动力为2000万人，1994年达3000万人）[①]，使社会孕育着不安成分，第三产业有必要进一步发展，提供更多就业机会。西方有的经济学家把第三产业部门称为“先进社会里就业的新领域”，就是针对其这个特点的。

第五，先进的机器和技术造成了农业劳动人口的过剩，也开始使工业部门出现类似的情况。当然，还存在市场机制的作用。这样，农业部门，甚至工业部门被排挤出来的劳动人口，主要仍将转移到第三产业中去。从上面分析看，中国第三产业人口发展前景很好，根据其发展趋势，中国人口产业结构变化将面临第三产业人口比重超越第二产业人口比重，进而超越第一产业人口比重的转变。由于中国工业化的发展到了一定阶段，根据第二产业人口历史发展趋势，人口产业结构将出现第二产业人口比重超越第一产业人口比重的转变（见图1）。按1990年至1993年的产业人口结构变化率，第一产业人口比重年均下降1.20个百分点；第二产业年均上升0.33个百分点；第三产业年均上升0.87个百分点。我们绘出中国人口产业结构变化趋势图（如图1所示），到1996年第三产业人口比重将与第二产业人口比重相交，并超越后者，第一产业人口比重下降为52.8%，这是中国人口产业结构将发生的第一个转变；到2011年，第三产业人口比重与第一产业人口比重相交，前者以36.8%的比重超越了后者的34.8%，第二产业人口比重上升为28.4%，这是中国人口产业结构将发生的第二个转变；到2016年，第二产业人口比重与第一产业人口比重相交，并以30.07%的比重超越后者的28.8%，第三产业人口比重上升为41.13%，此为中国人口产业结构将发生的第三个转变。

---

① 段翔：《我国失业控制刍议》，载《生产力研究》1994年第6期。

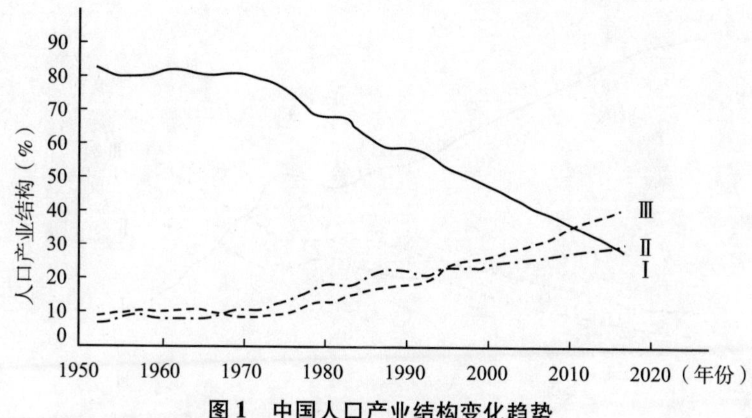

图1　中国人口产业结构变化趋势

资料来源：根据《中国统计年鉴》数据及测算数字绘制。

人口产业结构转变是生产力发展的必然结果，它也是生产力进一步发展的条件。产业人口的转移或相对转移使生产要素要在更高层次上、更大范围内得到合理组合，形成新的生产能力，促进经济发展。经济发展伴随人口产业结构变化的现象，在近代世界经济发展史中普遍存在。一个国家从传统的经济社会走向现代化的经济社会，国民经济结构必然要发生巨大变化，人口产业结构也会出现明显转变。随着经济的发展，第一产业人口比重不断下降，第三产业人口比重不断提高，第二产业人口比重先上升，到一定阶段后有所下降，人口产业结构从第一产业为主转变为第三产业为主。英国、美国、日本、法国等国家一百多年来的人口产业结构变化说明了这个历史趋势（如图2所示）。中国在过去40多年人口产业结构变化的基础上，未来20余年中的人口产业结构三次转变是符合经济结构发展的一般规律的，每次转变都使人口产业结构提高了一个层次，反映了中国人口产业结构的发展趋势。我们亟须采取相应的对策，调整人口产业结构，促进人口产业结构的转变，缓解中国未来人口就业问题，加快经济建设发展。

二、中国人口产业结构转变的问题和建议

人口的产业就业结构是经济结构的一部分。劳动就业是人类经济活动的初始过程，社会生产首先要通过各部门的就业活动得以展开。合理的人口产业结构的形成有利于促进经济结构的形成，从而有益于经济整体的发展。但中国人口产业结构的转变仍面临着一些主要问题。

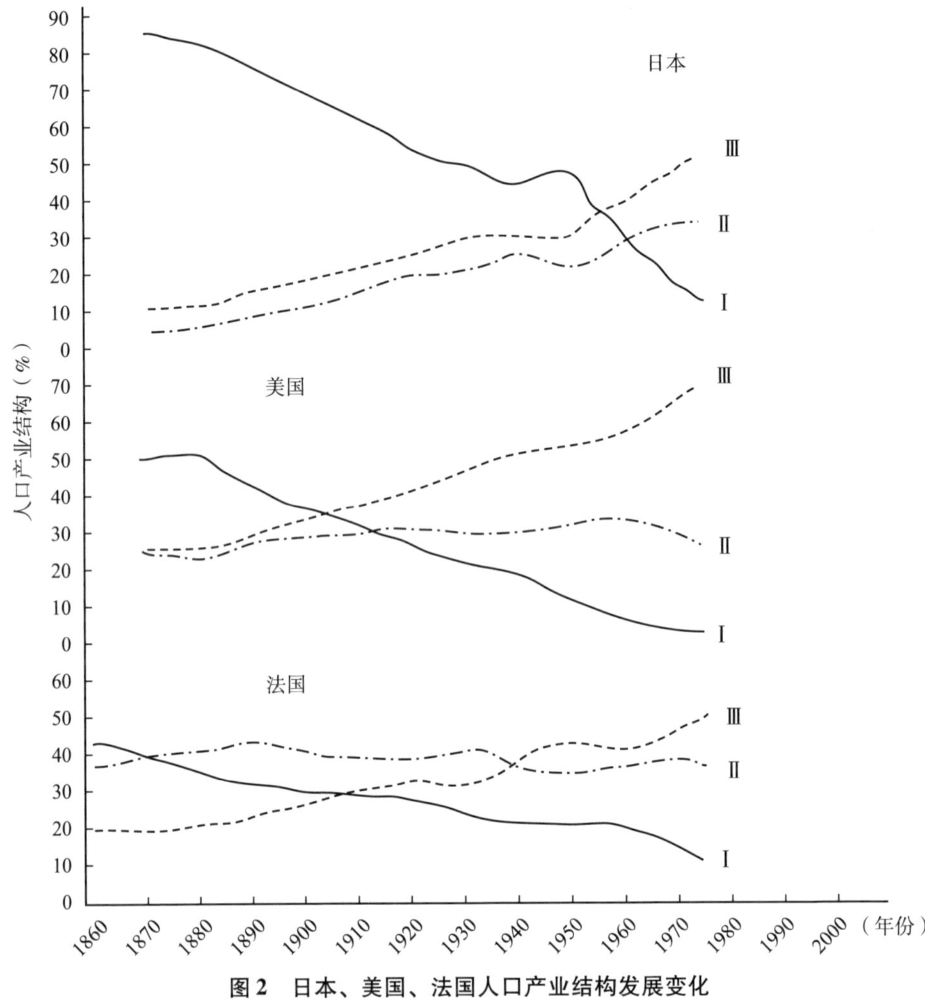

图 2　日本、美国、法国人口产业结构发展变化

资料来源：［日］佐贯利雄著，周显云、杨太译：《日本经济的结构分析》，辽宁人民出版社 1988 年版。

第一，从中国 1993 年国内生产总值（GDP）产业结构看，中国第一产业占 21.9%，第二产业占 51.77%，第三产业占 27.04%。参照钱纳里的典型结构分析方法，通过与不同类别国家比较可见（如表 1 所示），中国第一产业比重偏低，第二产业比重过大，第三产业比重太低。说明了中国过去长期存在的运输、通信、商业等方面的紧张和短缺问题，影响了工农业生产的效率。这是由于过去工业发展资本密集化抑制了农业和服务业的发展从而限制了农业劳动力的转移和第三产业发展所造成的。另外，相对于第一产业人口所占比重，第一产业所占国内生产总值比重较低，这是由于中国农业生产低效率所致。

表1　　三大产业占 GDP 比重的国际比较（1985 年）

国家类别	第一产业	第二产业	第三产业
低收入国家	32	33	35
中下等收入国家	22	32	47
中上等收入国家	10	35	54
高等收入国家	3	36	61

资料来源：世界银行《1987 年世界发展报告》，第 202 ~ 207 页。

第二，中国人口数量不断增加，以及年轻型的人口结构，使劳动力供给增长快，给劳动就业造成很大压力。中华人民共和国成立以来，三个产业人口绝对数量都是只增不减，只表现在结构上的变化。在未来人口产业结构转变中，总数的上升将在较长时间内保持，关键在于各产业人口的增长速度差异（如图 1 所示）。因此，我们必须一方面安排好各产业新的就业，另一方面，要调整各产业人口比重。

第三，中国城镇经济和非农产业的发展难以满足农村剩余劳动力转移的需要。这是因为：（1）城镇经济的规模及其发展受许多因素的制约。城镇劳动力本身的安排已有很大困难，吸收农村剩余劳动力很有限；（2）非农产业发展的深度和广度不能适应农业劳动力转移的要求。现阶段的非农产业是劳动密集型产业与资金、技术密集型产业并存，而且以资金、技术密集型产业为主导，只在商业，服务行业中存在一部分低层次、小型的分散的劳动，如个体小摊、小店。这也同农村劳动力素质较差有关，限制了农业劳动力转移的规模。

针对以上存在的主要问题，结合中国社会经济发展战略，提出如下对策建议：

第一，大力发展农业，建立传统农业保障基础，为农业剩余劳动力转移创造可靠条件。实行向农业适度倾斜的政策，因地制宜地发展“立体农业”，搞好农业综合开发，增加对农业投入，调整工农业产品比价。一方面，结合发展农业，稳定和扩大农业内部就业，另一方面，在农业劳动生产率提高的基础上，释放出更多的农业剩余劳动力，积极促进乡镇企业发展，并和小城镇发展结合起来，引导农业剩余劳动力离土离乡就近向城镇转移，进行非农化劳动就业。

第二，稳定发展第二产业，提高对劳动力的容纳能力。中国正处于工业化和城市化阶段，因而仍需保证其持续发展。国家在保证重点工程、关键基础设施建设和高科技发展的基础上，要稀释资本密集度，改变投资单纯的重型工业化，提高中小型企业和轻型工业的发展比重，提高第二产业部门对劳动力的容纳能力，提高第二产业人口的比重。

第三，积极发展第三产业，扩大就业门路。根据国际经验，第三产业由于劳动密集程度高，且生产规模伸缩性大，因而较易吸收大量劳动力，一般认为，第三产业可以作为劳动力的“蓄水池”。当生产发展较快时，由于生产服务需求的扩大和生活水平提高带来的生活服务需求扩大，会使第三产业迅速发展，从而大量吸收劳动力。当生产萧条时，由于第三产业资本密集度低，能容纳大量小规模的经营者，且对它的需求面很广，因而也能吸收大量劳动力。如日本战后经济萧条期，第三产业短期内吸收了大量劳动力。中国第三产业落后是客观存在的，它的高就业性、小规模经营方式，可以同发展个体经济、集体经济结合起来，以传统和新兴的第三产业为主导，以小型的劳动就业服务企业及区街、民营、乡镇等集体经济为基础，带动私营、个体、外资经济和相应产业、行业，扩大就业规模和数量。此外，还要开辟非全日制、临时工、弹性工作等多种灵活的就业形式，扩大就业领域。

第四，使产业富余劳动力有效转移的根本前提是进行人力资源的再开发。实行先培训、再就业的办法，对产业富余劳动力进行培训，让其更新观念、更新知识、更新技能，适应向其他产业转移的要求。

第五，采取用工主体自主用人，劳动者自由择业双向选择，形成劳动者就业的竞争机制，优化生产要素的组合，适应人口产业结构的发展趋势，为劳动者就业或转业提供社会服务，包括待业培训、择业指导、职业介绍等，促进人口产业结构的转变。

第六，采取宏观调控与市场机制相结合，加强劳动力市场建设，建立政府对劳动力市场的规划、立法、监督、管理和信息服务为主要内容的宏观调控体系，使资金、生产资料、劳动力、技术等生产要素在自由流动过程中达到最优组合，推动人口产业结构转变的形成，为劳动力产业转移创造良好的社会环境。

（原载《西北人口》1996 年第 3 期）

和谐社会就业基础论

一、和谐社会需要充分重视就业

我们提出构建和谐社会的背景之一就是认识到了当前严峻的就业形势。改革开放以来，我国经济快速发展，城乡居民收入大幅度提高，同时也出现了城乡及地区差距扩大、部分社会成员收入差距过大、经济社会发展不协调等问题。这些差距和不协调的问题，从表面上看是利益的多与少的问题，但实质上是就业机会的问题。现实的各种社会矛盾可以说都是由就业机会不公平引起的：城乡和地区的差距在于就业机会的差距，社会成员收入差距拉大的原因在于就业机会的不均等，经济社会发展不协调的原因也在于国家重视经济投入而忽视了社会、文化的发展。

充分就业是解决现实社会各种矛盾的基本前提。人们奋斗所争取的一切都与其利益有关。社会的不稳定与冲突，无非是利益的冲突。城乡差距、地区差距、社会成员收入的差距也无非是利益的差距；经济社会发展的不协调，也无非是利益分配的不协调：重视对经济发展的投入，而忽视对社会发展的资助。所有这些差距和不协调，从表面上看是利益的多与少的问题，但从实质上看则是由利益分配不公引起的人们的心理的不平衡。而利益分配的公平与否不在于人们之间的收入是否均等，而在于机会是否均等。机会均等，反映在每一个人身上，就首先表现为就业的机会均等。就业是人的基本权利，也是人的基本利益，只有实现了全体社会成员的充分就业，社会上每一个人都各尽其能、各得其所，才能变差距为平等，变不协调为协调。也只有这样，人们之间的利益冲突才有可能解决好。从个人看，人们需要安居乐业，安居与乐业是一个问题的两个方面，二者互相依赖，互为条件。业就是事业，事业需要就业。因此乐业就是安心于自己从事的事业。一个人的事业与其兴趣、爱好相吻合，这样才能安心。但一个人首先要就业，也就是要有自己的事业。所谓无事生非，有业才有事，有事才可能乐，无业不可能乐。乐业才能安居，无“乐业”，收入无把握，预期无保证，就不可能安居。尤其是在消费信贷、按揭贷款普遍流行的今天，乐业更是安居的基本条件。总之，就业通过解放和发展生产力实现了社会的政治稳定、人民生活的安定，创造了一种优美、和谐的社会环境，协调了整个社会的各种矛盾，使人改变了扭曲的心理和不正当的竞争，回归到人本来的面目。

从整个社会来看，从某种意义上说，和平时期的社会矛盾主要的就是就业者与失业者之间的矛盾以及由此引起的就业者之间和失业者之间的矛盾。而中国现在面临的正是非常严峻的就业形势，这个矛盾解决不好，就有可能会葬送我们半个多世纪的建设和近三十年改革开放所取得的成果。因为，生产关系的总和构成经济基础，经济基础又决定着我们的政治制度和管理体制。因此，解决好就业问题对社会政治的稳定意义非凡。

积极扩大就业、努力完善社会保障体系、逐步理顺分配关系、加快社会事业发展是维护群众利益、促进社会公平、构建社会主义和谐社会的重要任务。完善社会保障体系有多种途径，但就业是最好的保障；理顺分配关系要求把按劳分配和按生产要素分配有机结合起来，而就业是按劳分配的基本前提；加快社会事业发展不仅要求多投入物力、财力，更要求多投入人力。所有这些解决措施无不与就业有直接的关系。构建社会主义和谐社会需要积极扩大就业。随着我国经济体制改革不断向纵深发展，各种市场化因素对就业的影响程度越来越大，就业问题已经成为关系到国家经济发展和社会稳定的一个重要方面。

就失业情况看，1999～2004年，我国城镇登记失业率分别为3.1%、3.1%、3.6%、4%、4.3%、4.3%。这些数字表面上看不算高，但实际失业率则比较高。因为我国当前所采用的是城镇登记失业率统计，只有到当地劳动保障部门登记的符合失业条件的人员才被统计为失业人员，没有登记的不统计为失业人员。而且这个统计数字只针对城镇，不包括农村剩余劳动力，也不包括农村进城务工的劳动力，此外下岗职工也不被计算进来，因为下岗职工并没有与所在企业解除劳动关系。也就是说，城镇实际失业人数要比我们公布的统计数据大。

分析城镇就业形势时还应看到，我国国有企业的改革仍未完成，特别是像国有银行这样的“就业大户”，还存在着大量的富余人员，经营效率低下。随着加入世界贸易组织五年过渡期的结束，改革力度的加大，以及企业经营机制的转换，国有企业会进一步削减职工人数。此外，政府机构（包括政府机关及一些事业单位）改革还未见明显成效，机构臃肿、人员膨胀的问题仍未从根本上解决。随着机构改革的进行，政府机关的大批冗员会被裁减。因此，城镇失业人数还会继续增加。有的地方为了甩掉亏损国企的包袱，所谓的改革往往是将企业一卖了之，根本不管其职工有无出路，这种将就业负担推向社会的做法，是极不负责任的，它的直接后果是造成大量的隐性失业，不仅对职工的生活乃至生存带来很大负面影响，也必然给社会安定埋下隐患。为此，如何稳妥地处理好国企改革与职工就业或再就业的关系，是对各级政府搞好就业工作的一大考验。

我国官方发布的就业统计一般只包括具有固定城镇户口的居民，那些进城打工的农民工是不在其中的，但在我国城市经济高速增长中，来自广大农村的农民工所起的作用已经越来越重要，在城市的建筑和房地产业、餐饮及服务业等众多领域，农民工都作为主要劳动力被使用，近年来沿海有些地方的农民工因嫌工资太低而撤回老家，出现“民工荒”现象，说明要维持经济的稳定发展，无论如何是离不开广大农民工的，实际上他们已经成为我国新一代产业大军，对城镇劳动力市场有着一种蓄水池的作用。尽快将农民工纳入城镇就业管理体系，让他们享有企业职工应该享有的基本待遇，起码让他们不再经常受到欠薪、缺乏必要的劳动保护等问题的困扰，是各级政府应该做好的事情。从农村劳动力向城镇的转移来看，随着农民收入的增加越来越依赖于非农就业的工资性收入，农村劳动力向城镇转移的步伐还将进一步加快。有关资料显示，2002 年我国农村富余劳动力 1.5 亿人，2003 年进城务工的农民超过 1 亿，目前约有 1.5 亿，预计今后几年农民劳动力进城务工的人数还将进一步增加。如果把农村富余劳动力也算作失业，再加上城镇登记失业人数，我国的实际失业率要比我们估计的严重得多。

大学生是人才市场的后备军，近几年的教育扩招使大学毕业生人数显著增加，2002 年全国普通高校毕业生为 124 万人，2005 年已翻了一番多，增加到 280 万人，明年毕业生的人数会更多。目前大学生找工作难已经成为不争的事实，毕业就等于失业也不是个别人才会有的遭遇。大学生找工作难的原因固然很多，一方面所学专业跟不上市场变化的需要，另一方面社会所能提供的就业机会不能适应教育事业迅速扩张，此外社会对于人才认识的偏差以及人才市场机制的不健全等等都可能是造成大学生难以找到合适就业岗位的原因。问题在于，既然大学生是人才市场的主要资源，政府就得想方设法在改善大学生就业环境上多下功夫，让人才渠道保持畅通。应该形成一种机制，让企业乐于培养和使用有知识有专长的年轻人，让年轻人有更多的机会锻炼成长为人才。

当然，就业领域中需要解决的问题肯定不止这几个，根据有关方面公布的数据，今后两到三年内，城镇每年需要安排就业的劳动力多达 2400 万人，而年度能够提供的就业岗位仅为 900 万人左右。巨大就业岗位缺口带来的就业压力确实相当严峻。

为了解决失业问题，很多人提出了保持经济增长的办法，要求我国的年均经济增长率达到 7% 以上。遗憾的是，这一办法的效果越来越有限。国际上分析经济增长与就业增长关系的方法一般采用就业弹性这一指标。按照国际惯例，经济增长一般伴随着就业的增长。但是我国经济增长的就业弹性呈现出波动不定且总体明显下降的趋势。根据作者计算，经济增长的就业弹性从 20 世纪七八十年代的平均 0.34（扣除 1990 年的异常变动）降到 90 年代以后的 0.12，下降了

65.3%，到2003年只有0.10。这表明经济增长对就业的吸收能力低且在逐步减弱，因而单纯依靠经济增长来解决就业问题存在着明显的不足。不仅如此，单纯强调经济增长所带来的正是经济、社会发展的不协调。而这也正是我们构建和谐社会需要解决的矛盾之一。

就业是影响我国今后社会发展的一大难点。我国每年劳动力数量庞大，增长很快，经济增长的就业弹性系数也在持续下降，使得劳动力供大于求的矛盾十分突出。所以，构建和谐社会，必须要解决公平和效率的关系问题。

二、充分就业：和谐社会的重要内容

（一）和谐社会的就业要求——充分就业各尽其能、各得其所

社会主义和谐社会是全体人民各尽其能、充满创造活力的社会，是全体人民各得其所和利益关系得到有效协调的社会，是稳定有序、安定团结、各种矛盾得到妥善处理的社会。由于各尽其能是社会充满创造活力的前提，各得其所是社会利益关系得到有效协调的基础，也只有利益关系得到有效协调才能实现社会的稳定有序、安定团结，社会的各种矛盾才能得到妥善处理，因此，全体人民的“各尽其能、各得其所”是社会主义和谐社会的基本特点。而按照一般的理解和解释，“全体人民各尽其能、各得其所”就是全体社会成员人尽其才、才尽其用、能位相适、按劳取酬。因此，社会主义和谐社会应该是实现了充分就业的社会。

充分就业包括两层含义，一个是从数量上看，每个人都有一份工作；另一个是从质量上看，每个人在其工作岗位上都能充分发挥自己的才能。这是有机联系的两个方面。在传统计划经济条件下，国家通过户籍制度、人事制度、劳动工资制度等把每个人固定在某一岗位上，容易造成人浮于事现象。这虽然可以说是每个人都有工作，但显然不能算是充分就业。我们这里所说的充分就业是在市场经济条件下通过政府与市场的共同作用所达到的社会全体成员的人尽其才、才尽其用、能位相适、按劳取酬。这实际上就是我们一再提倡但从来也没有真正实现过的按劳分配。因为我们过去所理解的按劳分配就是按劳动者提供的劳动的量分配社会产品。其实，按劳分配应是质与量的统一，而且按劳动力的质分配是按劳动力的量分配的前提。所谓劳动力的质，就是劳动者的兴趣、爱好、专业、特长等。按质分配就是按照劳动者的兴趣、爱好、专业、特长等分配给适合他们的职业——各尽其能，使他们充分发挥自己的优势。按劳动力的量分配就是按每个劳动者实际提供给社会的劳动量的多少分配社会产品——按劳取酬。实现按质分配的前提条件就是劳动力的完全自由流动，每个人都选择适合于自己、最能充分发

挥自己才能的职业和行业。实现按量分配的前提是公开、公平的竞争上岗。所谓公开，就是劳动条件、劳动报酬公开，让每一个有兴趣的人（可以）充分了解，自己做出选择。所谓公平，就是选择的标准一视同仁，公开评判。这样就把按劳动力的质和按劳动力的量分配有机结合起来，按质分配成为按量分配的基础，按量分配是按质分配的必然结果。在这样一种就业和分配制度下，就业者个个心情舒畅，收入分配公平合理，就业者的利益矛盾得到有效的协调，社会必然是和谐的。当然，这里的“各尽其能、各得其所”不是指部分人，而是全体社会公民，也就是说，是全体社会劳动力的真正的充分就业。这意味着社会全体公民的心情舒畅，分配公平合理，全社会的分配矛盾得到有效解决，因此我们说各尽所能、各得其所正是和谐社会的本质内涵。而各尽所能、各得其所所昭示的也正是要实现全社会的充分就业。

（二）实施就业优先的发展战略，构建就业结构的和谐

和谐社会的核心是民生问题，就业是民生之本。我国是一个转型中的发展中大国，新增、待业和下岗失业人员较多，就业和再就业工作任务较重，压力较大，构建和谐社会，必须把就业作为当前的紧迫任务和长远的战略任务，始终放在突出位置，统筹城乡发展，努力扩大就业，实现充分就业。

虽然我国呈现出就业增长、失业率走低的良好态势，就业结构得到一定优化。但就业形势仍十分严峻，劳动力供求总量矛盾与就业结构性矛盾并存，新增劳动力就业与下岗失业人员再就业问题叠加，城镇就业与农村富余劳动力转移交织；城镇调查失业率仍在较高位区间徘徊；劳动力资源利用率仍有所下降；劳动力素质与岗位不适应的结构性矛盾进一步突出，技术工人尤其是高级技能人才严重短缺；“4050”人员和集体企业下岗人员的再就业问题比较突出，他们大多技能素质低、就业难度大；集体企业下岗失业人员大多游离于再就业政策扶持范围之外；农村富余劳动力和失地农民的就业问题比较突出，目前全国还有2.5亿农村富余劳动力和失地农民的就业问题需要解决；未来我国各类毕业生数量越来越大，目前就业问题已很严重，未来将更加严重。就业面临的主要问题仍然是劳动者充分就业的需求与劳动力总量过大、素质不相适应之间的矛盾。

解决当前和今后一个时期就业问题，构建和谐社会，必须贯彻“一个方针”，做到“五个注重”。即按照“劳动者自主择业、市场调节就业、政府促进就业”的方针，在解决下岗失业人员再就业问题的同时，注重做好新成长劳动力特别是大学生的就业工作；在推进城镇职工就业再就业工作的同时，注重做好农村劳动力转移就业；在增加就业总量的同时注重提高就业质量；在缓解当前突出矛盾的同时更加注重研究建立长效机制。

扩大就业也是缩小社会收入差距的根本途径。解决好就业问题，通过大力发

展教育，进行人力资源开发，是保持经济高速成长推动力的重要一环，“就业是民生之本”。在当代社会中，就业不仅是谋生的必要手段，还是人们参与社会的主要渠道。作为“民生之本”的就业与“和谐社会”的联系是不言而喻的，即使是勉强得温饱，但长期处于失业状态无所事事也肯定是与“和谐”背道而驰的。坚持在发展中解决就业问题是坚持以人为本与构建和谐社会的一项重要任务。要充分地调动一切积极因素，在以人为本的科学发展观指导下，进一步增强凝聚力和向心力。在团结和带领广大群众投身到改革和建设的伟大事业中，积极扩大就业是调动群众积极性和维护群众利益的一项重要任务。要坚持在发展中解决就业问题，逐步确立有利于扩大就业的经济结构和增长模式，千方百计增加就业岗位，加快发展就业容量大的第三产业、中小企业和劳动密集型产业，形成更多的就业增长点。要特别注重城市化的问题和减少农业从业人员比重的问题，争取在未来再转移出较多农业富余劳动力；要不断开阔思路，把不断完善和创新失业保险制度与解决就业问题有机联系起来，在发展中和动态中解决就业问题。要高度重视大学毕业生就业，认真解决就业困难人群的就业问题，进一步维护农民工合法权益，努力创造更加公平公正的就业环境。

三、把解决就业问题作为构建和谐社会的重要任务来抓

充分就业是一个世界性难题，对于中国这样一个人口众多且经济增速较快，劳动参与率很高但经济增长的就业弹性下降，经济增长率较高但经济结构不协调，缺乏现成、有效的社会保障制度的国家，更要求把解决失业问题当作构建和谐社会的头等大事来抓，坚持在发展中解决就业问题是坚持以人为本与构建和谐社会的一项重要任务。为此，我们需要做到以下几点。

1. 千方百计在扩大就业的基础上保持经济的适度增长率。我国是世界人口最多的国家，这一特殊的国情决定了我们不仅要保持经济的增长，更要在扩大就业的基础上保持经济的增长，不能增加就业的经济增长是没有价值的。我们对各级领导干部的考核，不仅要看其产值增加了多少，更要看新的就业岗位提供了多少。

2. 继续适度保持财政对基本建设和固定资产项目的投资，创造新的就业岗位。1998 年以来，我们通过实行积极的财政政策，不仅缓解了亚洲金融危机的冲击，度过了通货紧缩的困难时期，也为全社会创造了大量的就业岗位，为经济的平稳发展发挥了巨大作用。虽然我们提出今后要实行稳健的财政政策，但这并不意味着财政投资的迅速减少。在民间投资没有显著扩大的情况下，财政投资的乘数效应既是保持经济增长的必要条件，也是政府创造就业机会、减少失业的必

要保证。

3. 继续大力发展教育，尤其是发展职业教育和就业培训，不断提高全民素质。目前，相当一部分人员失业的原因在于自身的素质问题，而自身素质低除了自身的原因外，还在于国家提供的教育机会不够，特别是存在着地区之间、城乡之间教育机会的不公平、不平等。劳动力素质低是我国历史形成的一个突出问题，要从根本上优化劳动力结构，需要从教育与技能培训抓起。要进一步深化教育体制改革，大力发展职业教育。要把农村劳动力转移培训作为提高劳动力素质的重点来抓，并加大财政扶持力度。教育部部长周济最近表示，教育公平是一个非常重要的问题，教育部门要把怎么样处理好教育的快速发展和教育公平之间的统筹和协调，作为一个非常重要的任务来抓。要在以下两个方面采取措施：一是在义务教育阶段，对农村家庭贫困的学生实施“两免一补”，即免除杂费、免除书本费，并对住宿生实行生活补贴。二是加大对高校贫困学生的扶持力度，让通过考试进入大学的孩子们不因为家庭经济困难而失去学习机会。另外，还应创造各种条件积极开展职业教育培训和下岗失业人员的再就业培训，提高就业者和再就业者的工作能力和技能。

4. 发挥就业服务部门包括政府劳动部门和中介机构这个劳动力供求双方桥梁的作用。政府要努力创造就业公平的环境，中介机构应按法规提供规范的服务。当前要突出抓好困难群体特别是零就业家庭的就业工作，并消除不利于农村居民就业的各种障碍，实现城乡统筹就业。要鼓励企事业单位增加就业岗位，政府部门也应适当增加为社会提供服务的岗位。要保障失业、下岗职工及家庭基本生活，建立“五道基本防线”，即最低工资防线、控制裁员防线、失业救济防线、再就业防线、最低生活保障防线。

5. 大力发展和规范劳动力市场。我国目前就业市场分为人才市场与劳动力市场，这两个市场虽然也存在交叉，但人才市场主要属于高层次就业市场，而劳动力市场则是一般就业市场。这两类就业都存在着有待消除的不公平问题。人才市场就业不公平最突出的是反映在稀缺岗位的聘用上。大学毕业生就业实行双向选择，体现了市场经济的资源配置机制，但由于每个人的背景不同，能否找到理想的工作未必取决于真才实学。有些岗位名义上是公开招聘，实际上是“内定”，有些职位规定了年龄、性别、专业、生源地以及工作年限等限制条件。如果说人才市场就业不公平主要体现在人与人之间的话，一般劳动力市场就业不公平则主要体现在不同的群体之间与区域之间。目前处于就业最不利地位的是农村居民尤其是经济发展较落后的地区的农村居民。长期以来，政府在就业问题上只考虑城镇居民，直到前几年才出现“城乡统筹就业”的提法，但还明显存在城乡就业不公平问题。因此要发展和规范劳动力市场：按照统一、开放、竞争、有序的原则，大力发展劳动力市场，鼓励劳动力资源在全社会范围内流动与重组；就业歧视的产生原因很复杂，需要经济、法律、行政、舆论等诸方面手段配合，要保障平等就业促进社会和谐；加快建立覆盖城镇所有劳动者的社会保险制度，深化工资制度改革，引导失业、下岗职工在不同所有制企业就业和再就业；加强劳动力市场的建设与管理，强化服务功能，改善服务设施和手段，提高服务质量，打击非法职业中介机构及其活动，维护劳动力市场秩序。

参考文献

[1]《中共中央关于构建社会主义和谐社会若干重大问题的决定》，载《中华人民共和国国务院公报》2006 年第 33 期。

[2] 夏杰长、冯彦明：《充分就业与构建和谐社会》，载《中国金融》2005 年第 5 期。

[3] 于语和：《平等就业促社会和谐》，载《人民日报》2005 年 6 月 15 日。

（原载《劳动就业与社会保障》2005 年第 4 期）

金融危机背景的返乡农民工就业安置态势评估

关于农民工转移就业的现有研究主要集中于农村富余劳动力转移就业意义、流迁动因、影响转移就业的因素等方面，部分学者针对外部危机对农民工就业的影响，提出构建社会保障体系并发展城乡经济、发挥土地保障作用等降低就业风险，但联系农民工就业演进趋势，专门以返乡农民工为研究对象，对农民工远期就业生活进行规划并开展返乡农民工就业安置应对研究较少。在此就相关问题进行研究。

一、农村劳动力转移就业与农民工返乡的源起

首先对农村劳动力转移就业、农业工返乡与城市就业容纳能力的相关问题展开阐述。

（一） 农村劳动力转移就业的动因与演变趋势

在我国“二元”经济结构下，农村劳动力转移就业对于社会经济的发展有着重要影响，一般认为这有助于缩小城乡差距，实现城乡人口的合理分布，促进经济一体均衡发展①。一般认为，引起农村劳动力转移就业的最重要原因是经济因素，城乡收入差距的存在不仅是农村劳动力转移就业的重要动因，也决定了转移就业的流向（Todaro，1969；Bentolila S. et al.，2006）。当然，就业机会差异的存在、生活条件、受教育机会、公共卫生设施等非货币收益等也是影响农民工转移就业的重要因素（AuChun－Chung et al.，2005）。中国城乡、地区之间发展不平衡，不同地区就业机会差别大，在今后相当长的一个时期内，农村劳动力还会继续向沿海经济发达地区和大中城市流迁（国务院研究室课题组，2006）。

① 中国农民工问题研究总报告起草组：《中国农民工问题研究总报告》，载《改革》2006 年第5 期。

虽然如此，也应看到城市劳动力市场容量的有限性，农民工向城市转移过程中对外部危机的抵抗能力较为脆弱，这也决定了在农村劳动力向城市转移的同时，部分农民工回流寻求新的就业生活途径。李（Lee）指出只有在迁出地内推力总和大于拉力总和，且迁入地内拉力总和大于推力总和时才会形成人口迁移①，认为必然有一个反迁移流伴随人口迁移，我国20世纪中期发生地农民工“逆潮回流”、2004年左右出现的“民工荒”及2008年下半年的“返乡潮”是对这一见解的验证，因此，对返乡农民工的就业生活安置构成研究的主旨。

（二）城市就业容纳能力与农民工返乡趋势显现

部分研究认为城市预期收入高并不是农村劳动力迁移的唯一考量因素，随着社会经济的发展，农民工将愈加重视自身经济和社会地位的提高②。部分研究表明，虽然农民工城市就业绝对收入有所增长，但城乡收入差距却有扩大趋势，而劳动力市场分割的存在使得农民工城市就业岗位狭窄，难以实现身份地位的上升，社会及政策因素的不利影响使得农民工对未来预期收入的提高不抱乐观态度（蔡昉，2007；黄祖辉、刘亚萍，2008）。当农民工城市就业过程中的预期收入与成本差距缩小时，返乡将是一个可行选择。

农民工回流现象表现较为突出的主要有三次，分别为：一是在1997～2001年间，农业部农村经济研究中心的实地调查发现，返乡农民工占农村劳动力的6.3%。占当期外出务工劳动力的39.9%，且返乡人数有趋于增长之势（高强、贾海明，2007）。在以城市经济发展带动农村劳动力转移就业以促进经济发展的大形势下，出现“逆潮回流”现象，这使得学者开始关注并深入研究引致农民工返乡的原因及流迁决策，一般集中于转移就业中存在的制度约束及农民工返乡灵活就业等方面（Murphy，2001；林斐，2002）。二是2004年“民工荒”现象的出现，引起学者的进一步重视，一般从内外两方面分析农民工返乡的成因及利弊影响。外部因素主要表现为：农民工城市就业存在劳动力市场分割且上升空间有限、就业地社会经济地位较低、城市生活成本逐渐攀升以及其他经济区域产生劳动力需求等；内部因素主要表现为：传统的叶落归根习惯、民工权益保护意识上升等。在两方面因素的共同影响下，出现农民工返乡谋求新的就业生活路径现象，其中，农民工返乡创业引起学者的进一步关注。三是2008年下半年“返乡潮”主要是由于金融危机对农民工城市就业环境造成严重冲击的情况下发生的，较多农民工以返乡来减少危机对自身的消极影响。

---

① E. S. Lee，1966：A Theory of Migration. Demography，Vol. 3，No. 1.

② Rosen，Sherwin.，1985：The Theory of Equalizing Differences，Handbook of Labor Economics，Vol. 1，No. 641－692.

二、返乡农民工就业安置的成因、影响及应对

下面对返乡农民工就业安置的成因、影响及应对措施进行分析。

（一） 农民工返乡成因分析

现有研究主要引入“推拉”理论从利益比较角度分析农民工返乡的原因，可以归结为：制约农民工城市就业内外因素的存在构成排斥农民工城市就业的推力，这将引起农民工城市就业的预期收益持续下降；而乡村经济的发展、农民工乡村文化习俗的积淀及国家支农政策导向构成吸引农民工返乡的动力，这会引起农民工城市就业机会成本的增加。当对城市就业的预期收益成本进行比较后，返乡可能是部分农民工的可行选择。一般认为城市的排斥因素是引致农民工返乡的主要因素，表现在以下几个方面。

1. 劳动力市场分割阻滞农民工城市就业转移的顺利实现。国外研究认为制度和社会因素导致劳动市场被分割为二级市场，一级市场优于二级市场，分别由高技能劳动者和低技能劳动者构成，劳动者在薪资、劳动条件、工作岗位的保障性及职业前景等方面存在较大差异，限于技术或制度的因素，两类市场之间的劳动力缺乏流动性，在经济环境恶劣情况下，前者会对后者构成严重的挤压（Dunlop，1957；M. Piore，1979）。国内部分学者借鉴这一观点并联系实际，通常将农民工划入二级市场，也有学者提出农民工就业二次分化使得部分农民工已进入一级市场，但也认为大部分农民工仍存在于二级（李建民，2002；刘怀廉，2004；杜毅、肖云，2008；原新、韩靓，2009）。总体上看，农民工城市就业过程中长期处于低技术的狭窄空间内，一方面导致农民工城乡预期收益差距缩小，另一方面也会使农民工应对外部不利冲击的能力低下，这些都将影响农民工流迁就业决策，在问题得不到很好解决的情况下，农民工被动返乡将大量出现。

2. 结构性失业困境引致农民工被动返乡。一般认为低层次产业存在利润微薄、市场竞争力低下问题。在此背景下，国内产业结构调整与升级呼声日趋上升，但应看到先进技术的运用对劳动力的替代作用较为明显（钱纳里，1995），而农民工大多数教育程度与专业技能等基本素质较低，产业结构的调整将进一步缩小农民工城市就业可选择的空间。据统计，2006 年，农民工中初中文化程度者占 65.5%，但 45.3% 的人没有接受过任何培训，25% 的人只接受过不超过 15 天的简单培训。调查显示，2006 年农民工从业较为集中的行业为：建筑施工业、制衣制鞋业及住宿餐饮业等，占农村外出务工人员比重为 50.9%（蔡昉、都阳，2007）。多数农民工局限于低技术含量产业，在就业市场上对外部影响的抵抗能

力极为脆弱。在此情况下，2008 年金融危机的发生导致城市劳动力需求呈现明显下降趋势（中国劳动力市场信息网检测中心，2009），尽管政府采取的诸多政策有助于就业岗位的增加，但已失去原有工作岗位的农民工需要转换工作岗位，在此过程中，农民工将面临岗位需求信息缺失、人员与岗位不匹配等困难。由此，农民工异地就业面临岗位需求下降与结构性缺失并存困境，这将迫使部分农民工返乡。

3. 城乡“两重”社会导致农民工社会经济地位差别。城乡“二元”体制对农民工的排斥较为明显，在市民和农民、本地人与外地人之间形成“两重”社会，农民工一般难以在城市找到稳定且体面的工作，可供选择的就业空间相对狭窄，多为脏、苦、累等低技术含量工作，且难以进入较高层次的产业进行就业转换，存在较为明显的就业门槛（李萍、罗宁，2008），预期工作前景不乐观。据调查显示，农民工对自我在城乡的社会地位评价差别较大（郑功成、黄黎若莲，2006；农民工回乡创业问题研究课题组，2009），这说明农民工较难融入当地生活。

我国农村劳动力城市流迁就业过程中尚存在诸多制约因素，随着宏观经济环境的转变尤其是中西部地区的县域经济形势出现良性变化后，城市就业排斥力的存在将使得返乡成为部分农民工无奈而可行的选择。

（二） 农民工返乡影响差异比较

引致农民工返乡原因不同，相应地对整体经济的运行及农民工自身的影响也有一定差异。我国劳动力市场分割的存在，农民工转移就业存在明显的“钟摆现象”（李明桥等，2009），主要根据行业生产季节的变化并随着农民工代际分布的出现而有机出现，其典型表现有三个，分别是 20 世纪中期出现的农民工“逆潮回流”、2004 年的“民工荒”及 2008 年下半年发生的农民工“返乡潮”。

三次农民工返乡出现的背景有较大差异，20 世纪中期农民工“逆潮回流”的主要原因在于城市就业门槛较高而农民工迫切寻求新的收入增长点，当然亚洲金融危机也对农民工城市就业构成冲击，部分农民工主动或被迫返乡开展创业等灵活就业方式，但数量较少，实证表明回流农民工的平均收入低于外出务工者（白南生、何宇鹏，2002）。这一次农民工返乡的结果是，新的流迁就业途径引起关注、新一波民工潮出现及农业就业数量在此阶段出现反弹。2004 年“民工荒”现象中的农民工返乡在于物价上涨及农民工工资较低引致的农民工城乡收入差距缩小，民工权益保障意识显现及就业流向多元化也是影响农民工流迁决策变化的重要因素（简新华、张建伟，2005）。本次主要是对东南沿海加工制造企业、国家产业政策及各种社会保障制度产生影响，同时，农民工权益得到重视。也有研究将从 2004 年之后出现的“民工荒”看作是“刘易斯拐点”出现的标志，其持论依据是这段时间农民工工资有所增长，但这种观点存在争议，如白南生等认为转移劳动力数量是动态的，许多地区仍有大量待转移农村劳动力，这一期间劳动力供求结构矛盾突出。而发生在2008年下半年的农民工“返乡潮”主要是因为金融危机下大量中小企业倒闭所引起的，农民工受到的外部冲击远大于亚洲金融危机的影响，农民工面临严峻的就业压力，收入增长困难，农民工返乡是在外力作用下的被动选择。当然，具有一技之长的农民工需求变化不明显。

（三）返乡农民工就业路径及具体应对措施

由于农民工城市就业稳定性较差、对外部冲击的抵抗能力较弱，返乡寻求出路成为部分农民工的一个无奈而必然选择，尤其是在发生较为严重的外部冲击情况下，返乡农民工将大幅增加，2008年下半年国际金融危机对农民工异地就业市场的冲击表明了这一点。鉴于农民工城市就业对农村居民收入及生活等重要性持续上升，返乡农民工就业安置状况将成为关系我国社会经济稳定持续发展的重要因素。

1. 消除劳动力市场分割以顺利实现异地转移就业。现有研究认为城镇化、工业化及第三产业的集聚发展对农村劳动力存在客观需求，而农村生产率的提高及人口增长又使得农村富余劳动力上升，利益机制和供求机制的存在有利于推动城乡统一劳动力市场的形成及发展，也有利于提升劳动者个人素质并突破二元结构的限制。但受制于体制转轨和结构调整，劳动力就业市场呈现断裂、残缺状态，其中农民工主要在待遇较差、劳动强度较高的城市非正规市场务工（李培林，2000；吴宏洛，2004）。劳动力市场的多重分割增加了劳动力流动成本和市场交易费用，阻碍了劳动力市场间的流动和竞争，使得人力资本和物质资本同时偏离了最优配置，研究主张通过政策倾斜、教育培训和观念更新等消除市场分割，建立统一的劳动力市场（杨云彦、陈金永，2000）。

一般认为可在以下几个方面做出努力：鉴于先行者所形成的社会、信息等迁移网络的存在可以降低流迁成本，增加迁移收益并减少迁移风险，在一定阶段有助于农民工有效转移就业，可以在原有基础上进一步完善发展（姚先国、刘湘敏，2002；Yaohui，Zhao，2003）；农民工的流动迁移已演进到当前的地方政府有意识地组织和引导的制度化迁移阶段，但仅存在于局部地区，应建立和完善劳动力市场服务体系，规范化、制度化劳动力市场，加强对劳动力市场的预测和规划，降低劳动力市场的摩擦（韩克庆，2006；徐建玲，2008）；加快各地尤其是县级基层劳动力市场信息网络建设，为劳动力市场由集市型向信息型转变奠定基础（徐宗玲，2002）。

2. 提升乡村人力资本，解决结构性失业问题。随着宏观经济环境的变化，产业结构调整对高技术人才的需求与农民工低技能性人力资本存量结构之间的矛盾将趋于上升，而单纯发展劳动密集型产业虽能在短期内适应农民工现期需求并暂时解决返乡农民工就业安置需要，但不符合产业结构调整的趋势，也无法改善农民工人力资本存量结构，不利于帮助农民工摆脱贫困、规避被边缘化的现状。应看到技术进步会通过资源的节约而增加需求，其对劳动的需求将随着产量的提高而上升，应提升乡村人力资本存量结构，促进就业结构与产业结构的并行调整（C. A. 摩尔根，1984；王诚，2002）。而在诸多形成人力资本的重要渠道中，教育是核心因素，也是人力资本投资的重要组成部分（Sahota，1978），现有研究主张由政府、企业与农民工三方协作构建教育培训机制，尤其应加强农民工技能性人力资本存量结构提升的培训，这将改善当前劳动力与就业需求不匹配的现状（刘伯文，2004；刘志锁，2005）。

3. 促进城镇经济发展以增加对农村劳动力吸纳能力。城市本身就业压力的存在要求寻求其他就业转移方向，在此情况下，有学者提出将发展小城镇和扶持乡镇企业相结合，增加本地经济对农村劳动力的吸纳能力，实现农村劳动力的本地消化（陈锡文，2001）。具体依据如下：乡镇企业的就业生成能力高于城市国有企业；乡镇企业投资对劳动力的替代率出现下降趋势，有效提高资本与劳动的结合效率将有助于增加其就业吸纳能力；农村非农化、城镇化使得部分农村人口在所从事的职业、生活方式等方面已具有小城镇特性，有利于突破传统的城乡二元结构；新生代农民工对于返乡务农具有一定排斥心理，而返回家乡的县城或小城镇意愿较强（农业部课题组，2000；于立、姜春海，2003；辜胜阻、简新华，1994；张智敏、唐昌海，2009）。基于以上分析，研究主张发展小城镇以打破乡城阻隔、填充城乡消费断层，刺激乡镇企业发展，为农村富余劳动力提供更多就业机会。

4. 以多种措施实现农民工乡村内部就业。现有研究主张在鼓励返乡农民工创业的同时，引导资金下投以投资带动就业。第一，务工经历提升了农民工的整体素质，使其形成了新的生活习惯，也增加了农民工的就业选择范围，随着城镇投资环境的改善及产业地区转移趋势的出现，返乡创业或在本地企业就业将成为可供选择的出路。鉴于此，部分研究主张应充分利用转移就业对提升中西部地区劳动者素质的有益作用，采取降低创业门槛、扩展融资渠道并调整相关规章制度等措施来鼓励返乡农民工灵活就业（万宝瑞，2007；韩俊、崔传义，2008；张车伟、王智勇，2009）。第二，一般经济理论及实证分析表明，相关投资尤其是农村基础设施投资的增加有利于增加农村经济对劳动力的内部消化能力。基于此，现有研究认为加大对农业投资可以创造大量就业机会，在更高层次实现资源优化配合，在为人口从乡村向城镇转移提供条件的同时，也将有效解决返乡农民工就业安置问题，故此一般主张加大投资强度来解决返乡农民工就业安置问题（徐旭川，2006）。

三、返乡农民工就业流迁趋势总体判断与现有研究评述

通过对现有文献的梳理，可以将“返乡农民工就业安置”这一主题的相关研究归纳如下，虽然难以将所有因素考虑进来，在形成一个完整的命题方面存在一定困难，但希望通过这一研究，在构造应对机制方面提供一些可资借鉴的基本判断。

（一） 返乡农民工就业流迁趋势总体判断

随着宏观经济形势的深入变化尤其是2008年金融危机的发生，城市就业环境的持续恶化使得农民工返乡趋势显著。这需要以现有研究为基础，结合相关政策及宏观经济环境的变化以研究农民工转移就业演进趋势，分析当前农民工就业安置中存在的问题。在此基础上，将返乡农民工作为一个总体分析其对我国“二元”经济结构的影响，以便在有效解决农民工就业安置中存在问题的同时，构建稳定的农民工长效流迁机制，实现城乡社会经济一体发展。农民工返乡就业取向一般可概括为四种，分别为：返乡后从事农业生产、利用外出务工中自身素质的提高而在本地实现非农就业或创业，重新返回城市寻求就业出路。

1. 在农业产业化构建中实现乡村就业内部消化。农民工城市就业存在诸多制约，外部危机的发生将进一步凸显并固化这种排斥力，在土地流转政策推出并实施、农产品价格上升等因素引起农业比较收益提升的情况下，城乡收益差距趋于缩小，而故土意识及家庭等农民工市民化滞碍因素也将导致农民工城市就业预期机会成本上升，在此情况下，返乡农民工从事农业生产将是一个可行选择，但应看到，分工简单、市场狭窄的单纯农业生产无法为农民获取理想收益（方启云、陆华新、鄢军，2005），且并不能有效解决就业问题，现有研究表明，近一半的返乡农民工在从事全职农业的过程中投入大量资金与农用机械，这在实现农业生产专业化、提高农业生产效率的同时，导致富余劳动力增加（Zhao，2002）。而现代农业产业链以城市市场为导向，布局于城市、城郊镇和农村三个区域，能够较好地整合城乡资源，是以城带乡、实现城乡经济一体发展的有效机制①，由于在农村内部转移所需经济成本、心理成本、教育投资等远低于城市流迁，且所需的技术跨度不大，这将促使部分返乡农民工利用当前有利的政策导向及自身的人力、资金等资本优势实现农业综合开发，在农业产业链的构建过程中增加收入并有效解决就业问题（李萍、罗宁，2008）。

---

① 李杰义：《“以城带乡”机制的动力模式与路径选择》，载《改革》2009年第4期。

2. 在乡村企业的发展壮大中实现非农就业。现有研究认为在民工返乡会出现以下问题：在现阶段农业产业链尚未有效构建的情况下，农民工大量返乡将会引起土地承载压力回归原有水平；部分农民工返回农村后存在明显不适应状态（刘铮，2006；张车伟、王智勇，2009）。而务工经历提升了农民工的整体素质，增加了农民工的就业选择范围，随着城镇投资环境的改善及产业地区转移趋势的出现，返乡创业或在本地企业就业农民工将日益增多，其中返乡农民工创办企业发挥出日趋重要的作用，现有调查数据显示，这些企业在解决返乡农民工自身就业安置、收入增长需求的同时，也促进了当地经济的发展并形成劳动力需求，部分学者据此认为农民工返乡创业是加速实现当地产业结构多样化和经济发展的动力，有利于推动“二元”向“一元”经济结构的转变（崔传义，2008；农民工回乡创业问题研究课题组，2008；金沙，2009）。随着产业结构的调整与转移，中西部地区尤其是县域经济有了较大改观，以小城镇为代表的县域内具有充分的创业投资环境，而农民工也具有积极的创业意识（杨丽琼，2009），这样利用政府创业扶持政策进行创业是未来一段时间返乡农民工增加收入、实现就业的可行选择。

3. 重新流向城市实现就业。虽然支农政策发挥了一定作用，但应看到农业产业链尚未有效建立，农业比较收益的增加幅度有限，而长期的城市务工生活使得部分民工尤其是新生代农民工对在乡村生活就业存在不同程度的排斥心理（王春光，2001；陈明星，2009），对提前返乡流动人口的相关调查也表明相当一部分农民工对返回农村存在明显的不适应①。当前，各地政府采取诸多措施解决城市劳动力市场分割及消除“二重”社会的不利影响，将随着宏观经济形势的好转而改善农民工城市就业环境。而本次危机中，有一技之长农民工受到的影响相对较小，劳动力市场对其需求相对稳定，某些行业需求仍表现旺盛。这样，部分农民工将会利用暂时的“闲暇”而参加相关适应性培训，然后重新返回城市就业。

（二） 对已有研究的评述

现有研究及多次危机对农民工的影响表明，在危机发生情况下，农民工的通常反应是暂时返乡，将乡村及联结于其上的土地作为一道“防火墙”。这表明对异地转移依赖性过度会使得农民工对外部危机的抵抗能力较低，乡村仍是目前最重要且是最后的保障，但应看到纯粹的农业生产对农村劳动力的内部吸纳尚不足以解决社会经济发展中存在的问题，需要深入探讨农民工远期就业路径。

此外，现有研究从农村富余劳动力转移的角度进行分析，针对农民工当期城

---

① 国家人口计生委流动人口服务管理司：《提前返乡流动人口调查报告》，载《人口研究》2009 年第 2 期。

市务工过程中存在的问题进行了深入探讨，偏重于通过增加大中城市投资、调整产业结构及提供城市非正规就业社会保障等应对措施以挖掘城市就业容量方面的研究。而联系农民工远期就业生活规划，专门针对返乡农民工就业安置的研究较为缺乏，同当前产业及投资向中西部地区转移的宏观环境及国家资金下投反哺农村政策存在一定距离。如何利用经济由对外部市场过度依赖转向内外并重、产业结构调整转移与中西部承接趋势以及政策由偏重大中城市转向农村倾斜并促进城乡并行发展这一宏观经济形势的变化，结合农民工流迁趋势，适时调整与引导农民工流迁就业方向，探讨长效稳健流迁就业机制的构建路径，将是预期研究的一个重要方向。

四、返乡农民工就业安置研究的展望

从现有情况看，消除农民工城市就业过程中的诸多制约因素需要一个较长的过程，而外部不确定因素的出现将强化这种排斥力，依赖于农民工自身抑或是现有体制的缓慢调整来消除现存的城市就业障碍仍有一定难度。随着宏观经济环境的变化，返乡寻求就业生活出路将成为部分农民工的重要选择，而返乡农民工就业安置妥当与否将对我国城乡经济一体发展及“三农”问题的顺利解决产生深远影响。在对现有理论成果及实践经验进行总结的基础上，应从以下几个方面对下一阶段返乡农民工就业安置进行研究。

（一）危机冲击农民工城市就业对土地有序流转的影响

在农民工城市转移就业存在较多制约因素、应对外部冲击能力较为低下、而面向农民工的社会保障体系尚未有效构建的前提下，土地的社会保障作用将受到重视，即使从中获取收益不高，农民工也将希望尽可能保有土地而不愿意流转出去，这将加大农村土地有序流转的难度，制约农业生产规模化的实现。如何解决农业产业链构建的长远目标与农民工为发挥土地的社会保障作用而尽可能保有土地的现实需求之间的矛盾，需要深入探讨。

（二）农民工长效稳定流迁就业机制的构建

通过对返乡农民工流迁就业演进趋势分析及现有研究的回顾，可以发现农民工应对外部冲击的能力低下，通常的流迁路线为“城市转移就业—返乡寻求缓解压力或寻求出路—返回城市就业—再次返乡”，在此循环中，外部冲击对农民工消极影响较大，需深入研究如何构建农民工长效稳定流迁就业机制，以减少农民工所受损失。

（三）探究农民工多元就业转移方案

研究表明，过度依赖单一就业转移路径将强化农民工就业的低市场性，需对比分析潜在就业流向优劣，构建多样化流迁就业方案，探讨如何在多种劳动力市场中自由流动的可行性。现有就业市场包括：危机淘汰效应所形成的异地新劳务市场、本地大中城市劳务市场、本地在承接产业转移过程中所形成的非农就业市场、本地创业环境以及新农村建设背景下所形成的乡村劳务需求市场，重点分析以小城镇为代表的县域经济对农村劳动力的吸纳能力及潜在优势。

参考文献

[1] 中国农民工问题研究总报告起草组：《中国农民工问题研究总报告》，载《改革》2006 年第 5 期。

[2] E. S. Lee，1966：A Theory of Migration. Demography，Vol. 3，No. 1.

[3] Rosen，Sherwin，1985：The Theory of Equalizing Differences，Handbook of Labor Economics，Vol. 1，No. 641 – 692.

[4] 李杰义：《“以城带乡”机制的动力模式与路径选择》，载《改革》2009 年第 4 期。

[5] 国家人口计生委流动人口服务管理司：《提前返乡流动人口调查报告》，载《人口研究》2009 年第 2 期。

（原载《改革》2009 年第 8 期，合作者：曹亚）

失地农民就业质量的影响因素分析

——以武汉市江夏区龚家铺村为例

一、研究背景

就业乃民生之本，是失地农民赖以生存和发展的基本需求，是其规避社会风险、维持个人尊严最重要的方式，是失地农民最好的保障。土地被征用后，由于政府的就业安置和社会保障制度等不完善，导致不少农民失地即失业，已就业的失地农民就业稳定性差、失业率高、隐性失业严重，影响可持续生计。失地农民的就业质量直接影响其生存境遇和对主流社会的心理认同，进而影响其社会公平感和生存道德；从长远看，更关系到“三农”问题的解决以及中国城市化的质量。

就业不仅包括数量的扩大，还包括质量的提高，后者更被劳动者所看重。增强就业的稳定性，改善工作环境，提高工资水平和有关福利待遇等，使失地农民有更好的职业发展机会，获得工作和生活的平衡，是其高质量就业的重要内容，同时也是失地农民分享城市化红利的体现。本文以城市化进程中失去土地的农民为研究对象，并依据调查的样本资料以及广泛深入访谈所掌握的情况，采用定量研究方法，实证分析影响失地农民就业质量的因素，以期获得操作性更强、更具针对性的对策措施。

二、文献综述

就业质量最早是以国际劳工组织（ILO）“体面工作”这一概念出现的。国际劳工组织把体面工作定义为劳动者在就业岗位上能够获得权利保护、收入满意和人文关怀。也就是说，工人在其工作岗位上可以不被强迫或者不作出让步即能获得就业、生活与职业发展的令人满意的结果，同时能广泛参与公司决策和社会对话[1]。就业质量首先是一个变量，它会因群体以及岗位职业的不同而呈现高低不同的变化，以往学者主要把劳资关系、人力资本以及社会资本等因素作为自变量对就业质量的变化进行了较深入的实证与理论分析。

关于就业质量的影响因素，舒尔茨认为人力资本是影响就业质量高低的一个最基本变量，尤其体现在就业质量指标中的职业收入或报酬上，拥有较高人力资本的劳动者可获得更高的收入，很多学者经研究已证实这一结论。如张桂宁把劳资关系作为自变量研究了其对就业质量的影响[2]；彭国胜基于长沙市的调查数据，以职业声望作为定序变量，收入水平作为定距变量来衡量新生代农民工的就业质量，以人力资本、社会制度因素作为自变量，得出结论认为新生代农民工的就业质量偏低，人力资本和社会制度对其影响显著，应重在提升该群体的人力资本以及弥补社会制度缺陷[3]。谢勇认为人力资本对促进失地农民非农就业具有显著的积极作用[4]；陈浩、杨晓军通过调研和实证分析证明了培训投资对于农民工收入增长的重要性和显著性[5]。但是，以往把人力资本与征地补偿款、社会保险等外部因素综合起来研究与失地农民就业质量具体关系的文献则较少。

一般认为，失地农民在城市就业面临着种种不公，其中最重要的原因是教育水平低，缺乏专业技能等人力资本因素的制约，但也有行业和职业的限制，以及制度歧视等原因[6]。国外学者如马克·格兰诺维特（Mark Granovetter）、林南等的研究表明，社会资本对就业质量中职业获取和发展有显著影响[7-8]。其影响包括更容易获取就业信息和职业培训信息，从而获得职业向上流动的机会；运用其社会资本能更好地促进就业稳定，在就业岗位上搞好人际关系，促进就业过程中主观满意度的提高[9]。

三、数据来源与描述性统计

本文的实证数据来源于“武汉市失地农民就业质量调查”。该调查于2012年9月在武汉市江夏区龚家铺村进行，由中南财经政法大学经济学院组织的调查组进行问卷调查。调研过程中共发放问卷500份，回收问卷485份，其中有效问卷476份，问卷的回收率和有效率为分别为97%和95.2%。

（一）样本数据的基本情况

根据调查结果，失地农民调查样本中，男性290人，占60.9%，女性186人，占39.1%；已婚人口占79.4%，未婚人口占20.6%；每户平均就业的人数为1.63人；调查样本家庭主要依靠务工收入作为其经济来源；被调查失地农民的年龄以“40~50岁”人员为主，文化程度以初中为主。

（二）人力资本情况

由表1可知，高达85%的失地农民只有初中及以下文化程度，高达93.6%的农民失地后没有培训经历，但表现出较强的培训意向，愿意培训的多达92.8%。失地农民自身素质与岗位技能要求有明显差距，已就业的失地农民中约有3/4没有非农技能，1/3以上的人员没有岗位技能等级[10]（见表1）。初中以下、初中和初中以上文化程度的调查对象平均月收入分别为632.75元、973.38元、1238.14元，呈明显递增趋势。文化程度越高，其相应的谋生能力就越强，收入也越高，越能理解和接受城市文化，也越容易融入城市[11]。

表1 失地农民学历、职业技能及培训情况

学历	百分比（%）	岗位技能等级	百分比（%）	培训经历	百分比（%）	培训意向	百分比（%）
小学及以下	9.2	无等级	35.6	很多	2.1	不愿意	2.6
初中	75.8	初级	41.0	较多	4.3	不太愿意	5.6
高中或中专	14.6	中级	23.4	完全没有	45.7	基本愿意	42.1
大专及以上	0.4	高级	0.1	有一点，极少	47.9	非常愿意	49.7
合计	100	合计	100	合计	100	合计	100

（三）社会资本情况

社会资本是一种社会关系网络资源，个体不能够单独占用，只有通过社会网络关系来获得，并且这种资源能够更好地为个体的生存和发展服务。由于社会资本是蕴含于社会团体、社会网络之中，个人不能直接占有和运用它，只有通过成为该网络的成员或建立起网络连带，才能接近与使用该资本[12]。本文选取网络规模、网络密度和网络质量三个指标予以表现。在问卷中，这三个指标按以下问题的答案进行量化处理："与您正在联系或者以前联系过的亲戚大概有多少人""与您关系比较好的领导有多少人""除了亲属和领导，与您正在联系或者以前联系较经常的大概有多少人""这三类您较熟悉的人的文化程度以及职业情况"等，填答结果经整理后绘制成表2。

表2 失地农民的社会资本状况

	最低值	最高值	平均数	标准差
网络规模	2	312	17	67.978
网络密度	0	1	0.57	0.189
网络质量	0	6	2.31	1.823

网络密度指的是在与失地农民有经常往来关系的人的亲密程度，比如经常往来的人中亲戚较多，则明显网络密度就会很高。网络质量的数据来自调查中与其联系较紧密人的文化程度，根据研究惯例，我们划分了六个层次，文化程度越高得分则越高。从调查数据来看，失地农民网络质量的平均得分属于较低水平，这说明在失地农民的社会网络中，较高文化程度或具有一定行政职务的成员非常少，表明他们可利用的社会资本质量较低，且限于血缘关系为主。

总体来看，失地农民的社会资本状况呈现规模小、密度高和质量低的特点，其交往范围限于亲人以及同村打工人员，交往对象单一，缺乏与市民的互动与交流，致使他们很难真正地实现城市融入，同时这种信息的不对称也使得城市居民对农民工也存在误解与歧视，加深了他们的边缘化。

四、失地农民就业质量影响因素的计量检验

（一）变量设定

通过对调查数据的描述性分析，可发现失地农民存在工作质量低、就业稳定性差、缺少福利和保障、职业发展机会少以及心理压力过大等问题。因此，本文选择了性别、年龄、受教育水平、健康状况、失地年限、社会保险参与度、技能水平、社会关系网、政府支持、培训经历、单位性质、征地补偿等因素作为自变量，选取较能代表就业质量的职业声望、工资收入、就业稳定性、职业向上发展机会和工作满意度作为因变量，经 SPSS17.0 运算建立模型进行分析。

为了验证上述研究假设中失地农民就业质量的影响因素是否符合以及在多大程度上符合客观实际，本文根据调研数据，选择了性别、年龄、受教育水平、失地年限、健康状况、培训经历等人力资本因素，以及社会关系网、政府主导和单位性质、征地补偿等外在因素作为解释变量，选取较能代表就业质量的职业声望、工资收入、就业稳定性、职业向上发展机会和工作满意度作为被解释变量，探索变量之间的关系。模型变量、变量定义以及样本数据的描述性统计结果参见表3。从表3中可得知，因变量取值都具有多个选择，并且每个选择之间是有排序的，因此本文使用排序的概率选择模型对其进行估计。

（二）影响失地农民就业质量的主要因素

本文的影响因素实证分析有以下两个假设：

假设1：失地农民的个人和家庭状况影响就业质量，包括个人的教育程度、年龄、性别、失地年限等。

表3 模型变量说明及统计性描述

变量名称	变量定义	最小值	最大值	均值	标准差
解释变量					
性别	男性=1，女性=2	1	2	1.14	0.352
年龄	18~30岁=1，31~40岁=2，41~60=3	1	3	1.65	1.060
受教育程度	小学及以下=1，初中=2，高中=3，中专技校=4，大专及以上=5	1	5	2.51	0.906
失地年限	半年以内=1，半年至1年=2，1年至2年=3，2年以上=4	1	4	2.93	1.068
技能证书	有=1，没有=0	0	1	0.25	0.349
培训经历	有=1，没有=0	0	1	0.50	0.457
社会保险	有=1，没有=0	0	1	0.26	0.218
劳动合同	有=1，没有=0	0	1	0.34	0.355
征地补偿	10000元以下=1，10000~30000元=2，300000元以上=3	1	3	1.73	0.650
社会关系网	依靠政府=1，亲戚、朋友介绍=2，人才市场=3，社区介绍=4	1	4	2.42	0.189
单位性质	国有机关、国企=1，私营企业=2，集体企业=3，三资企业=4，个体工商户=5，其他=6	1	6	3.31	1.823
被解释变量					
月收入	900~1500元=1，1501~2000元=2，2001~2500元=3，2501~3000元=4，3001~4000元=5，4000元以上=6	1	6	2.62	1.386
职业声望	很低=1，较低=2，一般=3，较高=4，很高=5	1	5	1.97	1.412
就业稳定性	3个月以下=0，3~6个月=1，6~12个月=2，1~2年=3，2年及以上=4	0	4	1.12	1.054
职业发展*	转差=1，转平=2，转好=3	1	3	2.1	0.974
工作满意度	很不满意=1，不太满意=2，一般=3，比较满意=4，很满意=5	1	5	2.43	1.570

注："转好"主要指转入职业的专业技术要求提高、劳动强度降低、职位提升、社会地位提升、从打工者转变为老板等，总之，有助于失地农民向上一社会阶层流动的职业转移就是"转好"；"转平"指与原来工作的专业性、劳动强度、职位等级、社会地位等差不多的转移；"转差"指与"转好"呈相反方向的转移。

假设2：失地农民所处的外部环境影响就业质量，包括社会关系网、政府支持和单位性质等。

表4是影响失地农民在不同维度上就业质量高低和主要解释变量的相关系数表，根据相关系数和其统计水平的检验，可以发现：

影响“月收入”的主要影响因素包括：性别、受教育水平、单位性质、征地补偿、培训经历、社会保险以及技能证书。

影响“职业声望”的主要因素包括：性别、年龄、受教育水平、失地年限、单位性质、技能证书、培训经历、社会保险和社会关系网。

影响“就业稳定性”，即“工作保持六个月以上可能性”的主要因素有：性别、年龄、受教育水平、劳动合同、征地补偿、培训经历、技能证书和社会保险。

影响“职业发展”，即“职业向上流动可能性”的主要因素包括：年龄、受教育水平、失地年限、培训经历、技能证书、单位性质、社会保险和社会关系网。

影响失地农民“工作满意度”的主要因素包括：性别、受教育水平、失地年限、单位性质、劳动合同、征地补偿和社会保险。

表4　　人力资本、社会资本与就业质量的相关情况

影响因素	月收入	职业声望	就业稳定性	职业发展	工作满意度
性别	0.3283***	-0.015	0.019*	0.021	0.030*
年龄	0.0928**	-0.192*	0.064*	0.066*	-0.033
受教育水平	1.249***	0.210***	0.133***	0.160***	-0.009**
失地年限	0.247	0.036	0.066	0.108**	-0.024*
技能证书	0.141***	0.249**	0.041**	0.021**	0.109
培训经历	0.138**	-0.095**	0.049***	0.1201**	0.039
社会关系网	0.105	0.346*	0.147	0.097**	0.095
单位性质	0.132**	0.035**	0.119	0.121**	0.742**
劳动合同	0.243	0.049	0.962**	0.233	0.846**
征地补偿	0.116***	0.243	-0.325**	0.192	-0.368**
社会保险	-0.279**	0.171**	0.235**	-0.110**	0.204**

注：$*p<0.05$，$**p<0.01$，$***p<0.001$。

可以发现，一些因素对失地农民就业质量的某些方面的影响较显著，但对其他方面可能并没有明显的影响。例如失地的年限影响着失地农民的工作满意度和职业发展，但和月收入、就业稳定性的关系并不明显。也有一些因素则表现出了对就业质量各个方面的显著影响，例如受教育程度和培训经历都对失地农民就业质量的每个方面具有显著影响。它们对提升失地农民的就业质量非常重要，也是提升他们就业质量的关键所在。

通过相关性分析，可得出变量之间的简单相关关系，而通过回归分析可获得变量之间的因果关系，并可通过自变量的变化来预测因变量的变化。因此，以工作收入、职业声望、就业稳定性、职业发展和工作满意度为因变量，人力资本和外部因素为自变量，进行多元回归分析，可以确定人力资本、社会关系网等外部因素对失地农民就业质量的具体影响作用。回归分析所得到系数和大小也有助于准确把握这种影响的程度，从而在错综复杂的变量中厘清其本质联系，为失地农民就业质量较低的现状挖掘出深层原因，为提出就业质量相关建议提供有力证据。根据调研数据，运用统计软件 SPSS17.0，采用概率选择模型进行回归分析，具体分析如下。

1. 对月收入的影响。失地农民的工资收入较低，与城市居民的收入水平差距非常大，但是通过访谈得知他们中的大多数都表现出希望真正成为城市人的强烈意愿。失地农民市民化的成本远高于农民工的进城务工成本。因此，提高失地农民就业质量的关键就在于提高其收入水平。

首先，从性别来看，失地农民性别比增高的趋势比较明显，这与以往的研究结果相符，反映了收入的性别歧视，性别与失地农民的工资水平之间具有显著的关系。估计结果显示，在其他条件均相同的情况下，性别系数为0.9283，其正号的表现及接近0. 93 的系数说明男性失地农民的工资水平高于女性失地农民，并且这种性别差异在1%的水平上也是显著的，这表明失地农民群体中存在着工资水平的性别歧视现象。这种性别歧视现象更多地来源于他们所从事工作的劳动强度，失地农民大部分从事的工作都是体力劳动，一般都是工作时间越长、劳动强度越大收入就会越高，因此男性较女性以其体力上的优势，对于劳动强度和劳动时间所接受的范围会更广，其工作收入会较明显地高于女性。如果能大幅度提高女性失地农民的工资，那么失地农民总体的收入水平可能会有较大的提高。从单位性质来看，垄断性的国有企业和政府机关的收入较高，私营企业的收入较低，并且不同行业和工作性质之间的工资差异明显。此外，根据以往相关研究的经验，我们把年龄和年龄的平方同时进入回归方程，发现两者的系数在1%的水平上均是显著的。其中年龄平方项的系数为负，说明随着年龄的增加，失地农民的工资水平呈现先上升后下降的趋势，这显然也是失地农民主要从事体力劳动所导致的。

其次，人力资本与失地农民的工资水平之间存在正相关关系。表5 显示，失地的年限对于月收入的影响系数为0. 3451，一般可认为失地年限越长，失地农民非农就业的能力会越强，非农就业的时间越长，其技能水平会越高，从而使得失地农民的工资报酬呈现出上升趋势，并且这种关系在接近10%的水平上也是显著的。同时，回归结果显示，接受培训状况对于月工资的回归系数为0. 1384，这种正相关关系表明拥有技能培训经历对于收入提高的重要性，且这种关系在5%的水平上显著，这也印证了相关学者对于技能培训与收入增长关系的研究。技能证书对于月工资的回归系数为0. 147，这种正相关关系表明了职业技能对于提高月收入的重要性，且这种关系在1%的水平上显著，这也佐证了目前我国严重存在的“技工荒”现象。

表5　　工资水平影响因素的回归结果

自变量	月收入	
	系数	P值
性别	0.9283 **	0.000
年龄	1.4249	0.109
年龄的平方	-0.2742 ***	0.001
受教育程度	0.0878 **	0.047
失地年限	0.3451 *	0.101
技能证书	0.147 ***	0.002
培训经历	0.1384 **	0.026
单位性质	0.141 **	0.091
征地补偿款的对数	-1.119 ***	0.037
社会保险	-0.127 **	0.034
对数似然值	-171.440	
卡方检验值	60.178	
Pseudo R^2	0.116	

注：***、** 和 * 分别表示在1%、5%和10%水平上统计显著。

最后，单位性质和征地补偿的高低对失地农民的工作收入有显著影响，单位性质对工作收入的回归系数为0.141，这表明两者之间的正相关关系，即在国有企业和政府机构工作的失地农民收入较高，并享有丰厚的福利保障，即使是在这些部门从事最底层的工作。而在私营企业或个体工商户中工资收入低且缺乏必要的劳动保障。大量实证研究表明，劳动者工作的单位性质及其所处行业对其工资水平的影响十分显著，尤其是垄断性的国有企业、政府机关中劳动者的平均工资水平显著偏高。

征地补偿款的对数与失地农民的月收入呈负相关关系，且在1%的水平上显著，这表明了对失地农民采用一次性货币补偿的弊端，农民拿到一次性的土地补偿后，反而失去了工作的积极性。是否缴纳社会保险与月收入的相关关系也印证了这一点。

2. 对就业稳定性的影响。从就业的稳定性来看，概率选择模型的计量结果显示：失地农民更换工作的时间间隔与性别、年龄、受教育程度、培训经历、技能证书、劳动合同、征地补偿的高低和社会保险存在着显著的关系。就业越稳定，失地农民在其工作岗位上的时间则越长，那么其技能就会越熟练，也越有利于收入的增长，这也与上节所说明的失地年限与收入间的正向关系在逻辑上达到了一致。增加就业稳定性的相关措施也会通过这种正向传递关系，使得失地农民提高其收入水平。

首先，从个体特征的角度来看，年龄的回归系数为0.3390，且在1%水平上都是显著的，说明随着年龄的增长，失地农民的工作稳定性也在显著增加，这可能是因为，随着他们年龄的增长，一方面失地农民积累的工作经验也在增加，从而导致工作的稳定性增强；而另一方面，年龄较大的失地农民，本身可能也更加偏好稳定性强的工作。至于其他因素如性别，与失地农民的工作稳定性之间没有表现出显著关系。一般情况下，女性应该要比男性的就业稳定性更好，但是数据并没有在显著性上给予支持，这可能是由于年龄的重要作用已经把男女性别的差异稀释了。

表6　　就业稳定性影响因素的回归结果

自变量	更换工作的平均间隔	
	系数	P值
性别	-0.2353	0.150
年龄	0.3390***	0.000
受教育水平	0.1585**	0.102
年龄的平方		
技能证书	0.447**	0.033
劳动合同	0.0849**	0.035
培训经历	0.3187**	0.041
劳动合同	0.3636***	0.008
征地补偿款的对数	-0.1956	0.223
社会保险	0.2933*	0.084
对数似然值	-360.370	
卡方检验值	44.80	
Pseudo R^2	0.1585	

注：***、**和*分别表示在1%、5%和10%水平上统计显著。

其次，人力资本状况与失地农民的工作稳定性之间具有显著的正相关关系。受教育的程度和培训经历对于就业稳定性的回归系数分别为0.1585和0.3187，且在5%水平上都是显著的，说明受教育程度较高、进入城市以后曾接受过技能培训的失地农民，更易于在某一单位工作更长的时间，工作的稳定性较强。这一方面是由于人力资本积累提高了他们的工资收入从而不会轻易更换工作；另一方面是由于一般的培训费用都是由公司承担的，这加深了失地农民对其工作单位的认同感和归属感，从而不会选择离开。

最后，征地补偿的高低与就业稳定性呈现显著的负相关关系。补偿款的数额直接影响失地农民的预期收入。当征地补偿足以维持失地农民的基本生活时，失地农民尤其是就业质量差的农民就可能放弃就业；当征地补偿较低，无法维持失地农民的长期生计时，农民就有生活的压力，认识到目前工作的重要性，不会轻易放弃，这也使失地农民的就业稳定性得到保证。征地补偿较高的农民自愿退出劳动力市场的比例也较高。由于收入水平相对较高，初值选择自主创业的比例也较高。

3. 对职业声望的影响。职业声望高的职业也意味着工资收入较高，因此，关于职业声望的研究结论似乎应该与月收入的大致相似，实证结果基本印证了笔者的这个假设。如表 7 所示，年龄、受教育程度、培训经历、单位性质和社会关系网都对失地农民的职业声望产生显著影响。

表 7　　职业声望影响因素的回归结果

自变量	职业声望	
	系数	P 值
性别	0. 8134	0. 000
年龄	1. 4491 **	0. 000
受教育程度	0. 0878 ***	0. 046
失地年限	0. 106	0. 037
技能证书	1. 977 ***	0. 779
培训经历	0. 4154 ***	0. 000
社会关系网	0. 1766 **	0. 074
单位性质	-1. 335 ***	0. 000
社会保险	0. 4907 **	0. 0431
对数似然值	-122. 049	
卡方检验值	57. 13	
Pseudo R^2	0. 1897	

注：*** 、** 和 * 分别表示在 1% 、5% 和 10% 水平上统计显著。

首先，从个体特征来看，性别和年龄对职业声望的回归系数分别为 0. 8134 和 1. 4491。年龄对职业声望产生了非常显著的正向影响。失地农民这一群体中，男性的职业声望高于女性的职业声望。在对月工资的回归中可发现男性的工资要高于女性，结合职业声望与收入状况的正向联系可以发现，这二者共同证明了失地农民群体的就业中存在性别歧视现象。

其次，人力资本状况也显示了与职业声望的显著正相关关系。受教育程度对职业声望的回归系数为0.0878，虽然这个系数值很小，但其显著度很高，说明受教育程度对职业声望的影响还是需要重视的。数值之所以这么小，笔者以为可能是样本数据过于集中的原因，因针对同一群体，同质性严重，学历水平也都相同或者相差不大，因此导致该值过小。人力资本的另一个考察对象是技能等级证书对职业声望的回归系数为1.977，说明技能等级越高其职业的社会评价度越高，这也与收入成正比。同时，培训经历对职业声望的回归系数为0.4154，且在1%水平上显著，说明参加过培训的失地农民则比没有参加过的具有明显高的职业声望。

最后，社会关系网的相关变量也显著影响失地农民的职业声望。网络密度的系数是负值，这种反向关系说明失地农民网络规模中亲属所占比例越大，其职业声望越低，因此扩大失地农民的交往范围和对象显得尤为重要。网络质量越高的失地农民，他们的关系网络成员中职业声望及受教育程度越高，他们就越有机会获得职业声望较高的工作，从而其收入也就越高。

对职业声望的影响因素分析结论与月收入分析结论相似，即消除性别歧视、加强培训和扩大其社会交往规模和质量会给失地农民提高其职业声望带来正向促进作用，职业声望的提高与月收入的增长是相辅相成的，因为职业声望是基于大众的评价，而大众对于一个职业的评价也基本是把收入列为权重很高的变量。

4. 对职业发展的影响。职业发展对于失地农民来说非常重要，也是增强这一群体城市融合度的关键。通过交谈发现他们大都表现出了较强的上进心，如果措施得当，再加上这种强烈的上进心的精神作用，将会在提高失地农民就业质量的过程中起到事半功倍的效果。数据显示，对失地农民职业发展机会有着显著影响的主要有年龄、受教育程度、失地年限、技能证书、培训经历和社会关系网等。

表8　职业发展影响因素的回归结果

自变量	职业声望	
	系数	P值
性别	0.012	0.945
年龄	0.0359*	0.106
受教育程度	0.186***	0.001
失地年限	0.067*	0.196
技能证书	0.067*	0.093

续表

自变量	职业声望	
	系数	P值
接受培训	0.3225 **	0.033
社会关系网	0.5963 **	0.042
单位性质	-0.2245 **	0.023
社会保险	0.4710	0.192
对数似然值	164.817	
卡方检验值	70.494	
Pseudo R^2	0.331	

注：***、**和*分别表示在1%、5%和10%水平上统计显著。

其中，年龄的回归系数为0.0359，说明年龄越大，其职业向上发展的机会就会越多，这与他们的人力资本与社会关系的积累有很大关系，年龄越大，其知识、技能水平也相应较高，因此其向上流动的资本就积累较丰富，机会便随之增多。文化程度的回归系数为0.186，意味着失地农民的受教育程度越高，其参与培训的机会和向上流动的机会也越高，这也证明了文化程度在现代社会职场（不仅仅是对于失地农民）中的重要意义。

社会关系网的系数为0.5963，这表明失地农民在城市里社会交往的人越多，机会就会越多，从而向上流动的可能性就越大。在现实中应该给他们更多的机会平等地参与城市对话，多发展非亲友式的人际关系。一个可能的解释是失地农民的就业岗位集中在同质性较强的低端劳动力市场。社会关系网的应用对于职业向上流动也呈显著的正相关关系，农民所拥有的社会关系网的网络规模、网络密度和网络质量对于职业向上流动也呈正相关关系，失地农民所拥有的社会关系网，对其职业发展起着至关重要的作用。

受教育程度与职业发展呈显著正相关关系。学历水平越高的失地农民在职业发展过程中越具有优势，这种优势从失地农民初次就业就已经体现，在职业发展过程中是否有相关的技能培训经历，既与职业向下流动呈显著负相关关系，又与职业向上流动呈显著正相关关系，这体现出对失地农民进行技能培训的重要性。就业职位集中在低端劳动力市场的特点决定了失地农民就业选择的空间不大，变换工作更多是同阶层的横向流动，上升渠道不畅通。

5. 对工作满意度的影响。工作满意度是失地农民工作过程中的工作方式、生活方式等因素共同作用的结果，是其心理压力大小表现的一个主观性考察指标[13]。心理学中也指出心理压力和生活满意度具有负相关关系。因此，本文选取工作满意度来替代对心理压力大小的考察，希望能得出较可靠的结论，提升失地农民的就业质量。表9显示，性别、年龄、受教育程度、失地年限、单位性质和征地补偿都对失地农民在就业岗位上的满意度产生了显著影响。

表9　　工作满意度影响因素的回归结果

自变量	工作满意度	
	系数	P值
性别	-0.154 *	0.069
年龄	0.012 ***	0.009
受教育水平	-0.122 **	0.107
失地年限	0.062	0.164
劳动合同	0.147 *	0.102
培训经历	-0.201	0.166
单位性质	0.141 **	0.191
征地补偿款的对数	1.119 ***	0.000
社会保险	0.127 **	0.034
对数似然值	-171.440	
卡方检验值	60.178	
Pseudo R^2	0.116	

注：***、**和*分别表示在1%、5%和10%水平上统计显著。

从个人特征来看，性别的回归系数为-0.154，说明男性对工作的满意度较女性要差，负担过大，对于同样的工作环境、收入等因素更容易产生不满意感。年龄的回归系数为0.012，且非常显著（1%水平上），说明年龄越大则越容易对工作产生满意感，这与他们的年龄特征非常符合。

受教育程度越高则工作满意度会越高，这与受教育程度和职业声望的正相关是相辅相成的，但实证结论显示，受教育程度越高而其工作满意度并没有相应提高，反而略有降低。这表明文化程度越高的人，其心理期望值也更高。现实与期望之间存在一定差距。进一步来说，这表明受教育程度的高低是影响工作满意度的充分而非必要条件。

单位性质和征地补偿款的高低对失地农民的工作收入有显著影响，单位性质对工作收入的回归系数为0.141，这表明两者之间的正相关关系，即在国有企业和政府机构工作的失地农民收入较高，并享有丰厚的福利保障，相应的工作满意度也较高。而在私营企业或个体工商户中工资收入低且缺乏必要的福利保障，自然工作满意度较低。

五、结论与建议

本文基于武汉市江夏区龚家铺村的调查数据，利用概率选择模型，检验了失地农民所拥有的人力资本、社会关系网、征地补偿和社会保险参与度等因素对其在城市劳动力市场上就业质量的影响，具体表现在月收入、工作稳定性、职业声望、职业发展与工作满意度方面。结果发现，加强技能培训能够显著提升失地农民的就业质量，其中，受教育程度和技能培训对就业质量五个方面的影响全部显著，因此，提升就业质量的关键点在于提高他们受教育程度和增加技能培训的机会。这二者的提高一方面使得他们的就业技能提升，从而有机会获得收入更高、职业发展更高、稳定性更好、满意度更高的岗位。而征地补偿和社会保险参与度与失地农民的就业质量存在负相关关系。具有技能证书的农民在征地前兼业的比例也远大于没有技能证书的农民。社会保险在就业过程中更多地起到“保健作用”，它对于提升失地农民的就业质量所起到的激励作用不大，可以说社会保险是一个保健因素而非激励因素。征地补偿与职业向上流动呈显著负相关关系，调研发现，征地补偿较高的农民自愿退出劳动力市场的比例也较高。表明了一次性货币补偿安置的弊端所在，它不能解决失地农民的可持续生计，就业才是失地农民最好的保障。

基于此，从失地农民就业质量的这一微观个体层面看，人力资本已成为决定失地农民就业质量的关键影响要素，受教育程度、技能水平、培训经历直接影响到失地农民的就业质量。因此我们要有针对性地采取以下措施：第一，以市场需求为导向，加大技能培训的力度，注重技能培训内容的针对性和有效性；通过就业让失地农民融入城市社会中，完成农民市民化的转变。第二，改变一次性货币补偿安置的方式，建议采用就业安置或留地集中安置的方式，解决失地农民的可持续生计问题。

参考文献

[1] 赖德胜：《2011 中国劳动力市场报告——包容性增长背景下的就业质量》，北京师范大学出版社 2011 年版，第 10 ~ 11 页。

[2] 张桂宁：《论劳资关系对就业质量的影响》，载《广西民族大学学报》2007 年第 4 期。

[3] 彭国胜：《人力资本与青年农民工的就业质量——基于长沙市的实证调查》，载《湖北社会科学》2009 年第 10 期。

[4] 谢勇：《土地征用、就业冲击与就业分化——基于江苏省南京市失地农民的实证研究》，载《中国人口科学》2010 年第 2 期。

[5] 陈浩、杨晓军：《城市农民工技能培训意愿的影响因素分析》，载《中国农村经济》

2008 年第 11 期。

［6］李萌：《劳动力市场分割下乡城流动人口的就业分布与收入的实证分析——以武汉市为例》，载《人口研究》2004 年第 6 期。

［7］马克·格兰诺维特著，罗家德译：《镶嵌：社会网与经济行动》，社会科学文献出版社 2007 年版，第 5 ~ 6 页。

［8］林南著、张磊译：《社会资本：关于社会结构与行动的理论》，上海人民出版社 2005 年版，第 13 ~ 14 页。

［9］胡荣：《社会经济地位与网络资源》，载《社会学研究》2003 年第 5 期。

［10］李飞等：《农户生活满意度及影响因素分析——基于 10 个村庄的横截面数据》，载《西北人口》2013 年第 1 期。

［11］杨云彦、褚清华：《外出务工人员的职业流动、能力形成和社会融合》，载《中国人口·资源与环境》2013 年第 1 期。

［12］明娟、张建武：《人力资本积累、搜寻渠道与农民工工资水平——基于微观调查数据的区间回归分析》，载《西北人口》2011 年第 3 期。

［13］MJoseph Sirgy，Terri Cornwell，2002：How Neighborhood Features Affect Quality of life，Social Indicators Research.

（原载《城市问题》2014 年第 1 期，合作者：王晓刚）

农民工就业的职业选择、工资差异与人力资本约束

人力资本是直接反映劳动力自身的知识水平、个人能力和基本技能的重要变量，对劳动力就业存在显著影响。教育和培训都是人力资本投资的重要形式。一般用文化程度代表接受教育的程度。文化程度越高，越有机会拥有较好的工作机会、从事较高技能的职业和具有较高的工资收入。培训主要包括工作前的培训、在职培训以及其他形式的培训。培训是实现就业的内在和外在需求，只有通过培训才可能实现高质量的就业。从劳动力市场的需求来看，对较高劳动技能的追求一直是劳动力市场需求的主体。企业倾向于生产效率较高的劳动者，而不是生产效率较低的劳动者，不能达到某个特定水平的劳动者是不能够被雇用的①。从劳动力市场的供给来看，拥有较高劳动技能的劳动力，所从事的行业（职业）的劳动强度较低、社会地位较高；反之亦然。劳动力通过参加与工作相关的培训，可以提高劳动生产率，增加工资收入②③④⑤。

改革开放以来，我国以农民工形式发生的农村劳动力向非农产业和城镇转移，加快了城镇化进程和城市发展。2005 年我国实现非农就业转移的劳动力为 2 亿，农村富余劳动力数量为 1.05 亿（蔡昉，2007）。随着农民工进城规模的扩大，我国城镇劳动力市场表现出明显的二元性特征，形成了对农民工开放的城镇

---

① Agell Jonas, Lommerud, Kjell Erik, 1997: Minimum Wages and the Incentives for Skill Formatio, Journul of Public, Economics, Vol. 64, No. 1.

② Elena Quercioli, 2005: Training, Tunover, and Search, International Economic Review, Vol. 46, No. 1.

③ Thomas Zwick, 2005: Continuing Vocational Training Forms and Establishment Productivity in Germany, Germun Economic Review, Vol. 6, No. 2.

④ Anja Kuckulenz, 2006: Wage and Productivity Effeet of Con tinuing Training in Germany, A Sectoral Analysis. ZEW Discussion Puper, No. 6.

⑤ Lorraine Dearden, Howard Reed, John Van Reenen, 2006: The Impact of Training on Productivity and Wages: Evi dence from British Panel Data, Oxford Bulletin of Economics and Stuisics, Vol. 68, No. 4.

完全竞争劳动力市场和不对农民工开放的城镇不完全竞争劳动力市场[①]。与城镇居民相比，农民工在就业机会、职业层次和工资水平方面都处于明显的劣势地位，其就业模式呈现出低声望职业、低技术劳动等特征[②]。造成目前农民工非农就业问题的原因较多，与农民工自身人力资本存量较低有密切关系。在此，从农民工个人角度出发，探讨人力资本对农民工非农就业的约束。

人力资本与劳动力的非农就业机会存在密切联系，较高的人力资本与农民较早地投入流动、较强的适应性和抓住较高收入机会紧密相连。巴瓦兹（Aba Schwartz）[③] 认为文化程度高的人在获取就业信息方面占有优势；周其仁（1997）认为人力资本与就业机会间存在正的联系，拥有较高人力资本的劳动者能够更主动地对潜在的、并不确定的流动机会作出反应；赵耀辉（1997）利用多重选择Logit模型研究表明：相对于农村农业就业而言，教育程度、年龄等人力资本因素对农村劳动力选择农村非农业就业和外出就业均具有显著影响；兰迪（Alande Brauwetal，2002）利用6省农户抽样调查数据研究表明，人力资本是影响农村劳动力非农就业和就业模式选择的关键因素，其中，年轻人和受过良好教育的劳动力在非农就业中占有主导地位；张（Zhang et al.，2002）的研究表明，从20世纪80年代后期到90年代中期，教育水平在决定劳动力转移到工业部门方面发挥越来越重要的作用。

众多研究表明，在双重分割的城镇劳动力市场上，农民工在进行职业选择时，其人力资本状况会产生重要的作用。孟欣和张俊森（Meng Xin and Zhang Junsen，2001）建立职业选择的多元正态Logit模型，发现教育、职业培训等人力资本因素对农民工和本地居民选择同类职业存在不同影响；姚先国、俞玲实证分析表明，文化程度对农民工成为管理、专业技术人员和公司职员的影响最为显著；职业培训经历有助于提高农民工成为公司职员和在服务业、工业和建筑业的就业概率；年龄对农民工在服务业、工业和建筑业的就业概率的影响最为显著；而拥有城市工作经验对农民工职业选择具有普遍的积极作用[④]。

人力资本在劳动力市场中的作用主要是以经济回报的形式体现的，新古典主义强调人力资本对工资的重要作用。目前关于人力资本收入决定因素的研究也比较成熟，一般是采用明塞尔（Mincer）[⑤] 的人力资本模型，其主要变量有学校教

---

① 朱镜德：《中国三元劳动力市场格局下的两阶段乡—城迁移理论》，载《中国人口科学》1999年第1期。

② 殷晓清：《农民工就业模式对就业迁移的影响》，载《人口研究》2001年第3期。

③ Aba Schwartx，1973：Interprecting the Efect of Distance on Migration，Journal of Plitical Economy，Vol 81，No. 5.

④ 姚先国、俞玲：《农民工职业分层与人力资本约束》，载《浙江大学学报（人文社会科学版）》2006年第5期。

⑤ Jacob Mincer，1974：Schooling，Experience and Earning，New York，Columbia University Press.

育、工龄和职业培训。其中，学校教育一般直接用文化程度来表示，它直接决定劳动力的工资层级；工龄代表非正式培训，表现为劳动力随工龄的增加而进行人力资本的积累；职业培训包括培训本身和职业流动，都对劳动力工资增长具有显著影响。曾旭晖以明塞尔（Mincer）模型为基础进行实证分析的结果表明：工龄对农民工收入产生负的影响，教育程度对收入的影响不大，而技能掌握情况对收入具有显著影响①。蔡昉指出，与城市劳动力相比，外来劳动力在人力资本上的欠缺，也成为他们获得低于城市劳动力的工资报酬的一个因素②；安德巴（Andrea Bassanini）运用 ECHP 的数据分析发现，年龄和文化程度对劳动力工资收入的提高具有显著影响③；刘林平、张春泥通过构建农民工工资水平的综合模型发现，人力资本中的教育年限、培训、工龄等变量对农民工工资有显著的正影响，年龄和性别也有显著影响④。

考察人力资本对农民工非农就业的影响和约束，分别构造人力资本的职业选择模型和收入决定模型。利用职业选择模型，可以考察人力资本如何影响农民工的职业选择；利用收入决定模型，可以探讨农民工的人力资本特征如何制约不同的工资收入。

（1）人力资本的职业选择模型。通过对已有研究成果的分析和农民工非农就业中职业选择现状的思考，认为受教育程度（EDU）和技能培训状况（TRAIN）作为反映人力资本存量的重要指标，会直接影响农民工的就业机会和就业能力，并最终在职业层次上体现出来；外出打工年限（YEAR）和城市工作经历（EXPE）都是用来衡量农民工外出打工经验的变量，也是人力资本的组成部分；由于考虑到人力资本投资都包含了时间的变量，年龄（AGE）也应被考虑在人力资本模型中，与性别（SEX）一起作为控制变量，共同影响农民工的职业选择（OCCUP）。因此，农民工的人力资本职业选择模型为：

$$OCCUP_i = F(EDU_i, TRAIN_i, YEAR_i, EXPE_i, AGE_i, SEX_i, \cdots)$$

农民工人力资本对非农就业中职业选择的影响主要表现为人力资本特征对农民工选择某一职业的概率的影响。因此，根据农民工不同的职业选择，分别建立二元 Logistic 模型，考察不同农民工样本的人力资本特征对其进行职业选择的影响和约束。设农民工 i 从事 j 职业的概率为，模型为：

---

① 管旭库：《非正式劳动力市场人力资本研究——以成都市进城农民工为个案》，载《中国农村经济》2004 年第 3 期。

② 蒸昉：《劳动力市场变化趋势与农民工培训的迫切性》，载《中国职业技术教育》2005 年第 32 期。

③ JAndrea Bassanini，2016：Training，Wages and Employment Security：An Empirical Analysis on European Data，Applied Economics Letters，Vol. 13，No，8.

④ 刘林平、张春泥：《农民工工资：人力资本、社会资本、企业制度还是社会环境？——珠江三角洲农民工工资的决定模型》，载《社会学研究》2007 年第 6 期。

$$\text{prob}(\text{OCCUP}_{ij}) = \frac{e^{(b_0 + b_1\text{EDU}_i + b_2\text{TRAIN}_i + b_3\text{YEAR}_i + b_4\text{EXPE}_i + b_5\text{AGE}_i + b_6\text{SEX}_i)}}{1 + e^{(b_0 + b_1\text{EDU}_i + b_2\text{TRAIN}_i + b_3\text{YEAR}_i + b_4\text{EXPE}_i + b_5\text{AGE}_i + b_6\text{SEX}_i)}}$$

也即：

$$\log\left(\frac{\text{prob}(\text{OCCUP}_{ij})}{1 - \text{prob}(\text{OCCUP}_{ij})}\right) = e^{(b_0 + b_1\text{EDU}_i + b_2\text{TRAIN}_i + b_3\text{YEAR}_i + b_4\text{EXPE}_i + b_5\text{AGE}_i + b_6\text{SEX}_i)}$$

（2）人力资本的收入决定模型。现有研究成果主要是根据 Mincer 的人力资本模型，考察人力资本对工资收入的制约和影响。在此根据农民工人力资本存量的特点，在这个基本模型的基础上加入新的变量，建立扩展的人力资本的收入决定模型，以更好地解释农民工自身人力资本对工资收入的影响和制约。模型中农民工的人力资本存量主要有个人受教育程度（EDU）、技能培训状况（TRAIN），外出打工年限（YEAR）、城市工作经历（EXPE）、年龄（AGE）和性别（SEX）。则农民工 i 的人力资本收入决定模型为：

$$\log(\text{WAGE}_i) = F(\text{EDU}_i,\ \text{TRAIN}_i,\ \text{YEAR}_i,\ \text{EXPE}_i,\ \text{AGE}_i,\ \text{SEX}_i,\ \cdots)$$

该模型只能从总体上考察人力资本对工资收入的制约和影响，而未考虑不同工资收入群体中人力资本的制约作用。因此，通过建立二元 Logistic 模型，分析农民工的人力资本特征对不同工资收入群体的影响和制约。设农民工 i 获得 k 类别工资收入的概率为 prob（WAGE_i），模型为：

$$\log\left(\frac{\text{prob}(\text{OCCUP}_{ij})}{1 - \text{prob}(\text{OCCUP}_{ij})}\right) = e^{(b_0 + b_1\text{EDU}_i + b_2\text{TRAIN}_i + b_3\text{YEAR}_i + b_4\text{EXPE}_i + b_5\text{AGE}_i + b_6\text{SEX}_i)}$$

（3）数据和变量说明。数据来源于 2006 ~ 2007 年对武汉市外来农民工的实地调研数据。该项调研的对象“农民工”界定为户籍在农村，在武汉市从事非农业产业的劳动者。调研采取随机抽样调查的方式，涉及加工制造、机电维修、餐饮、运输、建筑、学校后勤、彩印等多个行业；调研内容主要包括农民工的基本情况、技能培训状况和技能培训意愿等（见表 1）；调研采取调查员面对面访谈与问卷填写相结合方式，由调查员根据调研对象的实际信息进行问卷填写，以保证问卷的真实性和有效性；调研共发放问卷 500 份，回收有效问卷为 492 份，有效率达 98.4%。

表 1　　模型变量说明及统计性描述

变量名称	变量说明	最小值	最大值	均值	标准差
年龄（AGE）	被调查劳动力的年龄（岁）	16	58	32.20	10.163
性别（SEX）	男性 =1，女性 =0	0	1	0.86	0.352
受教育年限（EDU）	接受正规教育的年限（年）	6	16	10.17	2.1411

续表

变量名称	变量说明	最小值	最大值	均值	标准差
培训经历（TRAIN）	来武汉前是否参加过技能培训：是 =1，否 =0	0	1	0.52	0.500
	来武汉后是否参加过技能培训：是 =1，否 =0	0	1	0.42	0.495
打工年限（YEAR）	半年以内 =1，其他年限 =0	0	1	0.13	0.334
	半年至 1 年 =1，其他年限 =0	0	1	0.22	0.417
	1 年至 2 年 =1，其他年限 =0	0	1	0.24	0.427
	2 年以上 =1，其他年限 =0	0	1	0.41	0.492
城市工作经历（EXPE）	是否初次非农就业：是 =1，否 =0	0	1	0.44	0.497
职业类别（OCCUP）	技术工人 =1，其他职业 =0	0	1	0.10	0.302
	生产工人 =1，其他职业 =0	0	1	0.65	0.476
	服务人员 =1，其他职业 =0	0	1	0.24	0.430
月收入（WAGE）	较低工资收入：月收入≤800 元 =1，其他工资收入 =0	0	1	0.24	0.427
	低工资收入：800 元 < 月收入≤1200 元 =1，其他工资收入 =0	0	1	0.33	0.470
	中等工资收入：1200 元 < 月收入≤1500 元 =1，其他工资收入 =0	0	1	0.18	0.382
	较高工资收入：1500 元 < 月收入≤1800 元 =1，其他工资收入 =0	0	1	0.11	0.318
	高等工资收入：月收入 > 1800 元 =1，其他工资收入 =0	0	1	0.14	0.348

为考察农民工人力资本对职业选择的约束，根据调研农民工的实际情况，对农民工的职业进行分类：一是技术工人，包括从事机电维修业、运输业和彩印等行业的工人，这些就业岗位对技能的要求较高；二是生产工人，包括从事加工制造业、建筑业等行业的工人，这些工作对技能的要求较低；三是服务人员，包括从事餐饮业、美容美发业、学校后勤等服务行业的人员，主要是低技能的服务类工作岗位。

为考察农民工人力资本对工资收入的制约，将农民工工资分为五个类别：一是较低工资收入，月收入在 800 元以下；二是低工资收入，月收入在 800 元至 1200 元之间；三是中等工资收入，月收入在 1200 元至 1500 元之间；四是较高工资收入，月收入在 1500 元至 1800 元之间；五是高工资收入，月收入在 1800 元以上。

模型中的解释变量包括人力资本存量和控制变量。人力资本存量用受教育年限、培训经历、打工年限和城市工作经历来衡量。控制变量主要指农民工自身个人特征，如年龄、性别等。由于受教育程度在调研问卷中是以定序变量的形式出现的，包括小学、初中、高中、中专和大专及以上。因此，用以下方式赋值来推算受教育年限：小学为6年、初中为9年、高中和中专为12年、大专及以上为16年。培训经历包括农民工到武汉前是否参加过培训和到武汉后是否参加过培训。打工年限用来说明农民工从事非农就业的工龄。城市工作经历是考察农民工是否属于初次非农就业，其与工作经验有关。年龄和性别等农民工个人特征被当作控制变量（如表1所示），模型变量、变量说明以及样本数据的描述性统计结果见表1。

下面分析农民工非农就业中，人力资本对农民工职业选择、工资收入的影响和约束。

一、农民工职业选择的人力资本影响和约束

根据调研数据，运用统计软件SPSS11.5，采用Logistic模型分析农民工职业选择的人力资本约束，回归结果见表2。从模型估计结果来看，各模型总体显著性水平不高，说明还有其他因素影响农民工职业选择。但是，系数的高显著性表明了农民工人力资本对职业选择具有高显著的影响。

表2　　农民工职业选择模型的Logistic模型回归结果

	技术工人模型	生产工人模型	服务人员模型
常数项	-2.899*	-2.885***	0.762
年龄	-0.053***	0.071***	-0.057***
性别	-0.595	2.185***	-2.004***
受教育程度	0.170***	0.035	0.059
培训经历			
来武汉前	0.830**	-0.509**	-0.192
来武汉后	1.042***	0.435*	1.012***
打工年限			
半年以内（为参照）			
半年至1年	0.287	-0.024	-0.026
1年至2年	1.446**	-0.351	-0.454
2年以上	1.222*	-1.297***	0.973**

续表

	技术工人模型	生产工人模型	服务人员模型
城市工作经历	0.430	-0.432*	0.346
-2 Log Likelihood	287.292	512.072	430.757
Cox & Snell R^2	0.071	0.220	0.210
Nagelkerke R^2	0.147	0.304	0.313

注：* 表示在 10% 的水平下显著，** 表示在 5% 的水平下显著，*** 表示在 1% 的水平下显著。

文化程度对农民工成为技术工人在统计上呈现出明显的显著性，具有正相关系，而对农民工从事其他两个职业均不具有明显影响，在统计上不显著（见表 2）。说明文化程度与农民工职业选择之间存在显著关联性，体现了人力资本对农民工职业选择的内在制约。培训经历同样对农民工职业选择具有重要制约，尤其是到武汉后所受的培训。培训经历对农民工从事较高技能的技术工人的概率具有显著作用。对到武汉前和武汉后均接受过培训的农民工来说，其成为技术工人的可能性要高。无论从事何种职业，农民工打工年限越长，其进行职业选择的概率就越大。这与目前农民工存在广泛的职业流动有较大关系。在外打工时间越长的农民工，越倾向于选择具有一定技能的工作岗位。打工年限在 2 年以上的农民工，其成为技术工人的概率要远大于其他两种职业。城市工作经历对农民工职业选择的影响大，仅对农民工从事生产工人具有副作用。说明农民工以前是否从事过非农就业岗位与目前所从事的职业之间的关系不大。年龄对农民工职业选择具有重要影响，其与农民工从事技术工人和服务人员工作存在副作用，而与农民工从事生产工人工作存在正作用。说明年纪较轻的农民工具有良好的受教育程度，其从事技术和服务工作的概率较大，而从事生产工人的概率较小。性别对农民工成为生产工人和服务工人具有显著影响。男性农民工主要从事加工制造业和建筑业，主要成为生产工人；而女性农民工主要从事服务业，大都成为服务人员，这与农民工就业现状相符合。

二、农民工工资收入的人力资本影响和约束

根据调研数据，运用统计软件 SPSS11.5，采用 Logistic。模型分析农民工工资收入的人力资本约束，回归结果见表 3。从模型估计结果来看，各模型总体显著性水平不高，但是系数的显著性水平足以说明农民工人力资本对不同工资收入均存在显著影响（如表 3 所示）。

表 3　　农民工工资收入模型的 Logistic 模型回归结果

	较低工资收入模型	低工资收入模型	中等工资收入模型	较高工资收入模型	高工资收入模型
常数项	5.447 ***	0.728	-3.603 ***	-6.433 ***	-29.800
年龄	-0.012 ***	-0.049 ***	-0.013	0.027	0.095 ***
性别	-2.476 ***	0.877 ***	1.693 ***	1.185	18.741
受教育程度	-0.338	0.007	-0.019	0.126 *	0.338 ***
培训经历					
来武汉前	-0.553 *	-0.303	0.577 **	0.122	0.676 *
来武汉后	0.525 **	-0.247	-0.197	-0.614 *	0.404
打工年限					
半年以内（为参照）					
半年至1年	-0.295	-0.439	1.243 **	0.741	0.347
1年至2年	-0.719	-0.425	1.243 **	-0.317	1.936 *
2年以上	-1.198 ***	-0.496	1.029 *	1.601 *	1.465
城市工作经历	-0.498 *	-0.176	-0.350	0.431	0.918 ***
-2LogLikelihood	399.603	385.187	432.865	298.044	280.349
Cox&Snell R^2	0.251	0.075	0.052	0.098	0.214
Nagelkerke R^2	0.377	0.104	0.086	0.193	0.386

注：* 表示在 10% 的水平下显著，** 表示在 5% 的水平下显著，*** 表示在 1% 的水平下显著。

受教育程度与农民工具有较高工资收入呈现高的显著性，工资收入越高，显著性水平越大，而受教育程度与农民工获得中等及以下工资收入没有密切关系。说明文化程度是决定农民工获得较高工资收入的一个重要变量。培训经历也与农民工工资收入呈现出一定的显著性，尤其是中等及以上工资收入。可以得出，培训经历可以帮助农民工实现较高收入，高工资收入的影响逐渐增大。城市工作经历对农民工获得较低工资收入存在明显的负影响，而对于农民工，也是农民工实现非农就业的关键所在。打工年限同样也影响农民工的工资收入。打工年限与农民工较低工资收入呈现明显的负相关，与农民工中等工资收入呈现明显的正相关。随着农民工打工年限的增加，对其获得较高工资收入的影响逐渐增大。城市工作经历对农民工获得较低工资收入存在明显的负影响，而与农民工获得高工资收入呈现明显的正相关。说明有过非农就业经历的农民工，通过以前非农就业的经历获得了一定的工作经验和职业技能，有利于提高工资收入，获得较高的收入。农民工收入从较低水平到高水平，年龄变量的影响从显著负相关一直转为显著正相关。说明年纪较大的农民工由于自身综合素质偏低，只能获得较低的工资收入；年纪较轻的农民工由于文化程度较高，容易接受技能培训，从而可以获得较高的收入。性别变量对农民工不同工资收入影响不同。女性农民工的工资收入较低，仅对获得较低工资收入模型显著；男性农民工的工资收入相对较高，对获得低工资收入和中等工资收入模型显著。说明在非农就业中，男性农民工可以获得较高的工资收入。

以湖北省武汉市为例，利用492个样本数据从微观层面分析人力资本因素对农民工非农就业的约束。结果表明，人力资本对农民工非农就业的职业选择和工资收入存在明显的制约。具体表现在：文化程度较高和拥有培训经历的农民工会倾向于选择具有较高技能的职业，从而获得较高的工资收入；农民工打工年限越长，其在具有较高技能职业选择的概率就越大，获得较高工资收入的概率越大；城市工作经历对农民工职业选择的影响不大，却与农民工获得高工资收入呈现明显的正相关；年纪较轻的农民工从事技术工人和服务人员的概率较大，从事生产工人的概率较小，且年龄与农民工工资收入呈现负相关；性别对农民工成为生产工人和服务工人具有显著影响，且对农民工中等及以下工资收入存在一定影响（见表3）。

基于以上的分析和结论，提高人力资本是农民工实现非农就业的关键，应采取有效措施来帮助农民工提高自身人力资本存量，以有效提升农民工非农就业的职业层次和工资收入。具体包括以下几方面：

一是普及农村基础教育、发展农村职业教育，提高农民工自身的综合素质和人力资本存量，以提高他们非农就业层次和工资收入。在国家财政资金有限的情况下，逐步增加家庭、社会和企业对农村基础教育的投资力度，形成多元化的投资结构，保证农村基础教育开展。同时，整合农村各类教育资源，注重发展农村职业教育和培训，逐步扩大农村职业高中的数量和规模，以提高农村劳动者职业技能，加速农村富余劳动力向非农产业的转移。

二是加强农民工职业技能培训，提高农民工人力资本存量。农民工技能培训主体包括农民工、政府和用人单位等方面，因此培训费用的筹集应体现多元化特点，本着“谁投资谁受益”的原则，采取灵活有效的投资方式，形成多元化投资格局。农民工应注重积攒资金，通过参加技能培训来提高自身就业能力；政府部门一方面应拨出专项资金用于培训费用，专款专用，增强培训资金使用透明度，提高培训资金的使用效率，另一方面还应制定合理的补偿和激励机制来充分调动农民工、培训机构、用人单位参加培训的积极性；用人单位应拿出专项培训资金培训企业在职农民工，或与培训机构签订合同，由培训机构负责企业农民工的培训，或参与政府组织的农民工培训，以提高农民工的劳动技能，带动企业发展。

三是根据农民工个人特征有针对性地开展农民工技能培训工作。对受教育程度较低且年龄偏大的农民工而言，应以“一般培训”为主，这些技能的学习难度较小，容易在较短时间内掌握，如装修、家政、建筑等；而对受教育程度较高的年轻农民工而言，应加强技能培训力度，实行“特殊培训”，这些技能的学习难度较大，对培训者自身素质的要求较高，需要经过专门培训，如驾驶、电脑、电器维修等。

四是规范和完善城市劳动力培训市场。由于目前劳动力培训市场运行机制不健全，在职业培训和就业指导方面存在许多问题，应以劳动力培训市场为突破口，充分发挥劳动力市场的引导作用，为城市农民工提供良好的就业服务平台。如：积极发展各种劳动力培训中介机构和组织，并实行市场准入制度，定期或不定期对培训机构进行评估，以确保农民工参加技能培训的切身利益；重点加强劳动力培训市场信息网络建设，为求职农民工提供有针对性的技能培训咨询服务，以确保技能培训信息能够及时有效地传达；结合农民工的实际情况，以市场就业需求为导向，培训方式以订单式培训为主，培训时间注重随到随学，培训内容注重实用性，以适应农民工的不同培训需求。

参考文献

[1] Agell Jonas, Lommerud, Kjell Erik, 1997: Minimum Wages and the Incentives for Skill Formatio, Journal of Public, Economics, Vol. 64, No. 1.

[2] Elena Quercioli, 2005: Training, Tunover, and Searchinternational Economic Review, Vol. 46, No. 1.

[3] Thomas Zwick, 2005: Continuing Vocational Training Forms and Establishment Productivity in Germany, German Economic Review, Vol. 6, No. 2.

[4] Anja Kuckulenz, 2006: Wage and Productivity Effect of Continuing Training in Germany, A Sectoral Analysis. ZEW Discussion Paper, No. 6.

[5] Lorraine Dearden, Howard Reed, John Van Reenen, 2006: The Impact of Training on Productivity and Wages: Evidence from British Panel Data, Oxford Bulletin of Economics and Statistics, Vol. 68, No. 4.

[6] 朱镜德：《中国三元劳动力市场格局下的两阶段乡—城迁移理论》，载《中国人口科学》1999 年第 1 期。

[7] 殷晓清：《农民工就业模式对就业迁移的影响》，载《人口研究》2001 年第 3 期。

[8] Aba Schwartx, 1973: Interprecting the Effect of Distance on Migration, Journal of Political Economy, Vol. 81, No. 5.

[9] 姚先国、俞玲：《农民工职业分层与人力资本约束》，载《浙江大学学报（人文社会科学版）》2006 年第 5 期。

[10] Jacob Mincer, 1974: Schooling, Experience and Earning, New York, Columbia University Press.

[11] 管旭库：《非正式劳动力市场人力资本研究——以成都市进城农民工为个案》，载《中国农村经济》2004 年第 3 期。

[12] 蔡昉：《劳动力市场变化趋势与农民工培训的迫切性》，载《中国职业技术教育》2005 年第 32 期。

[13] Andrea Bassanini, 2016: Training, Wages and Employment Security: An Empirical Analysis on European Data, Applied Economics Letters, Vol. 13, No. 8.

[14] 刘林平、张春泥：《农民工工资：人力资本、社会资本、企业制度还是社会环境？——珠江三角洲农民工工资的决定模型》，载《社会学研究》2007 年第 6 期。

[15] Meng Xin and Zhang Junsen, 2001: The Two Tier Labor Market Urban China. Journal Comparative Economics, 29, pp. 485, 504.

（原载《改革》2008 年第 5 期，合作者：杨晓军）

◆中 篇◆

资源与经济发展

资源环境核算方法与问题研究

一、现行核算体系的缺陷

现行的国民经济核算方法，是各国在长期实践中并在一定理论指导下逐步修改完善而形成的，随着资源、环境危机的出现和可持续发展思想的提出，这种核算体系表现出严重缺陷：（1）没有考虑自然资源存量的消耗与折旧。（2）没有真实反映或根本不考虑环境预防费用。（3）没有体现环境退化的损失费用。

长期以来，由于人们不重视环境污染和生态破坏问题，不承认环境容量和生态效应价值的存在，因而可以任意向环境排放污染物，毁林造田，砍伐森林，免费使用有限的环境容量资源，对环境污染、生态破坏造成的损失也不做任何经济上的补偿或赔偿。后来，虽然建立了有关的环境法规，实行了排污收费制度，但在现行的国民经济核算中，环境预防费用是以中间产品费用或最终消费的形式列入国民收入账目，而生态资源环境退化和破坏造成的损失却丝毫没有体现。

环境污染除了引起不可逆转的损失之外，还是导致环境资源质量和生产力降低的主要因素。因此，从核算的角度考虑，环境污染方面的核算应该包括以下四项主要指标：各种污染物产生的数量、因污染造成的经济—社会损失和环境损失、削减污染物产出量的费用、削减污染物排放量之后所获得的效益。这些反映客观实际的核算内容，在现行的核算体系中远未得到应有的体现。

二、自然资源与环境的核算方法

国际上现行的以国民收入核算为基础的国民核算体系（SNA），基本上没有自然资源与环境的核算，因而是一种有严重缺陷和缺乏可持续发展调控能力的经济核算体系。为了给实施可持续发展战略提供一种强有力的宏观调控手段，必须改革现行的经济核算体系，建立并推行包括自然资源与环境核算在内的新型国民核算体系，用“绿色 GNP”（即可持续收入）取代传统的 GNP 体系。

为把可持续发展从思想、理论、理想变为可操作的现实，必须开展国民经济核算体系的研究，使其成为经济—社会发展的测量系统和预警系统、科学决策管理的信息支持系统，并与未来国际通行的核算体系相一致。

（一）绿色 GDP 指标法

GDP 指标法针对传统的 GDP 不能很好地反映环境经济的缺陷，对传统 GDP 作了一系列调整，即加上遗漏项，并扣除不该拥有的项，以便于构筑绿色 GDP。绿色 GDP 指标法认为，虽然国民账户经济功能的设计、执行、描述是正确的，但如果 SNA 能较好地反映和考虑环境意识，则其经济功能会得到相当大的提高与扩展。提出在计算时应该像人造资本那样，计算自然资本的耗减（the depletion of natural capital，DNC），并且将它从 GDP 中扣除。残余物污染和防护支出也应该从 GDP 指标中扣除。该方法引入这样的理念，即环境可以而且应该作为（自然）资本处理，因为自然资本对经济生产和福利有巨大贡献。由于我们像重视人造资本维护那样重视自然资源的维护，就应该不断探讨自然资源的折旧，并把这些信息纳入经济信息之中，供决策者使用，以便做出合理的决策。

（二）资源环境“卫星账户”法

随着可持续发展思想的影响和作用的扩展，从 SNA 过渡到环境经济综合核算体系成为一个客观必然的发展要求，但在人们对环境综合核算的理论基础和货币化方法仍未达成共识的情况下，这一过渡还不可能在短期内实现。沿用多年的 SNA 体系，至今已历经四次重大修改，积累了丰富的数据资料和实践经验，目前仍为世界各国所普遍采用，GDP 指标仍是宏观经济分析不可缺少的重要综合指标。

为把环境核算纳入国民核算体系中去，以便能为各国提供一种可操作的方案，从 1989 年起，联合国统计委员会组织一大批专家学者共同开发了环境经济综合核算体系（System of Integrated Environmental and Economic Accounting，SEEA），在 SEEA 成为国际标准之前，SEA 被设计为一个与经济账户平行的资源环境“卫星账户”（Satellite accounts）体系，即在保持原有核算体系和 GDP 指标的同时单独给出资源环境因素变化的实际状况，并在资源环境状况与经济核算间建立有效的联系，以不断探索环境核算的理论和方法，寻求逐步向新核算体系过度的途径并最终取代现有的旧核算体系。合作研究提出了“环境经济综合核算的 SNA 框架”和“环境卫星账户的 SNA 框架”，其目的是将环境数据资料结合到现行的 SNA 中，同时又不对后者的核算作任何概念性改变，联合国统计署把这一过渡性方案称之为“考虑环境调整的经济核算体系”（SEAA）。

（三）实物与货币环境资源核算法

指标的价值化或货币化引起了环境定价问题的争议。以价值形态或货币单位表现的调整总量易于政策制定者理解和进行核算。而基于具象信息以实物单位表现的卫星账户虽然与SNA连接，但对政策制定者来说，却显得十分复杂和不可处理。

1. 实物核算。实物核算注重材料、能源和自然资源的实物资产平衡，即期初期末存量和中间的变化。在一些情况下，它还包括用环境（质量）指数表示的自然资产的环境质量变化。联合国"综合环境与经济核算体系"（SEEA）提出了两种典型的实物环境核算方法。一是"物质/能源平衡（MEB）"，它指出"自然环境提供的经济体的物质投入，在经济过程中（提取、转换、制造、消费）这种投入的转换和使用，以及它作为残余物（废物）回到环境中"。MEB旨在探求人类通过各种有效的途径，从自然资源中提取和转化物质与能源，最终投入使用，并且将废弃物排放回环境的轨迹。通过标准分类（国内产出与消费、进口与出口、经济活动的分类），实现MEB与SNA的比较。与货币核算概念相反，实物存量与流量、物质/能源转换过程以收付平衡的方式反映，但环境内部的转化过程不包括在其中。在考察经济系统的资源流量过程中，MEB也作为国民经济核算中投入产出表的实物扩展。另一实物方法为"自然资源核算"，旨在说明自然资产的存量及其变化。这里的自然资产包括生物资产、地下资产、水、空气和土地，也包括在环境中发生的变化。实物方法在其自身的范围内应用是有效的，其功能在于提供实物单位的环境信息。这些信息对环境管理是不可缺少的。该方法并不一定与货币评估或SNA相连接，以证明它的有用性。但是，如果实物方法与SNA连接，它可以为测算各种经济政策和活动对环境与自然资源的年度影响提供有用信息。

2. 货币核算。狭义的货币资源环境核算仅在国民经济核算账户中分别列出了用于环境保护的实际支出，广义的研究则包含了一些注重资源问题和实施项目所进行的环境调整。价值形态的环境核算方法估计与经济活动相关的环境变化的货币成本与收益，目的在于为制定包括财政支出在内的经济决策和对环境影响提供一个较好的基础。它已在某些方面用作制定保护自然与自然资源的经济政策工具，例如排污费和污染税。货币方法受到普遍重视，原因在于解决环境问题的决策通常涉及货币收益与成本，并进行统一核算。虽然收益与成本不可能而且不应该仅仅只用货币单位表示，但改进环境的决策测度包括财务支出，它通常必须由预期收益或可避免的潜在环境成本来判断。但过分依赖货币分析也是不现实的，应努力减少现行核算体系的失真，以增加决策过程中的资源环境信息量。

3. 实物货币综合法。实物与货币方法的具体内容不同，但有交叉之处，货币是对实物共性的抽象。虽然两者都将资源环境作为它们各自核算的目标，但实物方法的范围比货币方法的范围更宽泛。对某种事物而言，货币方法不能包括实物方法所讨论的所有具体环境问题，特别是那些不直接与经济关联的环境问题。巴特尔穆茨等人（1993）指出，实物账户涵盖了自然资源的总存量或总储备及其变化，即使这些资源没有受到经济系统的危害。但这并不是货币方法的缺陷，因为我们不可能将所有事物都货币化。至于那些被两种方法都覆盖的环境问题，货币方法需要依靠实物方法，因为实物方法为货币方法提供了必要的信息。实物方法是货币方法的第一步，这并不意味着实物方法仅仅是为了货币方法而存在。实物方法是最宽泛的，它可以服务于不同的目的。实物方法和货币方法对决策都是重要的，两种方法在具体应用上存在互补关系。

（四）绿色国民核算法

1. 综合环境与经济核算体系（SEA）。1993 年联合国在纽约发布了 SEEA 手册，1999 年对该手册作了系统修改。该手册是一份与 SNA 相关联的卫星账户体系，它使用与 SNA 一样的资产范围，并在这个范围内扩展资产的分类。另外估价生产自然资产（product natural assets）的价值，它覆盖准市场的和非市场的非生产自然资产，并使用非市场价格估计。SEA 将环境与自然资源综合在 SNA 的关键概念和账户中，并调整 GDP 和国民收入。卫星账户并不试图替代现行的 SNA，而是使用卫星账户补充 SNA。其外，SEA 不是一个完全以实物单位表达的卫星账户，它试图实现卫星账户与总量指标、实物账户与货币账户之间的协调。

SEEA 使用实物和货币方法，将各种评估方法整合在一个富有弹性的体系之中，该体系综合现行 SNA 中的各种环境信息资料，而且保持 SNA 的概念和原理不变。SEEA 提供一组方法，这些方法在体系中相互依赖，但可以在不同范围内单独使用。这种积木式的方法允许 SEA 使用者根据他们的爱好和统计能力在不同的方法中做出选择。SEA 也为环境数据分类、核算标准、与 SNA 的联系提供指南。SNA 中的基本缺陷是非生产自然资产的耗减和退化成本的遗漏，及其由于环境防护支出的不恰当的归属，使得相应收益的表达不准确。因而，SEA 十分重视非人造自然资产的耗减和退化，将自然资产耗减和退化成本从传统的 NDP 中扣除，以获得经环境调整的国内生产净值（EDP）。SEA 框架提出了两种估算市场化资源耗减货币价值的方法，即使用者成本法和净价格法。

2. 欧洲环境压力指数项目。欧盟开发了“欧洲环境压力指数体系”和“欧洲综合经济与环境指数体系”（1996）。前者需要科学顾问团提供的相关指标，然后将这些指标编制在一个协调一致的体系中，以确定政策关联性以及需要收集和开发直接与资源环境问题相关的指标。

这些体系的构建起源于国家和国际范围的项目评估，例如，经济合作与发展组织（OECD）创立的“压力—状态—响应”（pressure-state-response，PSR）指标，以及上述的联合国 SEA 手册。体系设计的参与者逐步认识到，在构造绿色 GDP 的货币评估程序上，难以取得一致。作为一个结果，OECD 国家环境组织选择了与国民经济账户紧密相联的卫星账户方法，在卫星账户中，一些项目用实物单位，一些用货币单位。它也赞同计算与人类和经济活动对环境压力相关的实物指标与指数，因为这些指标与指数有很大作用。虽然这种方法无助于总量指标计算，但为了在使用大量详细指标的情况下阐述主题，必须选择一些关键环境压力指标和综合指数，每个政策对应一个指数，各个指标相互连接，从整体上反映可持续发展。

3. 欧洲环境的经济信息收集体系。欧洲统计局（1994）开展环境支出的核算工作，提出了完整的绿色核算计划是“欧洲环境的经济信息收集体系”（European System for Collection of Economic Information on the Environment，即 SERIEE 体系）。该体系收集产业、住户和政府在环保方面的实际支出。欧洲统计局开发的 SERIEE 可作为卫星体系的一个模块，它扩展了 SNA，并提供了环境支出信息，反映了环境政策的成本。为了评估环境政策的效益，使用建立在“压力—状态—响应”基础上的环境指标和指数体系，从而得出因环境政策所引起的环境中压力减少的信息。人们建议使用“支付意愿”、专家评估以及欧盟的政策目标对各种环境压力进行加权。

4. NAMEA 和 SESAMEA。“包括环境核算的国民经济矩阵”（National Accounting Matrix including Environmental Accounts，NAMEA）方法产生于 1991 年，它根据荷兰统计局克宁提出的理论，将实物量核算的环境数据与国民核算体系联系在一起，综合形成一个矩阵表，构成 NAMEA 体系，以反映资源环境状况与国民经济活动的相互联系。最初设计包括完整的国民流量账户体系，该体系包括一组完整的收入分配和使用账户、积累账户和资产负债账户。不仅反映污染物的排放和自然资源的开采，而且反映它们的效应。现在的 NAMEA 大体上保持了原来的模式。它是一个由三个环境账户扩展的传统国民核算矩阵，一是物质账户，二是全球环境主题账户，三是国家环境主题账户。这些账户提供实物量环境信息。环境主题与国家环境政策确定的环境主题一致。全球环境主题包括温室效应和臭氧层耗减，而国家环境主题涵盖酸化、废物和自然资源的耗损。随着可获取新的信息（如有毒物质的扩散、噪音的损害）进一步增加，环境主题的范围也会得到扩展。在矩阵体系中，NAMEA 的其余部分反映众所周知的国民经济账户流量。NAMEA 的分析可使政策制定者易于观测每一个产业对 GDP 的贡献，以及对荷兰环境问题的影响。它可全面考察一定时期内经济与环境指标的年度变化状况。NAMEA 提供的核算框架中包括广泛的总量与分量环境信息。

进一步的研究集中在“经济和社会核算矩阵及其扩展体系”（System of Economic and Social Accounting Matrix and Extensions，SESAME）的开发以及它如何与NAMEA建立联系上。

（五）最低安全标准法

大卫·皮尔斯将可持续性的不同观点分为四种类型：极弱可持续性、弱可持续性、强可持续性、极强可持续性，分别对应于不同的论者：资源丰富主义者、管理主义者、集体主义者、极度生态主义者。前两种基本上是以技术为中心的，后两种则基本上以生态为中心。新国家财富方法的理论基础是弱可持续性的观点，它隐含的一个基本假设是不同资本形式之间是可以完全相互代替的。只要我们传递给后代的资本存量不少于现有存量，我们并不关心传递给后代资本的储备形式。集体主义者警告生态资产和人造资产之间替代的局限性，并提出了最低安全标准法的设想。极度生态主义者强调在追求总资本不断增加的同时，应对关键自然资本加以保护，这使得生态学家努力寻求更安全的方法，以降低环境发生巨大不可逆损失的可能性。以生物多样性保护为例，生态学家主张至少应在维持物种不低于一个安全数量标准的前提下再考虑生物资源开发利用的问题。最低安全标准的基本思路是以当代人的道德规范为当代人和后代人设计某种代际间的社会合约，将人类活动对自然系统的损害分为费用大小和不可逆性的程度两个变量来表示，当代人应把人类行为对自然系统的影响控制在一定的损失和不可逆性界限之内，而非完全用经济学的效益—费用分析方法来决定资源保护的限度。最低安全标准法力图使自然资源和自由交换与强制保护之间能保持一个适当的平衡。显然，所谓“适当的平衡”取决于社会中的价值观念，以及人类对于生态系统所受影响的认识水平，只能在复杂的现实社会决策过程中，通过多种因素的综合作用来取得一个各方都可接受的平衡点。

（六）生态国内净值（EDP）核算法

联合国与世界银行在其报告《环境与经济综合核算体系（SEEA）》（1992）及《国民经济核算体系（SNA）》（1993）中，基于国民经济核算体系中有关资产分类及核算处理，提出了生态国内净值EDP指标。生态国内净值（EDP）是SEA的标志性总量指标，是经过环境调整的国内生产净值。

生态国内净值（EDP）核算的基本思路就是在常规SAN所核算的国内生产净值NDP基础上，扣除生产过程中的环境投入成本，然后求其净额，即：EDP = GDP - 固定资产消耗 - 非生产自然资产使用 EDP =（出口 - 进口）+ 最终消费 + 生产资产积累 + 经济资产中非生产资产的积累 + 环境资产的积累（减少）=（出口 - 进口）+ 最终消费 + 净投资 +（经济资产中非生产资产的其他积累 - 经济资产中非生产资产的使用）-（由于环境资产转移成经济资产后而减少的环境资产部分 + 环境资产使用）。

三、资源环境核算中的问题

资源环境方法在现有国民经济核算体系的基本框架上进行扩展和调整，用价值量作为度量经济与资源环境因素的共同尺度，将资源环境问题纳入经济活动的范畴，用已有经济学理论来解释，并通过将资源损耗和环境退化的外部性内部化来消除其对社会经济的不利影响，为分析评估资源环境状况和制定经济发展策略提供系统、科学、宏观的信息和数据，具有非常积极的意义和优点。但目前实施起来还存在着一定的缺陷和问题。

（一）资源环境的货币化问题

资源环境方法远未能较好地解决其核心问题——自然资源和环境影响的货币化问题。环境的外部性特征源于许多环境因素是不可以在市场上交换的，即使可以通过市场交换的自然资源，市场价格也不能完全反映其真实的价值。资源环境的货币化问题不可能依靠市场力量实现，而必须通过经济评估的方法来解决。评估显然不可能排除人为因素，实际上资源环境价值的评估在很大程度上取决于社会经济的发展水平。

（二）绿化国民账户问题

通过“绿化”国民账户来揭示环境变化的能力是十分有限的。这是因为原有国民账户是为经济活动的计量而设计的，没有考虑资源环境的特点，非要将资源环境纳入已有的国民账户体系的框架之中，就不可避免地引起冲突和扭曲。资源环境方法将自然资产的耗减和降级作为资产折旧来处理，尽管自然资产和固定资产有很多相似之处，但两者有很大差别，主要表现为固定资产往往归具体部门拥有，而自然资产一般归社会公有。这也是资源环境方法要解决的现实问题。

（三）反映社会可持续性问题

以资源环境方法建立可持续发展指标还存在一个极大的弱点，就是忽视对社会可持续性的反映。事实上，社会可持续性既是可持续发展的基础又是目标，应该在可持续发展指标体系中有适当的体现，否则就不能覆盖可持续发展的完整内涵。社会是人与人通过一定关系结合的整体，尽管新国家财富方法利用间接方法计算了人力资源的价值并提出社会资产的概念，但通过货币化的方法来体现社会因素与资源环境核算一样面临许多难以克服的困难。

（四）实用性低问题

资源环境方法由于很难解决货币化问题使其实用价值受到一定的限制。在不确定性条件下，人们不得不以更谨慎的态度来对待资源的可替代性，比较今天的收益与未来可能发生的、巨大的不可逆环境损失。最低安全标准在应用经济学原理和方法处理问题时加入一些最基本的约束条件，但它仍不能回避环境经济学方法的核心问题，只是强调缩小了其适用的范围。而强制界限的确定又成为与人类认识水平、价值观念及社会决策过程有关的新问题。最低安全标准的制定也不可能有国际统一标准可循，必须依赖生态学家根据不同国家或地区的具体情况加以估计和判断，不可避免存在主观随意性的干扰。最低安全标准法在宏观层次上，最低安全标准难以制定，界限的评判也不足以进行对可持续发展的描述、预测、评价和调控。

关于资源环境方法问题，联合国和很多国家都进行了解决问题的研究和尝试，但离根本性解决问题还有很大的差距，这也是未来我们要努力解决的难题。

联合国统计署于1974年在着手组织环境信息收集工作时提出了方法论指南，指出：环境信息的收集，不应试图建立类似于国民经济核算的复杂体系，而应注重环境统计的实际需要和可行性，并从环境角度研究环境统计的方法和模式。1983年，第22届联合国统计委员会年会公布了《环境统计资料编制纲要》，规定了环境统计的性质、统计及处理方法、统计内容和表式等，提出了独立环境指标体系及以环境自身为主体并具有多重目标的“环境统计发展框架”。然而，直到20世纪80年代，人们才开始按照其构建发展思路。鉴于在如何将环境价值、成本及其使用效益融入国民经济核算问题上，世界范围内还缺乏共识，联合国环境规划署与世界银行的联合专家组认为，把一些根本性的变革引入一个服务于社会经济分析中的、同时在结构上又有完美的数据收集和核算体系还为时尚早。芬兰统计局曾对环境保护费用支出统计状况进行检验，结果表明现有数据尚不能满足环境保护费用支出统计核算的需要，存在着带有概念性的问题，也说明当前资源环境核算方法存在着问题，需要我们进一步探究和解决。

参考文献

[1] 李冻菊：《GDP核算理论的研究》，载《财贸研究》2001年第1期。
[2] 廖明球：《国民经济核算中绿色GDP测算探讨》，载《统计研究》2000年第6期。
[3] 朱启贵：《可持续发展评估》，上海财经大学出版社1999年版。

（原载《内蒙古财经学院学报》2005年第1期）

基于 DEA 模型的资源枯竭型城市旅游效率评价

一、数据包络分析法

数据包络分析法（Data Envelopment Analysis，DEA）是旅游效率研究中一种较为成熟的定量方法，得到国内外学者的广泛运用。投入型和产出型是 DEA 模型的两大基本分类，两者虽从不同的角度来解决同一个问题，最终本质上得出的结论是一致的。由于资源枯竭城市旅游发展效率投入量更容易控制，因此本文采用基于投入导向的 DEA 模型，同时还采用基于 DEA 模型的 Malniquist 指数的方法，来分析资源枯竭型城市旅游业的全要素生产率的动态变化特征。Malmquist 指数具体的计算过程是基于距离函数的比率来完成的。Malmquist 指数的计算演变过程可有以下三个方程式加以概括：

$$M_{i,t+1}(X_i^t,\ Y_i^t,\ X_i^{t+1},\ Y_i^{t+1}) = \left[\frac{D_i^t(X_i^{t+1},\ Y_i^{t+1})}{D_i^t(X_i^t,\ Y_i^t)} \times \frac{D_i^{t+1}(X_i^{t+1},\ Y_i^{t+1})}{D_i^{t+1}(X_i^t,\ Y_i^t)}\right]^{1/2} \quad (1)$$

X_i^t 和 X_i^{t+1} 分别表示第 i 个地区在第 t 期和 t+1 期的投入量；Y_i^t 和 Y_i^{t+1} 则表示第 i 个地区在第 t 期和 t+1 期的产出量；$D_i^t(X_i^t,\ Y_i^t)$ 和 $D_i^t(X_i^{t+1},\ Y_i^{t+1})$ 分别表示以 t 期的技术 T 为参照标准，时期 t 和时期 t+1 生产点的距离函数。

$$M_{i,t+1}(X_i^t,\ Y_i^t,\ X_i^{t+1},\ Y_i^{t+1}) = \frac{D_i^{t+1}(X_i^{t+1},\ Y_i^{t+1})}{D_i^t(X_i^t,\ Y_i^t)}\left[\frac{D_i^t(X_i^t,\ Y_i^t)}{D_i^{t+1}(X_i^t,\ Y_i^t)} \times \frac{D_i^t(X_i^{t+1},\ Y_i^{t+1})}{D_i^{t+1}(X_i^t,\ Y_i^t)}\right]^{1/2} \quad (2)$$

公式（2）是公式（1）的变形结果，公式（2）将全要素生产率变动分成两部分，分别是技术变化与技术效率变化。中括号前面的部分就是从 t 到 t+1 期生产效率的变化；而中括号里面的部分就是从 t 到 t+1 期技术的变化率。

$$M_{i,t+1}(X_i^t,\ Y_i^t,\ X_i^{t+1},\ Y_i^{t+1})$$

$$
=\frac{D_i^{t+1}(X_i^{t+1},\ Y_i^{t+1})}{D_i^t(X_i^t,\ Y_i^t)}\left[\frac{D_i^t(X_i^t,\ Y_i^t)}{D_2^{t+1}(X_i^t,\ Y_i^t)}\times\frac{D_2^{t+1}(X_i^{t+1},\ Y_i^{t+1})}{D_i^{t+1}(X_i^{t+1},\ Y_i^{t+1})}\right]
\times\left[\frac{D_2^{t+1}(X_i^t,\ Y_i^t)}{D_2^{t+1}(X_i^t,\ Y_i^t)}\times\frac{D_2^t(X_i^{t+1},\ Y_i^{t+1})}{D_2^{t+1}(X_i^{t+1},\ Y_i^{t+1})}\right] \tag{3}
$$

公式（3）是公式（2）的进一步变形，消除了固定规模报酬的假设，分析了在变动规模报酬的情形下全要素生产率的变动情况，进一步将技术效率变化分解为纯技术效率变化和规模效率变化。D_1 表示的是变动规模报酬情形下的距离函数。D_2 表示的是固定规模报酬情形下的距离函数。公式（3）分为三部分，第一部分是指中括号以外的部分，表示在变动规模下的纯技术效率变化，第二部分是指第一个中括－乘积式，代表了规模效率变化，第三部分与公式（2）一样，表示的是技术变化率。当 $M_{i,t+1}>1$ 时，全要素生产率（TFP）提高；当 $M_{i,t+1}<1$ 时，TFP 下降；当 $M_{i,t+1}=1$ 时，TFP 不变。当技术效率、纯技术效率、规模效率、技术进步的变化值大于 1 时，就表明其促进了 TFP 的增长。反之，则是抑制 TFP 提高的根源。

二、效率的静态分析

使用 Deap2.1 软件，通过 DEA 模型得到资源枯竭型地级城市旅游业 2005～2012 年的综合效率、纯技术效率和规模效率；利用 SPSS 软件分别对上述三个效率进行聚类分析，具体结果如下：

根据资源枯竭型地级城市的旅游综合效率情况（见图 1）和 SPSS 软件聚类结果如下：第一类，乌海市、辽源市、鹤岗市、双鸭山市、濮阳市、黄石市七个城市综合效率普遍较低，基本在 0.5 以下，整体情况最差；第二类，伊春市、淮北市、铜陵市、新余市、萍乡市、石嘴山市五个城市综合效率波动较大，最好的年份达到了效率，但多数年份效率较差，整体情况一般；第三类，阜新市、抚顺市、白山市、七台河市、景德镇市、枣庄市、焦作市、韶关市、泸州市、铜川市十个城市综合效率在 0.5～1 之间，但多数年份基本达到了效率，整体情况较好。

根据资源枯竭型地级城市的旅游业纯技术效率情况和 SPSS 软件聚类分析结果如下：第一类，抚顺市、辽源市、白山市、七台河市、景德镇市、枣庄市、焦作市、韶关市、泸州市、铜川市、石嘴山市十一个城市纯技术效率波动较小且均值较高，大部分年份达到了 1，说明这些城市的旅游资源配置效率状态达到了有效；第二类，乌海市、阜新市、伊春市、鹤岗市、淮北市、铜陵市、新余市、萍乡市八个城市纯技术效率波动较大，在 0.4～1 之间徘徊，但整体情况还是较好；

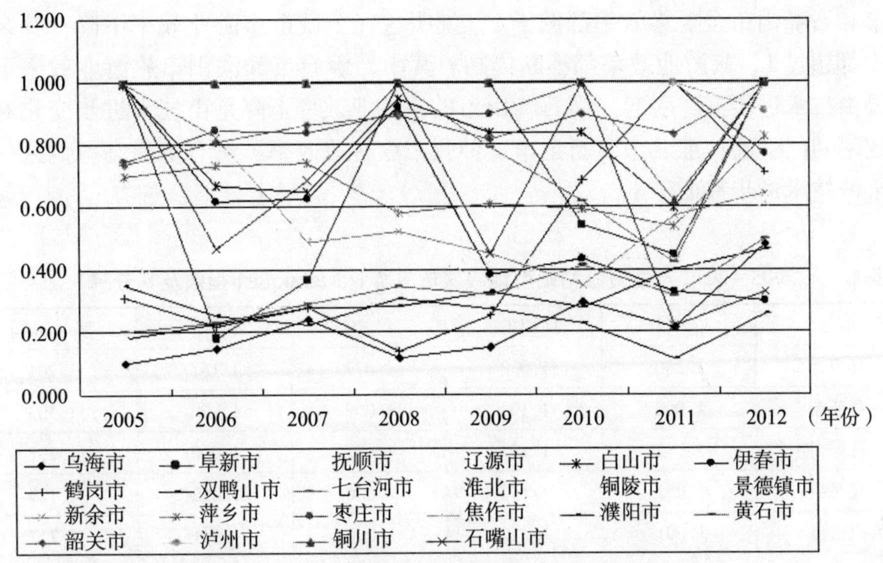

图1　资源枯竭型地级城市旅游业综合效率情况

资料来源：笔者计算。

第三类，双鸭山市、濮阳市、黄石市三个城市纯技术效率普遍偏低，但三个城市纯技术效率处于逐年上升状态。

根据资源枯竭型地级城市的旅游业的规模效率情况和SPSS软件聚类分析结果如下：第一类，抚顺市、七台河市、景德镇市、枣庄市、焦作市、韶关市、泸州市、铜川市八个城市规模效率普遍较高，均值都在0.9以上，其中焦作市最好，每年都是1，规模效率最高；第二类，阜新市、白山市、伊春市、淮北市、铜陵市、新余市、萍乡市、石嘴山市八个城市规模效率波动较大，最好的年份达到最优，最差的年份可能不到0.5；第三类，乌海市、辽源市、鹤岗市、双鸭山市、濮阳市、黄石市六个城市规模效率普遍偏低，如乌海市、辽源市、鹤岗市、双鸭山市很少年份超过0.5。

三、效率的动态分析

为了更好地分析和解释资源枯竭型城市旅游效率的状况，本文采用Malmquist指数方法对2005～2012年间资源枯竭型地级城市全要素生产率指数进行测算，结果见表1和表2。

从城市空间序列分析的Malmquist指数来看（见表1），八年间鹤岗市全要素效率最高，达到1.381，石嘴山市旅游效率下降最高，仅为0.847；伊春市、濮阳市和石嘴山市全要素效率都低于1，说明这三个城市旅游业效率下降；其余地级市都超过1，旅游业效率都不断提高。其中，伊春市和濮阳市旅游业效率下降主要由技术进步下降引起，而石嘴山市的旅游业效率下降是由技术进步变化和技术效率共同引起；淮北市、新余市、泸州市旅游业效率虽然有所提高，但这三个城市的技术进步都低于1。

表1　2005～2012年各资源枯竭型地级城市旅游业Malmquist指数及其分解

城市	EFFCH	TECHCH	PECH	SECH	Malmquist
乌海市	1.250	1.033	1.077	1.161	1.291
阜新市	1.000	1.103	1.000	1.000	1.103
抚顺市	1.082	1.195	1.081	1.000	1.292
辽源市	1.052	1.130	1.000	1.052	1.189
白山市	1.001	1.216	1.000	1.001	1.217
伊春市	0.842	1.096	0.885	0.952	0.923
鹤岗市	1.125	1.228	1.014	1.109	1.381
双鸭山市	1.145	1.056	1.082	1.058	1.208
七台河市	1.000	1.084	1.000	1.000	1.084
淮北市	0.966	1.122	0.952	1.015	1.083
铜陵市	1.085	1.128	1.070	1.014	1.224
景德镇市	1.000	1.105	1.000	1.000	1.105
新余市	0.939	1.174	0.964	0.974	1.102
萍乡市	1.024	1.125	1.028	0.996	1.152
枣庄市	1.005	1.144	0.990	1.015	1.150
焦作市	1.000	1.140	1.000	1.000	1.140
濮阳市	0.956	1.041	1.072	0.892	0.995
黄石市	1.135	1.133	1.058	1.073	1.286
韶关市	1.045	1.107	1.032	1.013	1.157
泸州市	0.986	1.034	1.000	0.986	1.019
铜川市	1.000	1.098	1.000	1.000	1.098
石嘴山市	0.854	0.992	0.997	0.856	0.847
平均	1.018	1.111	1.013	1.006	1.132

从时间序列上总体分析旅游业全要素效率（如表2所示），八年间资源枯竭型地级城市旅游业整体的效率均值为1.132，提高了13.2%，其中，技术效率贡献最大，达到1.111。八年间技术进步最好的是2012年，达到1.386，最差年份

为2011年，仅为0.833；技术效率波动最大，最好的年份2011年，达到1.559，最差的年份2012年，仅为0.769；纯技术效率基本保持在1作用，变化不大；规模效率波动较大，2006年、2009年、2011年三年规模效率都不到0.9，最高的年份为2012年，达到1.284。这说明：近些年，资源枯竭型地级城市旅游业全要素效率虽整体有所上升，但需在新技术应用和规模效应上发挥更大的作用。

表2　2005~2012年资源枯竭型地级城市旅游业分年 Malmquist 指数及其分解

时间	EFFCH	TECHCH	PECH	SECH	Malmquist
2005~2006	0.908	1.187	1.078	0.843	1.078
2006~2007	1.078	1.201	0.981	1.099	1.295
2007~2008	1.063	0.968	0.969	1.096	1.028
2008~2009	0.877	1.158	1.045	0.839	1.015
2009~2010	1.078	1.094	0.929	1.161	1.179
2010~2011	0.833	1.559	1.016	0.819	1.299
2011~2012	1.386	0.769	1.080	1.284	1.066
平均	1.018	1.111	1.013	1.006	1.132

参考文献

[1] Yale, P., 1991: From Tourism Attractions to Heritage Tourism, EML Publications.

[2] Edwards, J. A., 1996: Mines and Quarries Industrial Heritage Tourism, Annals of Tourism Research, Vol. 23, No. 2.

[3] 鲍彩莲、周永:《本溪、鞍山等地区旅游资源类型体系研究》，载《黑龙江对外经贸》2010年第8期。

[4] 高勇泽:《东北地区资源型城市工业旅游的优化路径》，载《黑龙江社会科学》2010年第3期。

[5] 周琳、潘石:《大东北旅游圈框架下资源型城市旅游业发展研究》，载《学习与探索》2010年第2期。

[6] 依邵华:《历史文化名城、工业能源基地与旅游产业的协调发展——以山西大同为例》，载《城乡建设》2002年第1期。

[7] 张金山:《浅析资源型城市旅游形象定位及营销策略——以焦作为例》，载《北京第二外国语学院学报》2007年第9期。

[8] 李开宇:《资源型枯竭型城市旅游业发展路径研究》，载《西北大学学报》2011年第5期。

[9] 胡晓晶、喻继军、李江风:《资源型城市发展循环型旅游业的模式及对策》，载《安徽农业科学》2007年第22期。

（原载《统计与决策》2015年第7期，合作者：方杏村、王晓玲）

武汉市经济发展与能源消耗的脱钩分析

一、武汉市经济发展与能源消耗的脱钩分析

（一）脱钩模型

脱钩模型的奠基性工作是由经济合作与发展组织在2002年出版的《衡量经济增长与环境压力脱钩的指标》的报告中提出的[①]。学者塔皮奥（Tapio，2015）将脱钩模型加以完善和细化，并对芬兰的城市交通做了实证研究。我国学者赵一平等（2006）基于相对“脱钩”与“复钩”理论分析了中国经济发展与能源消费的响应关系；汝醒君等（2009）则对12个发达国家和3个发展中国家的经济增长与碳排放进行了脱钩研究。

本文参照Tapio脱钩模型，对武汉市1996～2008年的经济发展与能源消耗进行脱钩分析，其测度用脱钩弹性来表示。定义m为脱钩弹性：

$$m = \frac{\Delta EC}{\Delta GDP}$$

基于ΔGDP、ΔEC以及m的不同，脱钩状态可以分为8类（见图1）。

图中①为弱脱钩 $\Delta GDP > 0$，$\Delta EC > 0$，$0 < m < 0.8$；②为扩张连接 $\Delta GDP > 0$，$\Delta EC > 0$，$0.8 < m < 1.2$；③为扩张负脱钩 $\Delta GDP > 0$，$\Delta EC > 0$，$m > 1.2$；④为衰退脱钩 $\Delta GDP < 0$，$\Delta EC < 0$，$m > 1.2$；⑤为衰退连接 $\Delta GDP < 0$，$\Delta EC < 0$，$0.8 < m < 1.2$；⑥为弱负脱钩 $\Delta GDP < 0$，$\Delta EC < 0$，$0 < m < 0.8$；⑦为强负脱钩 $\Delta GDP < 0$，$\Delta EC > 0$，$m < 0$；⑧为强脱钩 $\Delta GDP > 0$，$\Delta EC < 0$，$m < 0$（如图1所示）。

---

① OECD，2002：Indicators to measure decoupling of environmental pressure from economic growth，Paris：OECD.

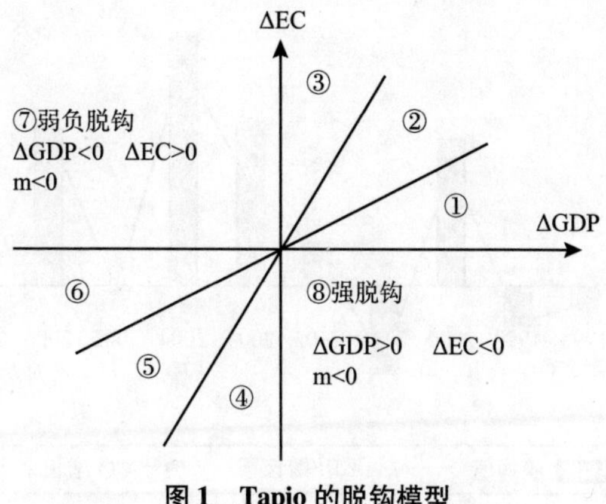

图 1　Tapio 的脱钩模型

（二）脱钩结果

本文以武汉市 1996 ~ 2008 年的经济发展与能源消耗为此次脱钩分析的研究对象。数据来源为 1997 ~ 2009 年《武汉市统计年鉴》，并以各类能源对碳排放的折算系数（见表 1）进行处理。

表 1　各类能源的碳排放系数

项目	煤炭	石油	天然气	电力
系数	0.7329	0.574	0.4226	0.68

资料来源：煤炭、石油、天然气碳排放系数源于日本能源经济研究所，燃煤电力碳排放系数源于厦门节能中心。

以 1996 年的能源消耗量和 GDP 数量为基数，测算出 1997 ~ 2008 年的能源消耗量和 GDP 数量的增长率，再根据两者的增长率比测算出脱钩值（如图 2 所示）。

图 2 中的柱状图清晰地反映了武汉市 1996 ~ 2008 年经济增长与能源消耗的脱钩值，在 1998 年、1999 年、2001 年与 2005 年脱钩值 m 均实现了小于零，经济增长与能源消耗实现了强脱钩。但同时，脱钩值柱状图有 3 个清晰的高峰期，此时武汉市经济增长与能源消耗是处于强负脱钩状态。2000 年出现了第一个高峰期，武汉市经济增长与能源消耗处于扩张性连接，脱钩值达到了 1.11，CO_2 增长率为 14%，超过了 GDP 增长率 12%。1997 年亚洲金融危机后，内地经济也遭受重创，武汉市 1997 ~ 2000 年 GDP 增长率出现下滑，在 2000 年达到最小值 12%。武汉市采取一系列措施刺激经济的发展，大量高能耗产业兴起，导致了武汉市 2000 年 CO_2 增长率从 1999 年的 -4% 上升到 14%，由此导致了经济增长与能源消耗的脱钩值达到了第一个高峰期。第二个高峰期发生在 2002 ~ 2004 年，脱

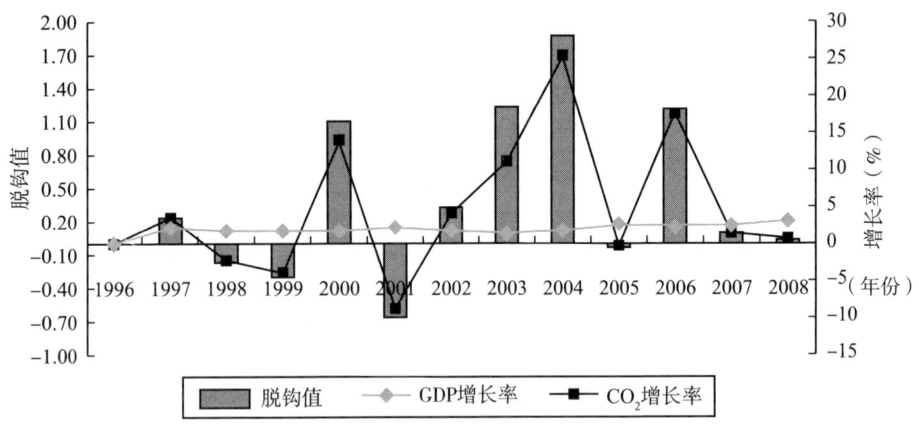

图 2 武汉市的 GDP、能耗增加率及脱钩值

钩值持续上升使得经济增长与能源消耗变成强负脱钩状态，能源消耗增长率远远大于经济增长率。武汉市在金融危机之后采取的刺激经济的措施导致高能耗产业的持续兴起，使得这个阶段的能源消耗量持续上升，所以脱钩值 m 达到了 1.88。第三个高峰期出现在 2006 年，脱钩值为 1.22，远高于 2005 年的 -0.03。

武汉市的经济增长与能源消耗的脱钩值波动弹性很大，强负脱钩状态经常出现，其原因主要来自武汉市 GDP 的缓慢增长和能源消耗的增速膨胀。1996 ~ 2009 年的《武汉市统计年鉴》数据显示，对武汉市 GDP 增长产生巨大贡献的大部分是高能耗产业，排名前 5 个行业是：交通运输设备制造业，黑色金属冶炼及压延加工业，电力、热力的生产和供应业，通信设备、计算机及其他电子设备制造业，电气机械及器材制造业。这 5 大行业占据工业总产值的 70%，而武汉市的工业总产值对 GDP 的贡献则占到 48%，由此可见武汉市 GDP 的增长很大程度上依赖高能耗产业的快速发展，单位 GDP 能耗很高。实现武汉市经济增长与能源消耗的强脱钩，应从武汉市能源消耗现状及引致因素进行分析。

二、武汉市能源消耗现状及引致因素分析

（一）武汉市能源消耗现状

1996 年以来，武汉市的碳排放总量以年均 5% 的速度逐年增长，并以 2002 年为分界点。2002 年以前年均增速保持在 0.4%，碳排放总量基本保持了不变。2002 年以后碳排放总量陡然加快，以 8% 的年均增速快速增长，尤其是 2002 ~ 2006 年，碳排放总量增速达到了 11.4%，碳排放总量由 2309.03 万吨上升到

3835.98 万吨。另外，武汉市碳排放强度持续下降。1996 年为 2.83 吨/万元，2008 年为 1.01 吨/万元，降幅达 64%。与此相反，人均碳排放以 8% 的年均增长率持续增加。1996 年，武汉市人均碳排放 3.09 吨/人，2008 年增至 4.60 吨/人，增幅达到 49%（见图 3）。

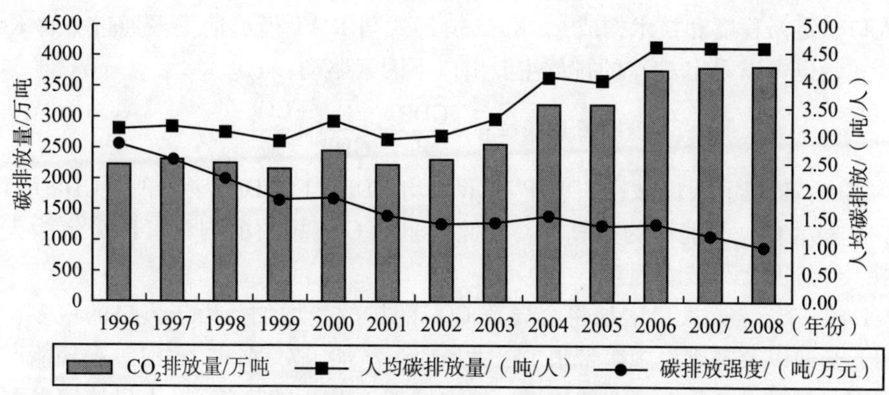

图 3 1996～2008 年武汉市碳排放情况

与北京市、上海市、重庆市、天津市及全国总体水平比较，武汉市 2008 年的碳排放总量为 3835.98 万吨，在 5 个城市中是最低，但武汉市 2008 年的人均碳排放为 4.60 吨/人，仅低于上海的 4.79 吨/人，略高于天津市的 4.36 吨/人和北京市的 3.14 吨/人，远高于重庆市的 1.41 吨/人和全国的平均水平 0.89 吨/人。武汉市 2008 年的碳排放强度 1.20 吨/万元，远高于北京市的 0.55 吨/万元，也高于全国平均碳排放强度 0.92 吨/万元。总体来看，武汉市能源利用碳排放总量增幅较小，但是人均碳排放与碳排放强度需要大幅降低（见图 4）。

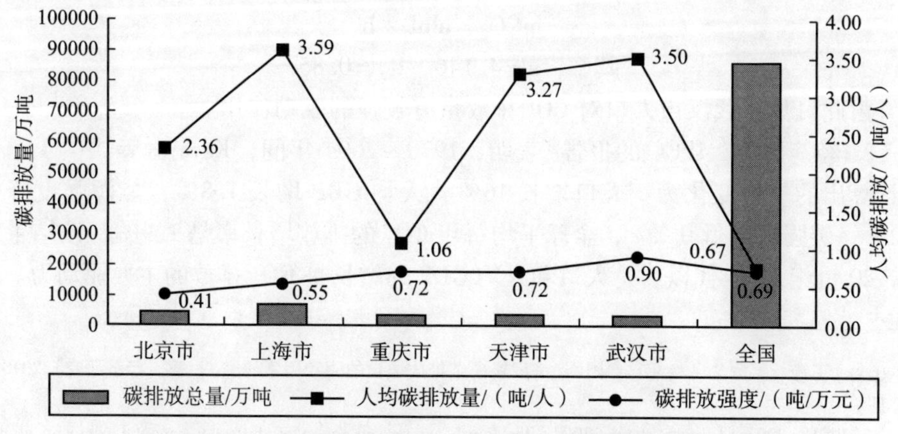

图 4 1996～2008 年碳排放量、人均碳排放与碳排放强度比较

（二）脱钩值波动的因素分解

研究武汉市经济增长与能源消耗的脱钩值的波动，需要理解能源消耗不断波动的驱动力，就是要研究碳排放总量与影响因素之间的关系。研究碳排放驱动因素 IPAT 模型以及由此演化出的 IMPACT 和 STIRPAT 模型均认为影响环境的因素是人口、富裕程度和技术构成[①]。Kaya 恒等式与 IPAT 模型的关系通过分解 Kaya 恒等式，也可以看出 CO_2 的排放主要由以下因素驱动：

$$CO_2\text{排放量} = p \times \frac{GDP}{P} \times \frac{E}{GDP} \times \frac{CO_2}{E}$$

式中：P 表示人口数；GDP/P 表示人均 GDP；E/GDP 表示单位 GDP 能耗；CO_2/E 表示 CO_2 与能源的换算比。因此，驱动 CO_2 排放的因素可以分解为人口因素、经济因素和技术因素。

1. 人口因素。人口增加将会导致 CO_2 的排放量增加。由于人口的增多，给住房、交通以及基础设施等带来了巨大压力，增加了对钢铁、水泥等高耗能产品的需求，刺激了高耗能产业的发展，从而增加了 CO_2 的排放[②]。人口的增多对电力和能源的需求也增加，特别私人汽车拥有量的快速增加，加剧了 CO_2 的排放。根据 2007 年《武汉市统计年鉴》数据显示，武汉市的民用车辆拥有量到 2006 年已经有 703481 辆，其中私家车的数量超过 25 万辆，而且随着人们生活水平不断提高、购买力上升以及城市空间距离大等原因，私家车的数量还在不断上升，小汽车排放的 CO_2 逐年上升。在建筑方面，武汉市分为三镇，城市空间紧凑性很低。而且武汉市的各个繁华区都有大量的公共场所和公共建筑，而这种公共建筑和场所的能耗一般比普通建筑的能耗要大 2 倍以上。随着武汉市房地产业的迅猛发展，占据了越来越多的绿地，使得武汉市的碳汇减少，导致 CO_2 排放量不断上升。将人口与碳排放总量回归，可以得出如下关系：

$$\ln CO_2 = a\ln P + b$$

其中，$a = 4.146$，$R_2 = 0.857$

由此可见，武汉市人口对 CO_2 排放量有较强的驱动作用。

2. 经济因素。IPCC 的报告[③]表明，1970～2004 年间，Kaya 恒等式中 4 个因素计算出的年均变化为：人口增长 16%，人均 GDP 增长 1.8%，能源强度降低 1.2%，碳强度降低 0.2%，全球平均每年 CO_2 的排放增长率是 1.9%。该结果表明，20 世纪 70 年代以后，人口和人均 GDP 的增长是 CO_2 排放的主要驱动力。

---

①② 王锋、吴丽华、杨超：《中国经济发展中碳排放增长的驱动因素研究》，载《经济研究》2010 年第 2 期。

③ IPCC，2007：Climate change 2007：the fourth assessment report of the intergovmental panel on climate change，Cambridge：Cambridge University Press.

从武汉市来看，与能源消耗直接挂钩的经济因素主要涉及产业结构和能源结构。从产业结构角度讲，武汉市是一个中部重工业城市，有武汉钢铁股份有限公司、武汉重型机械厂、武昌造船厂、武汉神龙汽车制造厂等大型重工业企业，这些企业每年需要消耗大量的能源，而95%的能源属于煤炭和石油，释放出大量的CO_2。武汉市的大型重工业企业大部分是老国有企业，在能源的利用强度上与国际上的先进企业有很大差距，这也一定程度上加大了能源总量的消耗。从能源结构分析，武汉市1996~2008年的能源消耗总量中，煤炭、洗精煤、焦炭、原油就占据了90%（见表2），这也是武汉市CO_2排放最主要的因素。

表2　　**武汉市1996~2008年能源消费总量**

年份	能源消费量（万吨）	煤炭（万吨）	占比（%）	洗精煤（万吨）	占比（%）	焦炭（万吨）	占比（%）	原油（万吨）	占比（%）
1996	2259.98	917.71	41	409.07	18.1	298.23	13.2	359.09	15.89
1997	2335.92	960.82	41	417.66	18.27	305.74	13.09	412.4	17.65
1998	2285.71	962.44	42	415.6	18.18	307.78	13.47	333.81	14.6
1999	2189.45	917.01	42	415.39	16.71	309.28	14.13	390.49	17.84
2000	2485.33	926.39	37	413.95	16.66	333.58	13.42	430.29	17.31
2001	2265.24	863.67	38	414.91	17.61	320.59	14.15	365.58	16.14
2002	2356.15	950.27	40	432.16	18.34	331.34	14.06	412.45	17.51
2003	2615.67	1084.49	41	460.09	14.05	379.43	14.51	435.27	16.64
2004	3274.48	1435.12	44	496.14	15.15	368.92	11.27	530.24	16.19
2005	3255.39	1742.06	54	589.56	15.4	411.12	12.63	584.18	17.95
2006	3828.17	1891.64	49	584.12	15.26	441.93	11.54	580.95	15.18
2007	3884.03	1863.85	48	705.64	18.03	422.65	10.88	611.07	15.73
2008	3914.27	1793.92	46	699.84	17.88	506.28	12.93	569.31	14.54

3. 技术因素。结合Kaya模型，技术对碳排放总量主要是通过对能耗强度和碳排放强度来影响的。依靠技术进步提高能源和资源利用效率，减少单位产值物质材料和能源的使用，即降低单位产值的能耗强度；采用技术替代，改善能源利用结构，主要是能源或是燃料的转换，用低碳的燃料来替代煤和石油等碳排放系数较大的燃料，或是从化石燃料转向非化石燃料（如水能、生物质能和核能等无碳的能源），降低单位能耗的CO_2排放强度。通过分解得知碳排放强度是一个综合反映能源结构与节能技术的指标，可拆解为单位能耗的CO_2排放强度与万元GDP能耗强度的乘积。

$$\frac{CO_2}{GDP}=\frac{CO_2}{E}\times\frac{E}{GDP}$$

可以看出，中国 CO_2 排放总量与碳排放强度之间，技术因素对碳排放总量有反向相关关系。

三、结论与政策建议

武汉市 GDP 快速增长对能源消耗的惯性依赖，以及武汉市重化工产业发展对 GDP 的重大贡献，使得武汉市在未来的经济发展中将仍会伴随 CO_2 排放量的持续上升，武汉市的人均碳排放和碳排放强度状况亟须改进。由此，武汉市要实现经济增长与能源消耗的强脱钩，应该从能源结构、产业结构、人口结构和绿化结构方面来采取措施。

（一）加快调整能源结构和产业结构，提高能源效率，实现清洁生产

湖北省是千湖之省，武汉市有大量的湖泊，武汉市的低碳发展应该结合自身优势，大力开发利用水力资源。水能是清洁能源，不会产生大量的 CO_2。考虑到能源结构调整的成本约束，短期内想改变以煤和石油为主的能源结构存在困难，能源结构的调整是一个长期的过程。现阶段的重点应该放在提高能源的利用效率上，加强武汉市大量重化工企业的转型改革，调整产业结构，引入市场竞争机制，改进技术，提高能源利用效率。从资源的开采，产品的生产和使用到废弃物处理的全过程，最大限度地提高资源和能源的利用率，减少能耗和污染物的产生。在加快产业结构优化升级的过程中，大力推动能源环保产业的发展，提高高碳产业的市场准入条件。武汉市的低碳发展，重点依托青山环保产业基地，突破性地发展以生物质能、太阳能光伏、半导体照明、风力发电、节能装备、电力环保、水环保、循环经济等为重点的能源环保产业，使新能源与环保产业发展成为新的支柱产业，并带动相关产业的健康持续发展。

（二）改善武汉市人口现状，改进武汉市交通状况，实现城市生活低碳化

武汉市人口主要包括 3 个大的群体：居住时间超过 5 年的常住居民、来自其他省份的大学生群体和临时外来务工群体。针对不同群体的特点相应采取不同的管理政策：加强常住居民的城市环保意识，推广和引导常住居民树立健康消费观念；针对大学生在武汉市的季节性特点，在非寒暑假期间加大公共交通的开放，增加各高校之间的公交运输能力，相应在寒暑假期间可以适量减少公共交通以节

省能耗；合理规划临时外来务工人员的居住、交通和消费，提供便利租房渠道和就业渠道，减少中间能耗。在城市交通方面，提倡采用公交一卡通，加强换乘减免等措施；企业不断改进技术，加强节能型汽车的推广等技术措施来降低交通燃油消耗；城市生活低碳化方面，提倡家庭生活交通低碳化，使用高效空调、照明及节能家电，提高个人的思想意识及节能观念，提倡可能情况下依靠自行车及步行交通。在生活模式和消费观念上进行积极引导，倡导和实施一种低碳的消费模式，一种可持续的消费模式，在维持高标准生活的同时尽量减少使用消费能源多的产品。

（三）加强武汉市绿化带的建设，增加碳汇

碳汇主要通过陆地植被来固碳，植被通过光合作用而吸收大气中的碳含量，并将其固定在植物体内和土壤中。据研究，平均每公顷绿地日平均吸收 11767 吨 CO_2，释放 1123 吨 O_2。武汉市应该增加街头绿化、公园、沿江、道路绿化建设，沿城市周边设置防风林，保护现有沼泽地，从整个城市范围内做到生态平衡。

参考文献

[1] IPCC.，2007：Climate change 2007：the fourth assessment report of the intergovmental panel on climate change，Cambridge：Cambridge University Press.

[2] 王崇梅：《中国经济增长与能源消耗脱钩分析》，载《中国人口·资源与环境》2013 年第 3 期。

[3] 赵欣、龙如银：《江苏省碳排放现状及因素分解实证分析》，载《中国人口·资源与环境》2010 年第 7 期。

[4] 刘怡君、王丽、牛文元：《中国城市经济发展与能源消耗的脱钩分析》，载《中国人口·资源与环境》2010 年第 7 期。

[5] 陈飞、诸大建：《低碳城市研究的理论方法与上海实证研究》，载《城市发展研究》2009 年第 10 期。

[6] OECD，2002：Indicators to measure decoupling of environmental pressure from economic growth，Paris：OECD.

[7] Tapio，P.，2005：Towards a theory of decoupling：degrees of decoupling in the EU and the case of road traffic in finland between 1970 and 2001，Transport Policy，Vol. 12，No. 2.

[8] 赵一平、孙启宏、段宁：《中国经济发展与能源消费响应关系研究——基于相对"脱钩"与"复钩"理论的实证研究》，载《科研管理》2006 年第 3 期。

[9] 汝醒君、苏利阳：《基于 15 国经济增长与碳排放的脱钩研究》，载《可持续发展研究》2009 年第 1 期。

[10] 王锋、吴丽华、杨超：《中国经济发展中碳排放增长的驱动因素研究》，载《经济研究》2010 年第 2 期。

（原载《华中农业大学学报（社科）》2011 年第 6 期，合作者：曾娟）

武汉城市圈两型社会建设中的产业结构与布局调整

2007年12月14日，国家发展和改革委员会发布了《国家发展改革委关于批准武汉城市圈和长株潭城市群为全国资源节约型和环境友好型社会建设综合配套改革实验区的通知》。通知要求，武汉城市圈要从实际出发，根据资源节约型和环境友好型社会建设综合配套改革试验的要求，全面推进各个领域的改革，并在重点领域和关键环节率先突破，大胆创新，尽快形成有利于能源资源节约和生态环境保护的体制机制，率先走出一条资源消耗低、环境污染少、要素集聚能力强、产业布局和人口分布合理的新型城市化道路，促进经济发展与人口、资源、环境相协调，推进经济又好又快发展，为推动全国改革、实现科学发展与社会和谐发挥示范和带动作用。

我国一个重要的发展目标是建设生态文明，基本形成节约能源资源和保护生态环境的产业结构、增长方式、消费模式。但当前我国的经济形势面临一个新的问题，我国每年能源消耗占全世界15%，钢铁消耗占30%，水泥占52%，而GDP却只占世界5.5%，这是一个比较低级的经济结构[①]。因此，需要把“两型”社会的理念贯彻到经济增长方式、产业结构和消费模式的调整中去。在生产领域，着力构建资源节约型和环境友好型的经济发展方式和产业结构，努力降低消耗，减少排放，提高资源利用效率和降低环境损害率。通过法律强制、行政指导、经济刺激、品牌宣传、社会责任等方式，提高企业推行清洁生产、发展循环经济、节约和合理利用自然资源的自觉性。

随着经济的发展，资源的约束越来越突出，在这种情况下，为了保证经济“又好又快”的发展，我国经济结构要进行转型，即从过去那种“高投入、高能耗、高污染、低产出”的模式向“低投入、低能耗、低污染、高产出”转变。中部地区作为国家重要的能源产出地区，资源消耗和环境污染问题在全国来说显得更加突出，在这种情况下，国家在中部的改革试验区提出“两型社会”建设目

① 刘盛佳：《关于武汉城市圈理论与实践问题的探讨》，载《华中师范大学学报》2004年第4期。

标，是一种具有全局意义的战略考虑。试验区将成为“两型社会”的重要示范基地和产业结构调整的一个重要的突破口。

武汉“8+1”城市圈作为“两型社会”改革试验区，是为了落实国家推动区域协调发展方针和中部崛起战略，推动东、中、西部协调发展。同时，建设“两型社会”有利于探索特大城市尤其是老工业基地节能减排、集约利用资源和优化产业结构的新经验、新思路，并对全国范围“两型社会”的建设提供示范。

一、两型社会产业经济发展方向

（一）武汉城市圈两型社会建设的内容和思路

以武汉为龙头的武汉“8+1”城市圈包括湖北省内的武汉、黄石、黄冈、咸宁、孝感、鄂州、仙桃、潜江、天门等9个城市。经过30年的改革开放，目前已遇到资源环境的约束，所以试验区建设强调要节能减排，强调循环经济的可持续发展。武汉城市圈综合配套改革试验的主要内容是：按照建设资源节约型、环境友好型社会的总体目标，以武汉为主体，发挥武汉在城市圈中的龙头和辐射作用，同时增强武汉城市圈内“8+1”城市在产业、金融、交通等方面的关联度，通过改革统筹城乡发展，缩小城乡差别。

根据武汉城市圈提出试验区申请时的综合配套改革试点框架方案，9个城市将从7个方面“试验”：探索建立统筹区域产业发展的体制机制，促进区域经济一体化；探索建立增强自主创新能力的体制机制，完善区域创新体系；探索加快发展现代服务业的体制机制，优化区域经济结构；探索建立基础设施共建共享和公共资源合理配置的体制机制，完善区域公共服务功能；探索建立资源节约环境友好的体制机制，实现区域的可持续发展；完善城市圈土地资源管理体制，探索节约和集约用地的新型城市化发展模式；探索城乡统筹发展机制，实现城乡协调发展。

武汉城市圈建设“两型社会”的总体思路是：争取在5~10年内，使武汉城市圈成为全国资源节约型和环境友好型社会建设的示范区。在新方案中，探索建立“两型产业”成为改革的重心。其具体思路是：建立以企业为主体的科技创新体系和成果转化机制；统筹区域产业布局，促进产业聚集和链条延伸；扶持现代金融、信息、科技服务业的发展，努力实现生产性服务业与先进制造业、高技术产业的融合和互动。武汉城市圈的空间布局更趋科学，区域、城乡分割将被打破，区域社会事业管理体制和公共服务体系将得到改善。同时，资源节约机制和环境友好型机制的专项思路也将成型：前者包含了探索集约用地方式、建设循环经济示范区、深化资源价格改革；后者则囊括了建立主体功能区，制定评价指标、生态补偿和环境约束政策和完善排污权有偿转让交易制度等。此外，对武汉城市圈内的壁垒拆除将加快节奏，城市圈将在近期建立起统一的养老保险制度，实现城乡一体的户籍制度。

（二） 武汉城市圈两型社会建设的机遇与挑战

"两型社会"的建设，既为武汉城市圈的社会经济发展带来了机遇，同时也带来了一定的挑战。所谓机遇，是指武汉城市圈"两型社会"建设大大提高了外商投资的积极性，增大了城市圈招商引资力度。武汉新综合改革试验区获批，以武汉为中心的"1+8"城市圈的基础建设、信息基础设施建设、光电子信息产业群、产权交易、金融、商业等行业将有较大的发展机遇；所谓挑战，是指武汉城市圈传统产业的比重较大，人们的思想观念和体制机制的改革比较滞后，"两型社会"建设的难度很大。

尽管武汉城市圈"两型社会"的建设有利于招商引资，但必须注重引进的项目要与"两型社会"的要求相匹配。"两型社会"的建设是针对传统产业资源浪费、环境污染的特点而提出来的，如果引进的项目难以化解传统产业资源浪费和环境污染的矛盾，"两型社会"的建设就难以实现。

有关部门应该做出相关要求，招商引资项目必须是资源节约和环境友好的新型工业项目，或者是能够实现传统产业提升改造和对循环经济发展有利的项目。只有如此，才有可能降低目前武汉城市圈传统产业比重偏大，资源浪费和环境污染比较严重的程度，促进"两型社会"的建设。传统产业的提升改造，既需要充分利用省内外的有关技术，也需要进行自主创新。武汉城市圈的高校就有相应的创新技术能够对环境污染项目进行改造。

要促进武汉城市圈传统产业资本和传统产业技术向国外的转移，人民币升值为传统产业资本的输出提供了有利条件，我们应该利用这个机会加大产业资本转移的力度，在重视传统产业资本输出的同时，积极支持企业发展适应"两型社会"要求的高新技术和先进适应技术。

（三） 武汉城市圈产业格局与两型社会的发展要求

武汉"1+8"城市圈各城市的产业分工格局如下：

武汉市：作为城市圈的龙头，发挥其区位、交通、科教、人才及产业基础等方面比较优势，建成为中部崛起的先进制造业基地，高技术产业的研究及产业化基地，以金融、物流、现代商贸、信息、科教、旅游为主的现代服务业基地。

黄石、鄂州：依托邻近武汉、沿长江和高速公路及铁路的区位及交通优势，重点建成以冶金（钢铁、有色金属）、能源、建材为主的原材料生产基地，与武汉东湖开发区高新产业对接、互补，积极发展生物医药、金属深加工、汽车零部件、专用机械及港口物流业。

孝感及仙桃、潜江、天门：发挥连接武汉、宜昌、襄樊“金三角”的区位交通优势，重点建成为优势粮、棉、油、畜牧、水产品生产及加工基地，纺织服装工业、以盐化工和石油化工为主的化学工业、汽车零部件、医药、专用机械和生活用纸生产基地。

咸宁、黄冈：发挥区域比较优势，建立绿色农、林、水产品及特色农副产品生产加工基地，和轻纺、机电、中医药等生产基地，以及面向武汉市及城市圈生态旅游、休闲度假基地。

武汉城市圈区位优势明显，传统老工业基地，商业发达，高校和科研院所众多，熟练劳动力和专业技术人才储备丰富。但劣势也同样明显：下岗职工比较多；职工工资和人均收入比较低；知名品牌比较少；既不大也不强的企业多；周边9个城市之间存在着同质竞争；教育的城乡差别明显；武汉“一城独大”，辐射力不强。这其中的问题，是中西部以至全国很多城市普遍存在的问题。①

在“十一五”规划中，武汉市明确提出“坚定不移发展先进制造业”的战略思路：即集约发展钢铁、汽车及机械装备、光电子信息和石油化工四大支柱产业；同时培育壮大环保、烟草及食品业、家电、纺织服装、医药、造纸及包装印刷等六大优势产业。这些产业符合湖北现有的资源和优势，产业关联度高。如果武汉城市圈内的9个城市能形成优势互补的产业衔接，会产生多赢的效果。

武汉城市圈在推进“两型社会”综合配套改革试验中，要优化资源配置和调整产业结构，强化产业的良性互动机制，加速城市圈经济一体化发展。武汉市主要发展体现特大中心城市功能的现代服务业和高新技术产业，周边8市要积极承接武汉产业转移，按照产业发展功能来优化产业布局。武汉在推进“两型社会”综合配套改革试验中，要充分发挥自己的优势和特色，凸显产业差异化战略。紧紧围绕武汉市的科教优势、区位交通优势、大项目和大企业优势做足做好产业文章，以汽车、钢铁、石化等先进制造业和金融、现代商贸与物流、服务业外包、动漫等文化创意产业及科技服务业等现代服务业的开拓与发展，辐射和引领武汉城市圈又好又快地发展。②

武汉城市圈在资源节约、环境保护方面，资源环境压力较大。武汉市及周边部分城市属于老工业基地，产业结构偏重型化，经济增长方式较粗放，能耗较高，排污压力较大，节能减排的任务很重。因此，武汉城市圈建设要抓住机遇，紧紧围绕资源节约型、环境友好型社会，探索新型工业化、新型城市化发展

---

① 余斌、李星明、曾菊新：《武汉城市圈产业发展的空间优化》，载《长江流域资源与环境》2007年第5期。

② 张秀山：《中部崛起与武汉城市圈发展》，载《武汉金融》2007年第1期。

道路。

武汉城市圈试验区还承担着构建“两型社会”和探索新型城市化道路建设的重任。所谓的新型城市化是要吸取发达国家在城市化进程中的经验和教训，结合城市的特点以现代制造业和现代服务业为龙头，走资源节约和环境保护型的内涵式发展之路。

二、两型社会建设中的产业发展路径

武汉作为中部中心城市，交通发达，汉口开埠以来就有“货到汉口自然活”之说，商业发达，高校林立，是我国重要的教育基地，提供了得天独厚的科技优势；同时也是我国重要的老工业基地，工业基础扎实。国家批准成立试验区之后，武汉利用试验区的优惠政策加上固有的优势条件一定会实现中部崛起。

武汉的传统产业优势在工业，武汉在新中国成立后也是以工业和教育而奠定特大城市地位的。过去，武汉的发展定位偏重于中国现代装备制造业（代表企业为武重、武锅等）和加工制造业（代表企业有冠捷等），这都是资源损耗型和资源推动型企业。虽然资源节约和环境友好看起来会对进入武汉综合改革配套试验区的企业有所限制，在某种程度上减缓武汉的发展速度，但这有助于我们吸收某些发达地区“先发展，后治理”的教训，做到又好又快地发展。

比如，铸造锻造、电镀等行业是武汉传统的基础产业。武汉的铸造锻造和热处理行业年产值40亿元左右，武汉电镀行业年产值50亿元左右，但由于能源和原材料涨价，目前绝大多数企业效益下降甚至亏损，有个别企业甚至停产。先进制造业离不开基础行业。武汉市有汽车及机械、钢铁、光电子信息、石油化工四大支柱产业，年产值都在1000亿元以上，其中汽车及机械、钢铁、石油化工产业都与基础行业息息相关。即使是富士康工业园，也拥有50条电镀生产线。①

武汉城市圈要统筹区域内的产业分工和产业发展，中心城市一部分传统的基础行业必然会搬迁。但如果留守的企业不在节省资源、环境保护、降低成本和提高产品附加值上做文章，肯定会被淘汰。应该注意的是，传统产业也可以提升为高技术产业，像精密铸造、精密锻造、绿色铸造、清洁生产等先进技术，都给传统的基础产业带来了更多的高技术含量。这样的技术升级，客观上也为“两型社会”试验区做出贡献，企业也能得到一些“政策红利”。

近年来，节能减排也是本地企业降低成本、提高效益的重要手段。有近20%的企业，已经通过技术改造和强化管理，取得了长足进步。使用“高新特

① 熊华文：《进一步推进节能降耗工作的基本思路和政策重点》，载《宏观经济管理》2007年第10期。

尖”技术的企业，应该享受高技术企业的优惠政策。制造业不是夕阳工业，先进制造业更离不开先进的基础产业。

建立工业园区，是一个有效的路径。在园区，企业可以分摊污染处理费用，降低治污成本；先进生产技术可以得到集中推广，实现清洁生产；扎堆经营，有利于整体技术水平和产业升级，也便于规范管理、有序竞争。此外，一定规模的第三方现代物流业将有机会得到培养，企业也会因物流成本的降低而受益。

要实现“两型社会”，必须依靠产业升级、高新技术和现代服务业，其中现代服务业又以制造服务业为不可或缺的一环。发达国家以现代制造服务业为主的生产性服务模式已占服务领域总额的50%以上，欧盟达到52.3%，日本超过了54%。

为体现两型社会内涵，未来的大武汉将沿着六个轴线向外延伸。因特有的地形地貌限制，有湖有江的武汉不能像其他平原城市那样‘摊大饼’地外扩。武重、武车、长动等老武字头的搬出，正是大武汉沿轴线向外延伸的一部分。大武汉的六个轴分别是：东部——阳逻的深水港物流城、北湖化工城；东南部——东湖新技术开发区、科技新城；南部——江夏、纸坊新城；西南部——沛口、常福汽车城；西部——东西湖、蔡甸生态农业；北部——天河机场、盘龙城的临空产业。

从产业角度看，城市圈形成的过程就是产业空间聚集和扩散的过程。湖北省2002年提出武汉城市圈战略后，逐渐明确了产业集聚和扩散是打破行政区束缚、推进城市圈建设的突破口。武汉周边城市一些大企业有意识地将总部或销售总部、研发中心前往武汉（如中国三江航天集团），使汉阳沌口地区成为制造业总部基地，武昌东湖地区成为高新技术企业研发基地，汉口原王家墩机场开始改造为CBD，将成为城市圈金融、商贸和其他现代服务业的总部聚集区；武汉有意识地将中心城区的老工业企业前往远郊区和周边城市，在2007年前确定了向周边转移总投资达552亿元的107个骨干项目，市内一些高科技企业则一开始就把生产基地布置到了周边地区。如总部设在汉口的卓尔集团到嘉鱼县纺织工业园投资1亿元办厂，与当地原有纺织企业形成纺印染一条龙，获得了规模经济和范围经济效益。这个纺织工业园还有其他企业办的分厂。[①] 这种聚集和扩散可以形成武汉与周边城市的垂直分工，避免和减少过度水平，优化武汉与周边城市的分工并拓展各产业内部分工和专业化的程度，有利于武汉城市圈两型社会的建设。

重工业外迁只是武汉城市外延的一部分，但它是预示武汉城市地位越来越高、越来越现代化的重要标志。外迁将提供更多中心城区用地，武汉城市功能将更加完善，文化及公共设施将越来越多。同时，它们的搬动还将推动武汉城市的

① 曾培炎：《加快发展循环经济努力实现可持续发展》，载《宏观经济管理》2007年第1期。

轴线外延。产业辐散迁移了，劳动力和其他生产要素也扩散到周边城镇去了，当地经济就能发展了。重工业选择外迁，也是因为武汉城市地价不断提高，城内城外地价带来的差价，让这些重工业企业有了迁移安置费。有了安置费用，它们可以依据产业结构的调整重新设计并建造更加现代化的产业园，还可以引进新设备、新技术，以适应新的市场。重工业外迁势必给武汉腾出更多用地，并减少一些噪音、空气方面的污染。从可持续发展的角度来看，劳动密集型的重工业企业外迁对城市、对企业都是有好处的。搬迁过程中，职工生活圈也会随之改变。目前的主要问题是新城区配套设施不完善。但随着城市建设的跟进，道路、公交等配套也会跟上，这种改变需要一个过程，最重要的就是在厂区搬家时妥善解决安置问题。

武汉城市圈建设“两型社会”综合配套改革试验区，武汉重工业外迁体现了“两型”社会的内涵。随着重工业的外迁，轻工业也会相应外迁。例如，武汉的纺织、服装业转移到周边的仙桃、天门和孝感的汉川等棉花集中产区，不仅促进了江汉平原的城市化建设，更有效地带动了农业产业结构的调整，同时武汉市也缓解了排污和环境污染问题。通过资源整合，结构布局的调整，武汉城市圈建设在探索区域协调、城乡协调和实现新型工业化的新道路、新模式，向有利于资源节约型和环境友好型社会的建设方向发展。但并非全部的工业都要外迁。现在提倡建设“现代综合型城市”，一些无污染、无噪音的轻工业应适当保留，并发展一些高精尖技术的低物耗、低能耗和无污染的产业。

三、两型社会产业结构与布局调整的建议

过去我们走的是先污染再治理的路子，资源消耗大，利用率不高，环境污染严重。未来要实现经济又好又快地发展，“两型社会”就是发展的方向。无论是在探索新型工业化、城市化发展道路，还是消除城乡和区域发展中的体制性障碍和结构性矛盾方面，必须坚持这个大前提。一些工作需要加以扩展，比如关闭一些生产方式落后的高能耗小企业，扶持资产过亿企业的节能减排改造，提高资源利用率，重视环保，提高经济运行的质量，提升产业生产环境。我们要充分利用综合试验区建设的契机，发挥武汉市龙头作用，构建武汉城市圈两型社会。根据前述两型社会产业结构与布局发展的战略设想，本文提出若干建议。

（一）探索建立资源节约环境友好的创新机制，实现武汉城市圈两型社会产业结构与布局的发展

武汉城市圈两型社会建设综合配套改革试验区的确定，为武汉城市圈的建设

提供了契机，要抓住“改革试验”的内涵，勇于探索创新。从武汉城市圈产业结构和布局发展创新体系来看，主要由产业组织创新、产业结构创新、产业技术创新和管理创新四部分组成。其中，组织创新是先导，结构创新是核心，技术创新是关键，管理创新是保障。[①] 武汉城市圈产业创新体系的构建应依据自身的发展状况，构建符合自身特点的产业创新体系。

1. 构建基于研发产业集群的组织创新体系。要推进技术市场一体化，完善面向城市圈各市的技术服务体系，大力推动周边城市的企业与武汉科研机构进行“产学研”结合，要把武汉建成现代制造和研发转化基地，就必须构建以人才为支撑，以企业为主体、产学研相结合的研发产业集群。研发产业集群不仅可以为企业提供一种良好的创新氛围，集聚各类人才，同时有利于促进知识和技术的传播与扩散，降低创新成本。武汉是大专院校和科研院所的集中地区，集中力量搞好应用研究，建立一支以院校和企业开发机构为主的应用研究队伍，加强企业、政府、科研机构和中介机构的协调发展，建立设施完备的孵化基地和配套的风险投资机制，形成项目、研究、资金、归口四位一体的研发产业循环体系和动态组织层次网络，从而使其成为创新型研发产业转化基地示范区。[②]

2. 构建以高新技术产业为支撑和现代物流为重点的结构创新体系。武汉城市圈产业结构不尽合理，构筑高层次的产业结构不仅是实验区努力的方向，也是提升其核心竞争力的关键。发展高新技术产业就是在该区现有产业集群的基础上，积极发展电子信息、生物技术与现代医药、新能源与新材料等高新技术产业。与此同时，依据该区的区位优势，发展综合物流业。

3. 构建以产业可持续发展为目标的技术创新体系。作为老工业基地，在武汉高污染、高能耗的产业占据了不少的比重。一方面，资源和生态环境是产业得以顺利进行的前提和基础，它为产业的发展提供了基本的生活和生产条件；另一方面，产业高速发展特别是高污染、高能耗的重工业的发展对环境破坏影响巨大，只有将技术运用到产业中才能有效促进产业的可持续发展。针对武汉的现状，一是要采用高技术和先进适用技术改造、提升传统产业，二是转移、扩散部分传统产业，将置换出的土地、资本、人力等要素投入到高成长性产业的发展上，创造更高的经济效益。

（二）建立武汉城市圈协调统一的创新管理机制，形成建设经济圈合力

武汉城市圈两型社会建设不仅是武汉市和周边8市的事，也涉及湖北振兴、

---

① 秦尊文：《城市群的形成机制和演化过程》，吉林人民出版社2004年版。

② 马传栋：《论发展循环经济建设资源节约型、环境友好型社会》，载《山东社会科学》2006年第2期。

中部崛起的宏观目标，是一项推进湖北工业化、现代化和城市化的重大战略举措。建议成立武汉城市经济圈两型社会建设委员会，由省政府组织领导，武汉市和周边8市市长任委员。委员会负责武汉城市经济圈两型社会建设的领导、组织和协调工作，研究制定产业布局、重大项目、基础设施、市场体系、生态保护和资源开发等战略规划，统筹武汉市城市经济圈的重大建设问题。委员会下设常务办公机构，负责日常协调管理工作。

在委员会领导下，充分发挥武汉城市圈在湖北行政区域内的体制优势，注重发挥政府行政作用，合理配置资源，形成合力。尽快编制武汉城市经济圈两型社会发展规划，科学确定各个城市的发展目标，产业特色和功能定位。武汉城市圈各城市要确立错位发展的思路。武汉的定位要高，要跳出武汉发展，周边城市要有所为，有所不为，集中力量发展其所长，主动融入武汉经济圈板块，产生整体效益和示范效应。

两型社会的建设，必须推进节能减排目标责任制。[①] 各级政府要把节能减排指标完成情况纳入各地经济社会发展综合评价体系，作为政府领导干部综合考核评价和企业负责人业绩考核的重要内容；同时完善评估、审核办法，实施项目问责制。抓好小火电、小造纸厂、小水泥厂、城市污水等四个方面的转向治理，抓紧小制革、小印染等的污染治理工作。政府在年终进行考核，对未完成目标的地方，停止新开工项目的审批、停止工业用地审批，环保设施不配套的项目禁止投产。抓好重点企业行业区域的节能减排。以国家重点工程和省市重点企业为主要抓手，尽快形成稳定可靠的节能工程；在钢铁、有色、石化企业中推广一批潜力大、应用广的节能技术；抓好重点领域的污水与垃圾处理，加强对重点排污单位的管理，完善排污收费；促进环境资源有效使用。抓好循环经济试点，尤其抓好首批试点单位和地市的循环工作试点。

（三） 推进武汉城市圈两型社会环保产业与循环经济发展

伴随着两型社会的建设，传统的大量生产、大量消费、大量废弃型社会发展模式要从根本上得到改变。作为社会经济实体，产业部门在两型社会经济系统的构筑中被赋予了更多的责任。从物质材料和能源的开采、运输到中间产品的生产，从最终产品的制造到流通，从各类商品的消费到废弃物的回收与最终处理，在整个经济系统的各个阶段、各个行业，都出现了考虑环保的新事业。传统的经济产业正逐渐从不可持续的线性发展模式向可持续的循环型发展模式过渡。

两型社会所构筑的循环型经济系统要能够有效运转，决定于政府、企业与公众之间的积极互动。在政府强有力的法律体系的规范下，在公众日益高涨的环保

---

① 马凯：《发展循环经济建设资源节约型和环境友好型社会》，载《求是》2005年第16期。

呼声的推动下，产业部门要致力于开发生产资源集约型产品，并对其社会商务活动的各个环节进行革新。循环经济极大地推动了传统产业部门的变革：制造业中的环境调和型素材、产品（绿色能源汽车、燃料电池、环境调和型住宅、替换型简易包装产品、生物降解塑料制品等）的大量涌现，不仅没有降低人们的生活水平，更通过使资源、能源的利用效率最大化，达到经济活动的资源投入与环境负荷的最小化。另外，伴随着传统产业部门的变革、发展，还要开创出大量与资源的循环利用相关的新兴行业。如废弃物处理业、再生资源流通业、再生资源加工业、再利用产品流通业、环保设备制造业、环保咨询服务业等。在向两型社会转变的过程中，企业要认识到发展循环产业是提高资源利用效率、降低成本、保持生态环境、加强产业自身竞争实力的科学途径，同时也使武汉城市圈在建立两型社会的实践方面走在全国的前列。

1. 推动传统制造业变革。循环经济社会在推动制造业变革方面的要求是全方位、全过程、全产业的。即制造企业从资源的开采到原材料生产、产品制造、加工组装，到流通、消费、甚至到废弃、回收利用，整个产品生命周期的各个阶段都要全方位考虑如何降低环境负荷而又不影响经济利益。促使制造业在各个阶段都作出了相应的变革。

产业公害问题最多发生在制造阶段，因此应在制造阶段即采取减少环境污染的措施，包括节能、节省资源及减少产业废弃物或有害气体的排放。同以往只是考虑如何处理排放的污染物质不同，现在则注重于如何减少能源消费及污染物排放等所谓的“清洁生产”技术的开发。

2. 催生新兴产业崛起。要建立一系列促进两型社会经济发展法规的出台和政策的实施，促进多种多样的环保产业的兴起。环保产业的最初概念，是指各产业部门对持续减少环境负荷的活动进行经济激励，让带来的经济效果促进环境改善，也就是对环境改善活动提供资源（制品、产品）或服务的事业，是环境改善的原动力。

日本的经验值得借鉴。日本的环境产业经历了从20世纪60年代的“公害防止型”，到70年代的“资源节约型”。到90年代以来的“资源循环型”的变迁。第二次世界大战后日本经济高速发展，到60年代后期出现了严重的公害问题，造成了严重的社会危害和影响。在这种背景下，1967年成立了《公害对策基本法》，后经过多次修改和强化。随着公害防止对策法律的不断完善，促进了以排烟脱硫、脱硝装置，排水处理装置等为主的“公害防止型”环境产业的市场规模迅速扩大。到70年代前叶，公害问题得到很大的改善，但受两次石油危机的影响，经济长期处于低迷状态，节省能源、资源成为社会关注的焦点。此时环境产业以能源、资源短缺的资源节约型为主导。80年代后期，受经济优先主义的影响，经济再次快速发展，大量生产、大量消费、大量废弃的生产、生活方式带来的结果是全球规模的环境问题，1992 年联合国“环境与发展”大会使保护环境成为全世界的共识。1993 年日本制定了《环境基本法》，构筑可持续发展社会成为基本理念。因此，90 年代以后的环境产业是以构筑可持续的循环型社会为目标的循环型环境产业。这个时期的环境产业的特点是渗透到各个产业的各个方面，即所谓的“产业环境化”与“环境产业化”。①

3. 两型社会经济催生新经济产业的诞生。环保领域是许多国家注目的成长领域，不仅有广阔的市场空间，也有诱发新思维、新科技的空间。建立循环经济社会带来的与环境相关产业的发展给经济社会带来的变化是毋庸置疑的。在 OECD（经济合作与发展组织）于 1997 年发表的《环境政策与就业》报告书显示，很多国家将环境关联产业、技术、制品等，不只是用于改善环境，还为了提高环境关联产业的竞争力，并将环境关联产业作为能维持甚至创造就业机会的重要部门，从战略的高度来对待它。②

以先进的环保技术为支撑的环保产业，是两型社会经济结构“绿化”的巨大推动力。环保调和型产品、服务等的大量涌现，从根本上改变了社会生产方式和人们的生活方式，从而使环境负荷最小化、可持续性的发展成为可能。环保产业作为环境保护的基础，在两型社会的形成中起着重要的作用，应该积极发展。环保产业的振兴、发展，不仅以社会经济的可持续发展为目的，而且能发挥着促进武汉城市圈和中部崛起，强化国际国内竞争力，确保就业等作用。实施环境对策，对企业来说一般都会造成额外的费用开支，但是环境对策的实施也可能降低企业的总费用。例如，应环境对策的需要引入高度省能、省资源的设备，刚开始时的确增加设备投资，而省能、省资源设备能降低日常运营费用，从而导致总成本的降低。另外，随着环保技术水平的不断提高，市场规模得到扩大，企业的竞争力不断加强。随着环保技术的发展，先进的环保技术对环保事业作出积极贡献，环境污染将不断下降，不仅降低了工业污染程度，而且发展了低成本、高效益的新型污染治理技术，创造了节约能源和其他资源的全新型低废生产工艺流程，形成一批有竞争力的生产环保设备的企业。环保技术的发展，可以使环保技术和环保设备的市场迅速扩大，制造环保装置企业的生产规模也将增大。

仅从规模上来看，环保关联市场的规模是非常大的。而环保关联产业不仅是环境装置的制造业，还包括范围广泛的再生利用、再利用环保产业，环保咨询等服务业，这些产业今后也有更大增长的可能性。环保产业的发展会带来其他产业的发展。个体的经济活动从原材料的调配、制造、运输、消费，一直到废弃，各个阶段都与众多部门相互联系，因此，某个部门的业务增长会带动其他部门。从

---

① 魏全平、童适平：《日本的循环经济》，上海人民出版社 2006 年版。

② 黄贤金：《循环经济：产业模式与政策体系》，南京大学出版社 2004 年版。

环保产业整体来看，环境关联产业与建设业等其他产业，具有基本相同的生产波及效果和就业波及效果。

为了进一步推动环保产业的增长，并带动整个经济的发展，要积极酝酿新的对策：（1）扩大政府和企业的交流，使政府的政策能更有效地发挥作用；(2）加强环保产业的调查、研究，为政策的制定提供依据；（3）以环保技术为基础，进一步促进环保产品的开发；(4）开拓环保产品的需求市场，谋求环保产品的供给和需求之间的协调发展，绿色采购法的实施就是一个例子；(5）支持各地方环保产业的振兴；(6）将环保产业向国内外拓展，开拓环保产品市场。

这样，环保产业在创造环境负荷最少化的可持续发展社会的同时，将带动新技术的革新和就业机会的创造，有利于确保经济的发展复苏，增强国内外竞争力。

4. 两型社会建设推动传统技术革新。在整个社会向两型社会变革的过程中，技术革新是不可或缺的。为了在从原材料的开采、制造，到产品的加工、组装、流通，到废弃、再生利用的产品整个生命周期中降低环境负荷，需要从技术开发的统合、强化出发，构建新的循环技术体系。为此，减少环境负荷的评估技术，通过产品的经久耐用化而达到减少排出废弃物的技术、有害物质的减量化、再利用技术，物质的再循环利用技术，生产过程中的资源、能源投入最小化的技术，静脉物流的效率化技术等的开发、普及，具有重要的意义。①

两型社会经济应该是构筑在新的产业技术体系上的。从资源的采集制造，到流通、消费，甚至到废弃、回收利用，降低产品生命周期的环境负荷，从而减轻全社会的环境负荷是很重要的。因此不能局限于某个阶段的，或各个阶段的局部努力，而必须从产品的整个生命周期来构筑循环技术体系，并需要从构成循环经济系统的各个阶段展开。具体来说，(1）确立产品生命周期的评估技术。(2）开发控制废弃物产生的技术，包括开发新的基础原材料，性能升级，促进长期使用等技术；进一步开发再利用的技术，包括产品使用寿命预测技术；产品使用跟踪管理技术等。(3）开发再生循环技术，包括原材料的高度分辨技术，易再生循环原材料或产品的开发技术，再生循环制品新用途的开发技术等。(4）资源、能源投入最小化生产技术，包括生产过程中产生的废弃物的再利用技术，不同废弃物的再利用技术等。(5）提高将废弃物的产生，再利用，循环再生利用等连接起来的静脉物流效率的技术。

5. 两型社会建设促进高新技术研发。实现两型社会，必须要实现两个目标：(1）资源有效利用，建设减少废弃物的资源循环型经济；（2）使化学物质环境风险最小化。为了实现这些目标，需要解决的课题很多。如资源循环型经济要求产品省资源、长寿命，要有利修理，有利产品及其零部件的再使用，有利废弃

① 王金南、张吉、杨金田：《环境友好型社会的内涵与实现途径》，载《环境保护》2006年第3期。

物、副产品的循环再利用及适当管理等。而这些课题的解决依赖于各方面技术，特别是各种循环再利用技术的发展。为了从根本上促进循环再利用技术的发展，要制定相关的政策，采取多种措施促进多方面的技术开发，开展相应的技术攻关：如废塑料液化的循环再利用的相关技术；高度循环再利用金属碎屑技术；高效率废弃物发电，充分利用废弃物的燃烧热能源等废弃物循环内利用技术；利用城市垃圾的烧却灰作为水泥原料的技术；废家电、废汽车的处理、循环再利用技术等。

参考文献

[1] 刘盛佳：《关于武汉城市圈理论与实践问题的探讨》，载《华中师范大学学报》2004年第4期。

[2] 余斌、李星明、曾菊新：《武汉城市圈产业发展的空间优化》，载《长江流域资源与环境》2007年第5期。

[3] 张秀山：《中部崛起与武汉城市圈发展》，载《武汉金融》2007年第1期。

[4] 熊华文：《进一步推进节能降耗工作的基本思路和政策重点》，载《宏观经济管理》2007年第10期。

[5] 曾培炎：《加快发展循环经济努力实现可持续发展》，载《宏观经济管理》2007年第1期。

[6] 秦尊文：《城市群的形成机制和演化过程》，吉林人民出版社2004年版。

[7] 马传栋：《论发展循环经济建设资源节约型、环境友好型社会》，载《山东社会科学》2006年第2期。

[8] 马凯：《发展循环经济建设资源节约型和环境友好型社会》，载《求是》2005年第16期。

[9] 魏全平、童适平：《日本的循环经济》，上海人民出版社2006年版。

[10] 黄贤金：《循环经济：产业模式与政策体系》，南京大学出版社2004年版。

[11] 王金南、张吉、杨金田：《环境友好型社会的内涵与实现途径》，载《环境保护》2006年第3期。

（原载《中南财经政法大学研究生学报》2009年第3期，合作者：秦征帆）

农村劳动力迁移与土地流转动态不一致分析

——基于河南省进城务工农村劳动力的调查

农村劳动力迁移和土地流转是中国农业产业化、工业化和城市化进程中必要的过程和必然的趋势，而且二者最终应该相伴同步进行。农村劳动力永久迁移城市才能促使真正的城市化，土地自由流转才能保证农业规模化和专业化经营。目前，中国农村劳动力迁移和土地流转并未完全同步进行，二者呈现了动态不一致性。分析劳动力转移和土地流转的关系及各自影响因素，如何促使二者趋于同步将成为研究城乡统筹发展的重要课题。

国外发达国家城市化过程中劳动力转移与土地流转是基于土地私有化为基础，虽然各国推进的形式不同，但二者最终是同步进行。13 ~ 19 世纪中叶英国的“圈地运动”导致大量农民失去土地和加剧了土地流转速度，随后的工业革命吸引了劳动力大规模转移。“圈地运动”的前期虽然土地流转速度加快，但劳动力并未脱离土地，直至工业革命吸引下劳动力迁移才达到高峰（奇波拉，1998）。法国随着工业革命的展开和进行，劳动力迁移表现为季节性流动，农村劳动力并未积极参与土地流转，直至20 世纪 50 年代中期重视农业发展和土地整治后，城市人口才剧增。发达国家的实践经验说明劳动力迁移和土地流转并非绝对的因果关系，各自有不同影响因素，发达国家通过实施相应的策略和制度变革，促使二者同步进行，最终实现城乡统筹发展。乔根森、托达罗人口迁移理论与张培刚农业发展理论也是将劳动力迁移和农业规模化经营（土地流转）分割开来分析的①。

国内研究很少将劳动力迁移和土地流转结合起来分析，大多文献仅仅分析二者之一的影响因素及提出相关政策建议。少量文献涉及二者关系，认为中国劳动

① 张培刚：《发展经济学教程》，经济科学出版社 2001 年版。

力迁移比土地流转更明显，劳动力流动没有促进土地流转（孙玉娜，2012）①；劳动力转移的行为（距离、时间）对土地流转有显著影响（林善浪，2010）②；劳动力迁移与土地流转具有相互影响的作用（徐红新，2011）；劳动力迁移与土地流转的关系因非农就业动力差异而不同，二者相互作用的关系并不确定（江淑斌、苏群，2012）③。但是缺乏劳动力迁移和土地流转不一致及趋于同步性的研究。

在中国各种制度限定背景下，本文采用理论分析和实证验证结合，拟解决以下问题：农村劳动力迁移与土地流转存在动态不一致的原因？针对不同的迁移和土地流转意愿进行分类，寻求各自的决定因素是什么？将差异化的意愿进行转化，促使迁移和土地流转趋于同步，应采取哪些措施？最后提出结论和政策建议。

一、农村劳动力迁移的决定因素

农村劳动力是否迁移长期居住城市不仅取决于托达罗认为的城乡预期收入差异和就业概率，而且还取决于城乡的预期生活成本差距，即取决于生活在城市和农村的效用差异。假定劳动力具有完全理性，那么劳动力生活在某一区域的效用取决于其在该地的永久收入（M）和预期生活成本（C）。效用函数可以写成 $U=f(M, C)$，用 $U_{城}$ 表示居住城市的效用，$U_{乡}$ 表示居住农村的效用。为了比较的方便，劳动力生活在城市和农村的效用大小可以用下面两个公式代表：

$$U_{城}=\frac{城市永久收入}{城市预期生活成本} \quad U_{乡}=\frac{农村永久收入}{农村预期生活成本}$$

其中城市永久收入指在城市中的暂时性收入和预期收入，预期收入主要由其就业稳定性、教育程度和社会保障收入等因素决定；城市预期生活成本包括日常消费、住房成本（租或者买）、子女教育成本等；农村永久收入指在农村暂时性和预期收入，包括非农和农业收入，预期收入主要与非农就业稳定性、农业经营方式和社会保障收入有关；农村预期生活成本主要有日常消费、住房成本、子女教育成本等。若 $U_{城}>U_{乡}$ 时，农村劳动力迁往城市；若 $U_{城}<U_{乡}$ 时，劳动力则不选择迁往城市。

---

① 孙玉娜、李录堂、薛继亮：《农村劳动力流动、农业发展和中国土地流转》，载《干旱区资源与环境》2012 年第 1 期。

② 林善浪、王健、张锋：《劳动力转移行为对土地流转意愿影响的实证研究》，载《中国土地科学》2010 年第 2 期。

③ 江淑斌、苏群：《农村劳动力非农就业与土地流转——基于动力视角的研究》，载《经济经纬》2012 年第 2 期。

二、土地流转的决定因素

本文在既定的土地产权制度和流转制度条件下分析，农户依然拥有土地流转后的承包权。假定以家庭为决策单位的农户在对土地流转时具有完全理性和土地转入需求无限，那么土地流转与否就取决于自用土地收入与其机会成本的大小。对于一定数量的土地，假设农户自用土地收入为 Y，机会成本包括时间机会成本（主要指农忙时非农收入）P 和地租 R。那么若 $Y > P + R$ 时，农户不愿流转土地，将自己耕种；若 $Y < P + R$，农户将流转土地。这里的农户自用土地收入 Y 与家庭土地面积、经营方式、经营成本有关；时间机会成本与家庭成员农忙时空闲时间和非农收入有关；地租与区域农业经营模式有关，规模化经营的情况下地租较高。

三、劳动力迁移和土地流转行为分类及原因分析

根据劳动力迁移和土地流转的决定因素，可以将劳动力对二者的选择行为分为四类：①永久迁移，土地流转；②永久迁移，土地不流转；③不永久迁移，土地流转；④不永久迁移，土地不流转。四类选择行为的决定条件及原因分析如表 1 所示。

表 1　　农村劳动力迁移与土地流转行为选择分类

农村劳动力行为选择	决定条件	原因分析
①永久迁移，土地流转	$U_{城} > U_{乡}$ $Y < P + R$	收入较高，工作稳定； 自用土地的机会成本较高
②永久迁移，土地不流转	$U_{城} > U_{乡}$ $Y > P + R$	收入较高；工作稳定； 自用土地机会成本较低或土地转入需求不足
③不永久迁移，土地流转	$U_{城} < U_{乡}$ $Y < P + R$	工作稳定，但收入相对于城市生活成本较低； 自用土地机会成本较高或家庭自用土地收入较低
④不永久迁移，土地不流转	$U_{城} < U_{乡}$ $Y > P + R$	工作不稳定，且收入相对于城市生活成本较低；自用土地机会成本较低或家庭自用土地收入较高

第一种情况是农村劳动力选择永久迁移和土地流转，此时他们认为城市生活效用高于农村生活效用，自用土地的机会成本高于自用土地收入。这类劳动力一

般具有较高的教育程度、工作稳定、收入较高，同时家庭自用土地机会成本较高。主要指具有稳定较高收入的家庭，农业收入占家庭收入较低。

第二种情况是农村劳动力选择永久迁移和不流转土地。这类劳动力一般也具有较高教育程度、工作稳定、收入较高，但和第一种情况不同的是自用土地的机会成本较低或土地转入需求不足。主要指有稳定较高的非农收入和迁移距离较近的家庭，而且家庭成员农忙有空闲或者无土地转入需求。当某一区域大量存在这种选择行为是由无土地转入需求导致时，土地会出现撂荒现象。

第三种情况是农村劳动力选择不永久迁移和土地流转，他们认为城市生活成本较高，同时城市收入又高于农村收入，即自用土地机会成本较高。这类劳动力一般具有教育程度较低、工作稳定、收入相对较低，但自用土地的机会成本较高。主要是常年外出打工从事体力劳动，且将来准备返回农村的劳动力。

第四种情况是劳动力不愿意永久迁移和土地不流转，他们认为城市生活效用低于农村生活效用，同时自用土地的机会成本较低。这类劳动力主要指教育程度较低、就业不稳定、收入较低，自用土地的机会成本较低或几乎为零。主要指在非农行业打散工、迁移距离较近的劳动力。

四、二者趋于同步的影响因素分析

上面劳动力对迁移和土地流转不同选择行为中①和④是同步的，②和③是不一致的，但这四种选择行为存在着动态转化的可能性。城市化和农业产业化要求劳动力永久转移和土地流转，也即是劳动力选择行为①。（至于劳动力如何从选择行为①转向放弃农村土地成为完全城市市民，这由制度因素所决定，不属于本文讨论的范畴。）现实的目标是如何将劳动力选择行为②和③向①转化，最终实现劳动力迁移与土地流转同步（见表1）。

劳动力选择行为②与①不同的是其土地不流转，主要原因是自用土地的机会成本较低或无土地转入需求。由于时间机会成本既定，要使选择行为②转向①，只能提高土地地租和增加土地转入需求。地租和土地转入需求都是由土地的产出利润大小决定，只有土地产出利润增加，地租和土地转入需求才能增加。在土地单位收入不变的情况下，只能降低土地经营成本增加土地产出利润，然而降低土地经营成本需要农业走向规模化和专业化经营。

劳动力选择行为③与①不同的是其不愿意永久迁移城市，主要原因是其永久收入相对城市生活成本太低。若使其选择行为转向①，就要提高其永久收入或者降低城市生活成本。那么也只有两种选择：一是对这部分劳动力进行培训，提高其技能，提高其永久收入；二是增加中小城镇（生活成本较低）的就业岗位，提高其城市生活效用。

五、土地周期动态流转机制

通过以上分析可知劳动力选择行为②和③均可向①转化趋于同步性，但需要土地经营方式的改变、对劳动力进行培训教育和增加中小城镇就业岗位。劳动力选择行为④也可以通过上述策略向选择行为③、②和①转化。针对土地流转意愿不同的情况，需要解决地租提高和土地流入需求增加问题，所以本文提出土地周期动态流转机制实现流转行为的转化。

以一自然村为例，假设土地面积不变，无论是否参与土地转移不改变农户承包权，然后根据不同土地流转意愿对全村土地位置区域重新规划，分成 A、B、C 三个区域（如图 1 所示）。

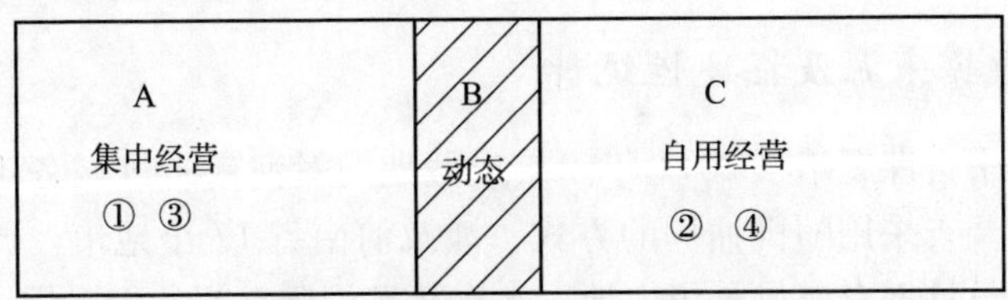

图 1　周期性动态土地流转机制

图 1 中 A 区域代表集中经营土地，C 区域代表自用经营土地，B 区域属于动态调整区域，在一个土地使用周期内 B 区域属于 A 或者属于 C。在前面分析的土地流转选择行为①和③的农户土地可以集中的 A 区域，集中方式可以采用集体租用、土地入股等方式，农户在该区域只有承包权而无土地的清晰位置；选择行为②和④的农户土地集中在 C 区域，依然采取家庭承包方式自用经营和有清晰的土地位置；在一个土地使用周期后 A 和 C 区域农户可以调整他们行为，针对意愿变动敏感的农户土地可以集中于 B 区域。

三个区域的农户土地流转行为均可周期性转化，随着 A 区域的集体经营成本下降，土地地租和土地转入需求也会增加，自用土地机会成本提高，这必然导致区域 C 中选择行为②的农户向选择行为①转化，土地也会向 A 区域集中。通过对农村劳动力培训、增加中小城市就业岗位，提高劳动力城市生活效用，选择行为③的部分农户也将趋于永久迁移城市，另外部分不愿永久迁移的农户可以鼓励其参与土地集中经营。最终的结果是劳动力选择行为②全部转化为①；选择行为③部分转化为①，选择行为③的部分劳动力参与土地集中经营，可增加土地转入需求；选择行为④的劳动力最终将参与土地流转和土地集中经营。

六、研究假设的提出

通过以上的分析，本文提出以下几个有待实证检验的假设。

假设 1：劳动力迁移与土地流转的影响因素存在差异，是二者动态不一致的根本原因；劳动力迁移主要由永久性收入和城市生活成本决定；土地流转主要与自用土地收入和其机会成本有关。

假设 2：土地周期动态流转机制、劳动力培训教育与产业向中小城镇转移是解决问题的有效途径。

七、基于河南省进城务工农村劳动力调查数据的实证分析

（一）数据来源及描述性统计

本文数据来自课题组于 2012 年国庆放假期间对河南省进城务工农村劳动力的问卷调查。调查采用随机抽样的方式，涉及河南省 17 个地市，调查对象为农村外出务工人员且拥有农村承包土地。本次共发放调查问卷 350 份，收回有效问卷 328 份，有效率 93.7%。农村劳动力迁移与土地流转意愿描述性统计如表 2 所示。

表 2　　农村劳动力迁移与土地流转意愿描述性统计交叉表（人数与比例）

		劳动力迁移意愿		合计
		迁移	不迁移	
土地流转意愿	流转	36（11%）	31（9.5%）	67（20.5%）
	不流转	158（48.1%）	103（31.4%）	261（79.5%）
合计		194（59.1%）	134（40.9%）	328（100%）

从上面的样本数据分析结果可以看出（见表 2），其中 189 人存在农村劳动力迁移与土地流转意愿存在不一致性，占整个样本的 57.6%。“愿意迁移，愿意土地流转”的人数只有 36 人，占 11%；“愿意迁移，不愿土地流转”的人数有 158 人，占 48.1%；“不愿意迁移，愿意土地流转”的人数有 31 人，占 9.5%；“不愿迁移，不愿土地流转”的人数 103 人，占 31.4%。从整体上看，“愿意迁移”的劳动力人数仅占 59.1%，“愿意土地流转”的劳动力人数仅占 20.5%。

所以劳动力迁移与土地流转不仅仅存在不一致性，同时还存在动力不足的问题。找出二者的各自的影响因素，促使劳动力对二者选择行为动态转化并趋于一致成为研究的关键。

（二）基于logistic模型的农村劳动力迁移与土地流转影响因素分析

1. 变量选取。本文为了比较分析劳动力迁移与土地流转影响因素，需要建立两个模型。所以两个模型的被解释变量分别为劳动力迁移意愿和土地流转意愿，均为二分类离散变量。劳动力愿意迁移时，被解释变量为“1”；否则为“0”。劳动力愿意土地流转时，被解释变量为“1”；否则为“0”。

为了便于比较，首先对两个模型选择相同的解释变量，然后在分析过程中逐步筛选变量，最终以两个模型解释变量的差异来验证各自影响因素的不同。基于前面的理论分析，两个模型的相同的解释变量从三个方面选择：个体特征、家庭因素、就业与社会因素，具体包含13个变量（见表3）。

表3　　解释变量选取

变量类型	变量名	变量定义
个体特征	性别（SEX）	男=1，女=0
	年龄	
	25~45岁 25岁以下（AGE_1）	参照组 是=1，其他=0
	45岁以上（AGE_2）	是=1，其他=0
	婚姻（MAR）	已婚=1，未婚=0
	教育程度	
	高中（中专、技校）	参照组
	初中及以下（EDU_1）	是=1，其他=0
	大专以上（EDU_2）	是=1，其他=0
家庭因素	是否非农业户口（REG）	是=1，其他=0
	农忙有无闲置劳动力（LAB）	有=1，无=0
	家庭耕地面积（LAN）	按实际耕地面积（亩）
	农业收入占家庭收入比例（AINC）	按实际计算（%）
就业与社会因素	月均务工收入	
	1600~2400元	参照组
	1600元以下（INC_1）	是=1，其他=0
	2400元以上（INC_2）	是=1，其他=0
	从事行业（JOB）	脑力=1，体力=0

续表

变量类型	变量名	变量定义
就业与社会因素	城市社会保障（SEC）	有 =1，无 =0
	迁移就业距离（MIG）	省外 =1，省内 =0
	大中型城市生活成本高（COST）	是 =1，否 =0

2. 模型设定及回归结果。利用一般线性多元回归模型对被解释变量取值为1的概率p设定模型，由于概率p的取值在0~1之间，一般线性回归模型被解释变量取值在$-\infty \sim +\infty$之间。需要对概率P进行非线性转换，由于P与$\frac{P}{1-p}$呈增长一致性，$\frac{P}{1-p}$与$\ln\left(\frac{P}{1-P}\right)$呈增长一致性，所以用$\ln\left(\frac{P}{1-P}\right)$代替概率P。这种转换成为logit转换，经过logit转换后就可以利用一般线性回归模型建立被解释变量与解释变量之间的依存关系，本文模型设定如下：

$$\ln\left(\frac{P}{1-P}\right) = \beta_0 + \beta_1 SEX + \beta_2 AGE_1 + \beta_3 AGE_2 + \beta_4 MAR + \beta_5 EDU_1 + \beta_6 EDU_2 + \beta_7 REG$$

由于 $P + \beta_8 LAB + \beta_9 LAN + \beta_{10} AINC + \beta_{11} INC_1 + \beta_{12} INC_2 + \beta_{13} JOB + \beta_{14} SEC + \beta_{15} MIG + \beta_{16} COST$ 与 $\ln\left(\frac{P}{1-P}\right)$呈正向关系，模型中解释变量增加时，确实能导致概率P的增加（或减少），但这种增加（或减少）的幅度是非线性。应用中需要考察的是解释变量给发生比$\frac{P}{1-p}$带来的变化。将模型两边取e得指数可以得到：$\frac{P}{1-p} = \exp(\beta_0 + \beta_i x_i)$，这里$\beta_i x_i$代表模型中参数与解释变量之积。这就表明当其他解释变量不变时，x_i每增加一单位将引起发生比变化（扩大或缩小）$\exp(\beta_i)$倍。

本文分别对被解释变量迁移意愿和土地流转意愿作两次logistic回归分析。采用向后筛选策略（Backward：Wald）对河南省进城务工农村劳动力的328个样本数据进行分析，变量剔除方程的依据是Wald统计量。具体分析结果见表4。

表4　　劳动力迁移与土地流转意愿的logistic回归分析比较

变量	迁移意愿为被解释变量			土地流转意愿为被解释变量		
	B	sig	Exp(B)	B	sig	Exp(B)
常数项	2.57	0.00	13.07	-1.20	0.18	0.30
性别（SEX）	—	—	—	—	—	—

续表

变量	迁移意愿为被解释变量			土地流转意愿为被解释变量		
	B	sig	Exp(B)	B	sig	Exp(B)
年龄≤25 岁（AGE_1）	—	—	—	—	—	—
年龄≥45 岁（AGE_2）	—	—	—	—	—	—
婚姻（MAR）	—	—	—	—	—	—
初中及以下（EDU_1）	-1.36	0.00	0.25	—	—	—
大专以上（EDU_2）	1.16	0.00	3.19	—	—	—
是否非农业户口（reg）	0.93	0.02	2.54	—	—	—
农忙闲置劳动力（LAB）	—	—	—	-2.05	0.00	0.13
家庭耕地面积（LAN）	-0.80	0.08	0.44	-1.09	0.01	0.34
农业收入比例（AINC）	-3.67	0.00	0.03	-4.17	0.01	0.02
收入≤1600 元（INC_1）	-0.74	0.02	0.48	0.87	0.73	2.39
收入≥2400 元（INC_2）	-0.28	0.46	0.76	1.33	0.07	3.78
从事行业（JOB）	1.41	0.00	4.10	—	—	—
城市社会保障（SEC）	0.749	0.02	2.11	—	—	—
迁移就业距离（MIG）	—	—	—	0.88	0.02	2.41
城市生活成本（COST）	-1.56	0.00	0.21	-1.71	0.00	0.18
-2 Log likelihood	117.56			107.19		
Cox&snell R Square	0.296			0.250		
Nagelkerke R Square	0.463			0.450		

表中 B、sig、Exp(B) 分别代表模型估计的变量系数、Wald 检验的显著概率、发生比率，变量的这三个值若为“—”代表未进入所选择的模型。根据 -2 Log likelihood、Cox&snell R Square 和 Nagelkerke R Square 检验值，所选择的两个模型拟合优度较好，且两个模型预测正确率分别为 78.1% 和 83.7%，说明两个模型具有统计学意义，可以接受。

（三）结果分析

估计结果显示性别、年龄和婚姻解释变量均未进去两个选择模型，其中年龄未进入的原因可能为样本中 45 岁以下劳动力比例较高。

以劳动力迁移意愿为被解释变量的模型中进入的解释变量有教育程度、是否非农业户口、家庭耕地面积、农业收入所占比例、月务工收入、从事行业、城市社会保障和城市生活成本（见表4）。其中与月务工收入在1600～2400元的劳动力相比，月收入低于1600元的劳动力迁移意愿发生比率要低52%，月收入高于2400元的劳动力迁移意愿差异不显著，这说明当前收入减少会降低迁移意愿，提高当前收入并未促进迁移意愿增加。估计结果显示较高的教育程度、非农户口、从事脑力劳动和有城市社会保障显著增加劳动力迁移意愿，较低的教育程度、农业耕地较多、农业收入比重较高和城市生活成本较高会显著降低劳动力迁移意愿。这就验证了劳动力迁移行为选择与其在城市的永久收入和城市生活成本有关，较高教育程度、从事脑力劳动和有城市社会保障意味着增加了劳动力在城市的高永久性收入，较高的农业收入比重意味着其较低的城市永久收入。

以土地流转意愿为被解释变量的模型中进入的解释变量有农忙闲置劳动力、家庭耕地面积、农业收入比例、月务工收入、迁移距离和城市生活成本。其中与月务工收入在1600～2400元的劳动力相比，月收入低于1600元的土地流转意愿差异不显著，月收入高于2400元的土地流转意愿是其3.77倍，这说明月务工收入高到一定水平能显著提高劳动力土地流转意愿。估计结果显示农忙有闲置劳动力、较多家庭耕地面积、较高农业收入比例和较高城市生活成本显著降低土地流转意愿，较高务工收入和较远迁移距离能显著提高土地流转意愿。这就验证了农村劳动力土地流转行为选择与自用土地收入和其机会成本有关，农忙有闲置劳动力、较多家庭耕地面积和较高农业收入比例意味着自用土地收入较高和其机会成本较低，较高务工收入和较远迁移距离意味着土地自用机会成本较高。

比较两个模型估计结果发现劳动力迁移与土地流转行为选择的影响因素存在差异性，教育程度、从事行业和城市社会保障只影响劳动力迁移行为，农忙有无闲置劳动力和迁移距离只影响土地流转意愿。这些影响因素的动态变化会导致劳动力迁移与土地流转的不一致性，同时也可以促使选择行为动态变化趋于同步。结合二者相同影响因素可以得出提高劳动力永久收入和降低城市生活成本可以促进劳动力迁移，提高土地自用机会成本可以促进土地流转。土地周期动态流转机制、劳动力培训教育与产业向中小城镇转移等途径可以促使劳动力迁移与土地流转意愿趋于同步。

八、解决途径的可行性性分析

实施土地周期流转机制可以提高农业经营规模化程度，提高土地地租，提高土地自用机会成本，但关键问题是需要部分农村劳动力将土地交予集体经营。调查数据显示，328个调查对象中有165个农村劳动力愿意将土地交予集体经营，占到50.3%，随着地租的提高这一比例也将会越来越高。但他们担心土地收益透明、分配公平、土地管理及监督等问题。

加强劳动力培训教育可以提高其在城市的永久性收入和提高自用土地机会成本。调查数据显示，进城务工农村劳动力中无一技之长者占29%，自学技能比例为40%，希望社会提供培训机会的比例为82%。这说明劳动力对培训需求较高，社会提供培训机会较少。

产业向中小城镇转移可以增加农村劳动力就业和降低城市生活成本。调查数据显示农村劳动力将来打算回乡就业的比例占57.9%，认为在本地找工作比较困难的比例有67.9%。近年来中部地区承接产业梯度进程加快，同时劳动力本地就业具有低成本比较优势（蔡昉，2009）①，那么产业向中小城镇转移就具有可行性。但要想促使产业转移和劳动力迁移趋向于中小城镇，还需要完善中小城镇的基础设施。

九、结论与政策建议

基于以上分析可以得出以下结论：（1）农村劳动力与土地流转存在动态不一致性，二者影响因素存在差异；（2）通过提高土地自用机会成本，增加城市永久收入和降低城市生活成本，可以促使二者趋于同步；（3）实施土地周期流转机制、加强劳动力培训教育和产业向中小城镇转移可以作为解决问题的有效途径。

针对以上结论，提出以下政策建议：（1）政府应发挥服务职能，组织土地集中规划，制定利益分配、土地管理与监督等制度，探索土地规模经营方式；（2）逐步完善城乡户口制度和社会保障制度，有利于降低农村劳动力城市生活成本和增加其预期永久性收入；（3）建立信息化阶梯式培训机制，将劳动力培训需求和市场岗位供给建立关联数据库，同时跟踪调查劳动力培训效果及就业状况，根据信息反馈对劳动力进行分类和开展后期持续性培训；（4）完善中小城镇的教育设施、医疗设施、交通等基础设施，促使产业转移和劳动力迁移。

参考文献

[1] 高铁梅：《计量经济分析方法与建模》，清华大学出版社2009年版。

[2] 李明艳：《农村劳动力转移对农地利用率的影响研究》，社会科学文献出版社2012年版。

[3] 林善浪、王健、张锋：《劳动力转移行为对土地流转意愿影响的实证研究》，载《中

① 蔡昉、王德文、曲玥：《中国产业升级的大国雁阵模型分析》，载《经济研究》2009年第2期。

国土地科学》2010 年第 2 期。

[4] 梅建明、陈秀华:《农村剩余劳动力转移与农地制度再创新》，载《财经研究》2006 年第 6 期。

[5] 秦立建、张妮妮、蒋中一:《土地细碎化、劳动力转移与中国农户粮食生产——基于安徽生的调查》，载《农业技术经济》2011 年第 11 期。

[6] 孙玉娜、李录堂、薛继亮:《农村劳动力流动、农业发展和中国土地流转》，载《干旱区资源与环境》2012 年第 1 期。

[7] 王勇辉:《农村城镇化与城乡统筹的国际比较》，中国社会科学出版社 2011 年版。

[8] 谢童伟、张锦华、吴方卫:《教育与人口迁移相互影响的实证分析——基于 2004 ~ 2008 年 31 个省的面板数据》，载《上海财经大学学报》2011 年第 2 期。

[9] 游和远、吴次芳:《农地流转、禀赋依赖与农村劳动力转移》，载《管理世界》2010 年第 3 期。

[10] 张良悦、刘东:《农村劳动力转移与土地保障权转让及土地的有效利用》，载《中国人口科学》2008 年第 2 期。

[11] 张培刚:《发展经济学教程》，经济科学出版社 2001 年版。

[12] 张务伟、张福明、杨学成:《农业富余劳动力转移程度与其土地处置方式的关系》，载《中国农村经济》2009 年第 3 期。

[13] 邱长生、张成君、沈忠明、刘定祥:《农村劳动力转移与土地流转关系的理论分析》，载《农村经济》2008 年第 12 期。

[14] 江淑斌、苏群:《农村劳动力非农就业与土地流转——基于动力视角的研究》，载《经济经纬》2012 年第 2 期。

[15] 蔡昉、王德文、曲玥:《中国产业升级的大国雁阵模型分析》，载《经济研究》2009 年第 2 期。

[16] Du Yuneng, 1951: The Development of Chinese Agricultural Land Transfer System: Transaction, Oncentration and Commercialization, Journal of Agricultural Science, Vol. 3, No. 3.

（原载《西北人口》2013 年第 5 期，合作者：陈中伟）

城郊失地农民城市适应性差的影响因素

一、农村劳动力外流对农业规模经营发展的积极性影响

城市化是一个国家或地区实现人口、财富、技术和服务集聚的过程，同时也是生活方式、生产方式、组织方式和传统方式转变的过程。近年来，随着“三化两型”的协调推进，河南省进行了较大规模的行政区划调整，城市建成区面积持续扩大，城市规模等级进一步优化，全省城市化水平以每年1~2个百分点的速度快速推进，预计到2015年全省城镇化率将达到48%。目前河南省共有失地农民300多万人①。这些失地农民不仅在征地过程中受到征地范围宽、征地补偿少、征地程序不规范等侵害，而且进入城市后往往生活无着落，可持续生计缺乏保障，许多人成为“三无”游民，难以融入市民社会②，失地农民城市适应性问题已演变成群体风险问题③。

由于失地农民多半属于被动城市化，被迫从传统的农业生产方式中、从相识的农村熟人社区中剥离出来，导致其制度身份的转变并未及时带来身份认同的转变。同时由于其劳动技能普遍偏低、反映现代维度的业缘关系网络尚未完全建立，在市民化过程中缺乏必要的心理过渡与调适，导致失地农民在城市生活中诸多不适应。因此，他们能否在失去土地后尽快融入城市、适应城市生产和生活，是一个极为现实的问题。

城市化在社会空间上表现为城市对传统农村社区的接替，在社会主体层面上直接表现为农民身份向市民身份的嬗变和转型④。农民的市民化，广义上说，即

---

① 林宪斋：《2009年河南社会形势分析与预测》，社会科学文献出版社2009年版。

② 钱忠好：《中国农村土地制度变迁和创新研究》，中国农业出版社2010年版。

③ 陈会广、欧名豪、张潇琳：《被征地农民及其社会保障：文献评论与今后公共政策选择》，载《中国土地科学》2009年第2期。

④ 郁晓辉、张海波：《失地农民的社会认同与社会建构》，载《中国农村观察》2006年第1期。

农民向市民的转化过程，既包括职业身份由农业向非农职业的转变，居住空间由农村向城市的迁移，同时还包括各种社会关系的重构、对城市社会生活的再适应以及社会文化属性与角色内涵的转型等多重内容[①]。从本质上讲，城市化进程就是农民变为市民的过程，这个过程强调的是农村人口的迁移，而并非城市边界的扩张。

失地农民的城市适应性是一项复杂的社会系统工程，是农民角色群体向市民角色群体的整体转型过程。由于失地农民特殊的时空记忆和时空转换而导致的社会建构，使得失地农民表现出“身份角色的错位性认同、土地情节的鸡肋性认同、经济生活的剥夺性认同和制度环境的失衡性认同”[②]。从社会空间的视角看，空间的变动对于失地农民的身份认同有着剧烈的冲击。失地农民身份认同危机主要是城乡结合部物理生存空间、社会交往空间和经济生产空间失序所导致的[③]。

人力资本是指蕴含于人体之中的各种生产知识与技能的存量总和。巴罗（Barro）指出，就业能力与人力资本有关。阚春萍等认为，人力资本投资有助于提高失地农民的素质，增强失地农民非农就业的选择能力和非农就业的稳定性[④]。舒尔茨（Schul tz）的研究也表明，具有较高人力资本的劳动力在城市劳动力市场上往往能够获得更好的就业机会和更高的收入[⑤]。人力资本能够显著提升农民在城市劳动力市场上的工资水平[⑥]。

社会资本是一种嵌入于个体行动者社会网络中的资源，它能够帮助行动者获得更多更好的外部资源，通过推动协作提高物质资本和人力资本的投资收益[⑦]。个人的社会网络规模越大、异质性越强，其社会资本就越丰富；个人从社会网络摄取的资源越多，其社会资本就越多。科尔曼（Cole-man）把社会资本和人力资本联系起来，并认为社会资本是积累人力资本的条件。拥有较多社会资本的人往往更容易获得好处和成功。伯特（Burt）认为，社会资本能够增加获得使用金融和人力资本的机会[⑧]。而且社会资本对失地农民进入城市生活后的健康水平和幸

---

① 文军：《农民市民化：从农民到市民的角色转型》，载《华东师范大学学报》2004 年第 5 期。

② 郁晓辉、张海波：《失地农民的社会认同与社会建构》，载《中国农村观察》2006 年第 1 期。

③ 崔波、李开宇、高万辉：《城乡结合部失地农民身份认同：社会空间视角》，载《经济经纬》2010 年第 6 期。

④ 阚春萍、许文兴、周毕芬：《人力资本投资与农村劳动力非农就业转移的理论思考》，载《福建农林大学学报（哲学社会科学版）》2009 年第 4 版。

⑤ Schultz，T. Z，1961：Investment in Human Capital，American Economic Review，No. 1.

⑥ 明娟、张建武：《人力资本积累、搜寻渠道与农民工资水平——基于微观调查数据的区间回归分析》，载《西北人口》2011 年第 3 期。

⑦ Putnam，R. D.，2001：Bowling Alone：The Collapse and Revival of American Community，New York：Simon & Schuster.

⑧ Burt，R.，1992：Structure Holes，Cambridge：Harvard University Press.

福感起着正向的促进作用[①]。

已有的大量研究表明，失地农民多半属于被动城市化，制度身份的转变并未及时带来自我身份认同的转变，在市民化过程中缺乏必要的心理过渡与调适，导致了失地农民在城市生活中的诸多不适应，延缓了农民市民化的进程[②]。个人的人力资本积累是其劳动力市场收益的重要决定因素，具有较高人力资本的农民会带来更多社会财富和个人收入的增长；社会资本对工资性收入的形成也有着直接影响，受到众多专家和学者的关注[③]。既有的研究成果分别从三个独立的视角剖析了身份认同、人力资本和社会资本对失地农民城市适应性的影响，但没有考察三者共同作用条件下对失地农民市民化的影响。本文采用2012年郑州市金水区、二七区、管城区、中原区、惠济区失地农民的随机抽样调查数据，实证分析了失地农民的城市适应性与身份认同、人力资本、社会资本之间的关系，解析失地农民如何实现城市化的自我身份认同，在人力资本和社会资本共同作用下如何提高其城市适应性，并提出相应的政策建议。

考虑到不同方位的城郊农村因为与城市发展的密切程度不同，从而在城市化和市民化的具体过程中存在一定的异质性，因此，本文以郑州市城郊东、南、西、北四个方向的5镇10村为对象进行深入调查，共发放问卷350份，回收有效问卷328份。调查过程中还针对40户城郊农村居民进行了深入访谈，为更真实、准确地把握调查对象的情况提供了有效参照。

样本构成中，男性受访者共180人，占样本总数的54.88%；女性148人，占样本总数的45.12%。年龄层次方面，失地农民在41~50岁之间的所占比例最高，为25.61%；31~40岁与51~60岁的所占比例大致相当，分别为23.17%和23.48%；而年龄在40岁以上、60岁以下的所占比例约为49.09%，几乎占到样本总数的一半。调查样本的文化程度以初中居多，占样本总数的75.8%，小学及以下文化程度的比例占样本总数的9.2%，高中及以上文化程度的占样本总数的15%。

二、身份认同、人力资本、社会资本与失地农民的城市适应性

（一）身份认同与失地农民城市适应性

在总体考量失地农民城市适应性时，失地农民对自己目前身份的认知是一个

---

① 吴丽、杨保杰、吴次芳：《失地农民健康、幸福感与社会资本关系实证研究》，载《农业经济问题》2009年第2期。

② 李飞、钟涨宝：《城市化进程中失地农民的社会交往研究》，载《农村经济》2011年第4期。

③ 蒋乃华、黄春燕：《人力资本、社会资本与农户工资性收入》，载《农业经济问题》2006年第11期。

重要指标。失地农民在城市适应性与现代性的被动获得中，由土地丧失引发职业角色的缺位，从而引发身份认同危机。身份认同是衡量个体融入主体社会程度的一个标志，没有对身份的认同，社会角色意识就会缺位，也就没有与社会角色相适应的行为①。为从总体上考量失地农民的城市适应性，本文除选用身份认同这一指标外，还选用失地农民的交往人群意向和与城里人交往的态度进行辅助分析。如果失地农民进入城市后能够认同自己的城市人身份、愿意积极地与城里人交往，则表明失地农民的城市适应性强，反之表明失地农民的城市适应性差。

由表1可看出，在“是否认同自己已是城市人”的回答中，只有9.54%的失地农民认为自己已经是城市人，24.23%的失地农民仍然倾向于农民身份，47.87%的失地农民认为自己介于农村人和城市人之间。这表明，将近一半的失地农民对自己的身份认同处于模糊状态，城市“边缘人”特征较为明显②。在“交往人群意向”中，只有3.96%的失地农民愿意与城里人交往。75%的失地农民交往局限于同村村民或亲戚。这表明失地农民社会交往半径狭小，社会结构均以地缘、亲缘等个人纽带为基础，人际关系主要是亲族和邻里，靠传统习俗维系着人们的社会关系。

表1　失地农民的城市适应性

	身份认同		交往人群意向		与城里人交往的态度	
	频数	百分比（%）	频数	百分比（%）	频数	百分比（%）
A	31	9.45	13	3.96	28	8.54
B	38	11.59	60	18.29	138	42.07
C	80	24.39	138	42.07	121	36.89
D	157	47.87	108	32.93	29	8.84
E	22	6.70	9	2.75	12	3.66
合计	328	100	328	100	328	100

注：“身份认同”题项中A、B、C、D、E分别表示“城市人”“城市里的二等人”“农村人”“介于两者之间”“不好说”；“交往人群意向”题项中A、B、C、D、E分别表示“城里人、干部”“同事”“同村村民”“亲戚”“其他”；“与城里人交往的态度”题项中A、B、C、D、E分别表示“非常不愿意”“不太愿意”“一般”“比较愿意”“非常愿意”。

在被问及对城市生活的适应性时，43.6%的人认为自己“不能适应”，15.24%人回答“不知道”，41.16%的人认为自己“能够适应”。觉得不能适应城市

① 刘杰、王星：《从隔离走向融合：失地农民社群隔离现象的破解——以长春市为例》，载《甘肃行政学院学报》2010年第4期。

② 韩丹：《失地农民的身份认同与城市适应》，载《社会科学辑刊》2011年第2期。

生活的主要原因是："经济能力有限"（75.3%），"城里人难相处"（12.8%），"生活不习惯"（53.6%），"缺少人际关系，感情孤独"（45.1%），"思维方式不同"（2.4%），"工作太辛苦且不稳定"（10.5%）。可以看出，城郊农民对于突然而至的城市化，其态度和心情是复杂的，既心存希望，又满怀担忧。他们希望主动融入城市社会，提高自己的生活质量，让子女接受更好的教育，但他们对于自己能否适应城市生活充满担忧。

调查表明，失地农民固然已开始被动进入城市物理空间，但依然是城市边缘人。对城市的认同感仍未完全实现，在生产方式、生活方式和文化价值观念上也尚未与城市社会实现同构，在社会心理、社会情感上与城市存在隔阂、分裂和矛盾。从某种程度上说，其城市化过程远未完成。

（二）人力资本与失地农民的城市适应性

人力资本影响失地农民进入城市后获得非农就业的机会、就业的选择能力以及就业的稳定性，而失地农民人力资本的高低又取决于其受教育程度、通过培训获得的技术以及"干中学"累积的经验。奇西克（Chiswick）和博加斯（Borjas）的研究表明，教育水平、专业技能培训、工作经验和其他劳动技能等人力资本对劳动者能否在经济上取得成功至关重要①②。周其仁在对北京、深圳、苏州和武汉4个城市的调查中发现，高中及以上文化程度农民工的平均收入比一般人员高8%~9%，初中文化程度的农民工与小学及以下程度的农民工收入几乎没有差别③。目前，一个城市劳动力的平均受教育年限是2年，一个农村劳动力的平均受教育年限是7.7年，两者相差4.5年④。也就是说，平均一个失地农民大约需要再接受4.5年的教育培训，其劳动就业能力才可以等同于一个城市劳动者。失地农民要想在城市中实现非农就业，就必须具有较高的人力资本，通过培训等手段掌握城市化、工业化所需要的知识和技能。

由表2可知，高达85%的失地农民只有初中及以下文化程度，高达93.6%的农民失地后没有培训经历，但表现出较强的培训意向，愿意培训的多达92.8%。由本次调查数据可知，失地农民的自身素质与岗位技能要求之间有明显的差距，已就业的失地农民中约有3/4没有非农技能，1/3以上没有岗位技能等级（见表2）。调查还发现，很多失地农民从不去人才市场找工作，原因竟然是

① Chiswick B. R. The Effect of Americanization on the Earnings of Foreign-born Men，Journal of Political Economy，No. 5.

② Borjas G. J. 1987：Self-selection and the Earnings of Immigrants，American Economic Review，No. 3.

③ 周其仁：《机会与能力：中国农村劳动力的就业和流动》，载《管理世界》1997年第5期。

④ 蔡昉、王德文：《比较优势差异、变化及其对地区差距的影响》，载《中国社会科学》2002年第5期。

不会填应聘表，在目前大学毕业生就业普遍困难的大背景下，失地农民的人力资本短缺凸显，将更加难以获得就业机会。

表 2　　失地农民职业技能情况

学历	百分比（%）	岗位技能等级	百分比（%）	培训经历	百分比（%）	培训意向	百分比（%）
小学及以下	9.2	无等级	35.6	很多	2.1	不愿意	2.6
初中	75.8	初级	41	较多	4.3	不太愿意	5.6
高中或中专	14.6	中级	23.4	完全没有	45.7	基本愿意	42.1
大专及以上	0.4	高级	0.1	有一点，极少	47.9	非常愿意	49.7
合计	100	合计	100	合计	100	合计	100

图 1 表明调查对象的文化程度越高则收入越高。初中以下、初中、初中以上文化程度的调查对象平均月收入分别为 632.75 元、973.38 元、1238.14 元，呈明显的递增趋势。这表明，随着文化程度的增加，低收入调查对象所占的比重在减少，高收入调查对象所占的比重在增加。在失地农民的个体特征中，文化程度和年龄对其城市适应性有明显影响，而性别和婚姻状况则没有明显影响。文化程度越高，其相应的谋生能力就越强，收入就越高，就越能理解和接受城市文化，也就越容易融入城市。年龄越大、农村生活经历越长、乡土眷恋越浓，城市适应性就越差。

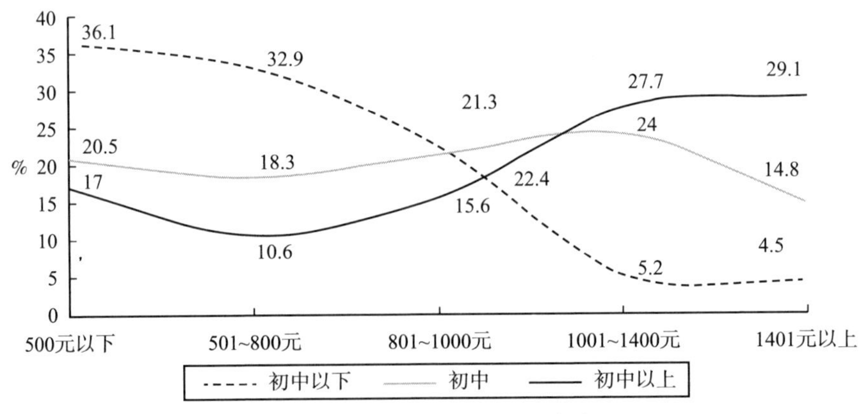

图 1　失地农民收入的文化程度差异

（三）社会资本与失地农民城市适应性

失地农民的社会资本主要集中在以亲缘、地缘、血缘“三缘关系网络”为纽带的社会关系网络中。可以通过业缘关系网络、财务网络和政府推动网络度量。从失地农民的网络规模、网络密度和网络异质性上看，其可利用的社会资本质量较低、异质性较差，网络结构也呈现典型的两极分化①。失地农民存在文化边缘性特征，这降低了他们对城市的适应和认同。为帮助失地农民融入城市，需要扩充一个以业缘关系为基础的初级关系网络。要改善失地农民社会资本匮乏和质量低下的状况，就亟须构建一个失地农民社会资本的积累和形成机制。失地农民社会支持网的总体特点为：规模小、密度高、趋同性强、异质性差②。这说明失地农民的网络仍然没有突破以血缘、地缘为纽带的传统网络边界，面临着将原始社会资本转换为新型社会资本的任务。

从表3可以看出失地农民很少或不与原市民交往的原因主要是：彼此没有共同话题，感觉没有必要交往，同时也不知道如何相处。这说明失地农民的交往圈子主要局限于内部，有很强的封闭性，与原市民的圈子交叉很少。在传统乡村社会，人们之间的关系纽带表现出强连带的特征③，与亲戚、邻里和原村人交往是失地农民最重要的交往关系④。正是这种交往圈的隔离，使失地农民感觉没有必要同时也不知道怎么与城市市民交往。要真正让失地农民融入城市社会，享受现代文明的益处，就必须打破这种农民社会网络和城市居民社会网络分离的局面。因此，失地农民能否顺利融入城市社会的首要问题是他们能否被城市居民所认可和接纳。这说明农村文明与城市文明的融合是通过微观层面人与人之间的互动关系实现的，失地农民社会身份的实质性转变还要依赖于现实的社会关系转变。

表3　　失地农民很少或不与原市民进行交往的原因

	人数（人）	百分比（%）		人数（人）	百分比（%）
感觉城市人不好相处	42	12.8	没有必要和他们交往	73	22.26
没有什么共同话题	94	28.68	不去市里，不经常出门	7	2.13

① 刘传江、周玲：《社会资本与农民工的城市融合》，载《人口研究》2004年第9期。

② 童星：《交往、适应与融合：一项关于流动农民和失地农民的比较研究》，社会科学文献出版社2010年版。

③ 袁小平、吕益贤：《关系网络与中国乡村社会关系变迁》，载《安徽农业科学》2008年第3期。

④ 沈关宝、李耀峰：《络中的蜕变：失地农民的社会网络与市民化关系探析》，载《复旦学报（社会科学版）》2010年第2期。

续表

	人数（人）	百分比（%）		人数（人）	百分比（%）
觉得城市人看不起自己	54	16.45	陌生，不认识	6	1.83
不知道怎样跟他们交往	47	14.33	接触不到，交往机会少	5	1.52
合计	328	100			

失地农民的社会网络规模平均为2.06人，亲属网络规模平均为1.36人非亲属关系网络规模平均为0.81人；平均网络密度是0.68，其中成员间不认识的比例为12%，相互熟悉的有42%；在性别、文化程度、户口、职业、年龄和身份等指标上，异质性指数分别为0.31、0.35、0.16、0.32、7.19、0.32。这表明，失地农民的社会网络是一个规模偏小、关系比较密切、异质性程度较低的网络。从“社会资本来源于其社会网络中的资源”这一角度而言，失地农民的社会资本量受到其网络资源的限制。在关系构成方面，失地农民网络中亲属的比例占到65%，这意味着亲属基本是失地农民社会资本的主要来源。失地农民的社会交往网络主要在当地，是与自己同质性较高的群体，他们的交往圈子相对于市民来说仍然是封闭的，是一个聚居在城市郊区的自己的社区，如郑州市索凌路的西史赵社区。地缘基础上的熟人圈是这个社区的明显特征，无论是找朋友或熟人聊天，还是打牌、打麻将，都是以本村或者附近的熟人为主。反映现代维度的业缘关系网络更是没有得到充分构建。

三、农村劳动力外流与农业规模经营的对策建议

只有当失地农民拥有较高的为城市生存所需的人力资本和社会资本时，失地农民才能增强自身的就业能力，才能在认知以及行为上逐步适应城市生活。郑州市城郊失地农民较差的城市适应性表明，失地农民存在城市市民角色缺位、人力资本短缺、适应城市生活的社会资本尚未充分构建等问题。

（一）市民角色缺位

失地农民以土地为衣食的农民职业角色已形成了他们身份认同的基础，其原有身份认同沉淀下来的历史记忆会影响他们对现有身份的认同。在城乡二元结构的社会背景下，失地农民的制度性身份虽然发生了改变，但他们不享有与市民同等的待遇，缺乏在城市生活的基础，他们是失去“根”的农民，又是缺少城市社会保障的市民，这加剧了其身份认同判断的模糊性。

（二）人力资本短缺

人力资本的高低与失地农民能否在城市中顺利实现就业、择业和创业存在正相关关系，与失地农民的城市适应性也存在正向关系。被调查失地农民的人力资本不高，市民化后难以获得更多更好的就业机会，当然就无法获得较高的经济收入以适应城市生活。

（三）人际关系网络的同质化倾向

调查显示，当前在郑州市的城郊农村，人际交往对象的同质性仍然较强，多数人日常交往的对象还是以本村的熟人、邻里或者同学为主。这种同质化的强关系网络，一方面能够给城郊农民在剧烈的社会变迁面前提供某种心理的依赖和情感的归属，但同时也会局限他们的视野，尤其是信息的来源，从而在一定程度上阻碍他们融入城市的进程①。

（四）城郊农民市民化是一种外生型的市民化

城郊农民的市民化程度和水平与周边经济的发展速度有关。城市化水平越高，市民化进程就越快②。在发展相对落后的郑州市西南郊的侯寨乡和马寨镇，许多农民的生活水平、生活方式以及对于郑州市的融入程度明显落后于郑州市东郊和北郊的农民。

失地农民能否尽快融入城市并非完全是失地农民的个体行为，政府应发挥主导作用。首先，应帮助失地农民建立合乎理性的身份认同，通过户籍制度、社区管理，重构失地农民的社会空间秩序。其次，应加强对失地农民的帮扶力度，在资金扶持、住房保障、收入分配、技能培训、医疗和养老服务等方面提供全方位、高质量的社会服务。在场地、资金、组织等多方面加大投入力度，对失地农民进行覆盖面更广、更有针对性的职业培训，以提高其就业的竞争力，尽可能减少失地农民人力资本低造成的独特的失地农民结构性失业。再次，积极推进社会保障体系建设，赋予失地农民与城市居民同样的社会保障待遇，解决失地农民的后顾之忧，使其安心在城市扎根发展。最后，针对失地农民社会资本缺乏、求职困难的特点，应建立专门的职业介绍、技能培训等社会服务机构，或以税费优惠等方式鼓励失地农民创业，帮助失地农民扩展社会网络关系，使其能更好地融入城市、适应城市。

---

① 范会芳：《郑州市城郊农民市民化问题研究》，载《华北水利水电学院学报（社会科学版）》2009年第4期。

② 范会芳：《城郊农民市民化：进展、阻碍与出路》，载《河南工业大学学报（社会科学版）》2009年第9期。

参考文献

[1] 林宪斋:《2009 年河南社会形势分析与预测》,社会科学文献出版社 2009 年版。

[2] 钱忠好:《中国农村土地制度变迁和创新研究》,中国农业出版社 2010 年版。

[3] 陈会广、欧名豪、张潇琳:《被征地农民及其社会保障:文献评论与今后公共政策选择》,载《中国土地科学》2009 年第 2 期。

[4] 郁晓辉、张海波:《失地农民的社会认同与社会建构》,载《中国农村观察》2006 年第 1 期。

[5] 文军:《农民市民化:从农民到市民的角色转型》,载《华东师范大学学报》2004 年第 5 期。

[6] 崔波、李开宇、高万辉:《城乡结合部失地农民身份认同:社会空间视角》,载《经济经纬》2010 年第 6 期。

[7] 阚春萍、许文兴、周毕芬:《人力资本投资与农村劳动力非农就业转移的理论思考》,载《福建农林大学学报(哲学社会科学版)》2009 年第 4 版。

[8] Schultz, T. Z, 1961: Investment in Human Capital, American Economic Review, No. 1.

[9] 明娟、张建武:《人力资本积累、搜寻渠道与农民工资水平——基于微观调查数据的区间回归分析》,载《西北人口》2011 年第 3 期。

[10] Putnam, R. D., 2001: Bowling Alone: The Collapse and Revival of American Community, New York: Simon & Schuster.

[11] Burt, R., 1992: Structure Holes, Cambridge: Harvard University Press.

[12] 吴丽、杨保杰、吴次芳:《失地农民健康、幸福感与社会资本关系实证研究》,载《农业经济问题》2009 年第 2 期。

[13] 李飞、钟涨宝:《城市化进程中失地农民的社会交往研究》,载《农村经济》2011 年第 4 期。

[14] 蒋乃华、黄春燕:《人力资本、社会资本与农户工资性收入》,载《农业经济问题》2006 年第 11 期。

[15] 刘杰、王星:《从隔离走向融合:失地农民社群隔离现象的破解——以长春市为例》,载《甘肃行政学院学报》2010 年第 4 期。

[16] 韩丹:《失地农民的身份认同与城市适应》,载《社会科学辑刊》2011 年第 2 期。

[17] Chiswick B. R., 1986: The Effect of Americanization on the Earnings of Foreign-born Men, Journal of Political Economy, No. 5.

[18] Borjas G. J, 1987: Self-selection and the Earnings of Immigrants, American Economic Review, No. 3.

[19] 周其仁:《机会与能力:中国农村劳动力的就业和流动》,载《管理世界》1997 年第 5 期。

[20] 蔡昉、王德文:《比较优势差异、变化及其对地区差距的影响》,载《中国社会科学》2002 年第 5 期。

[21] 刘传江、周玲《社会资本与农民工的城市融合》,载《人口研究》2004 年第 9 期。

[22] 童星:《交往、适应与融合:一项关于流动农民和失地农民的比较研究》,社会科学

文献出版社 2010 年版。

[23] 袁小平、吕益贤：《关系网络与中国乡村社会关系变迁》，载《安徽农业科学》2008 年第 3 期。

[24] 沈关宝、李耀峰：《网络中的蜕变：失地农民的社会网络与市民化关系探析》，载《复旦学报（社会科学版）》2010 年第 2 期。

[25] 范会芳：《郑州市城郊农民市民化问题研究》，载《华北水利水电学院学报（社会科学版）》2009 年第 4 期。

[26] 范会芳：《城郊农民市民化：进展、阻碍与出路》，载《河南工业大学学报（社会科学版）》2009 年第 9 期。

（原载《城市问题》2013 年第 2 期，合作者：王晓刚）

劳动力流迁就业、资本逆向输出与农地流转分析

一、农地经营模式调整与要素配置效益

为了发挥农村劳动力的能动性、提高农业生产率，自改革开放迄今，各级政府已对农村土地进行了多次行政调整，这在较长一段时间里实现了对乡村土地资源、劳动力、资本等要素的最优配置，并基本实现了公平性、保障了社会稳定。但应看到，随着社会经济的发展，现有土地承包制在目前阶段也呈现出一定的消极性。一方面，土地的细碎化和分散化形成了中国农业生产的小规模经营模式，在就业选择、收入途径增加等前提下，农村劳动力源于乡村土地的收入占比持续下降，农村劳动力流迁就业趋势出现且呈现出劳动力的逆淘汰现象。另一方面，土地产权单一、相对固定化使得资本投入于土地的收益不明显，导致中国农村资金逆向流动——资金从农村流向城市、其他产业。基于乡村土地的农业资本、劳动力双要素“逆向”流动现象趋于显著，土地低效利用随之出现，主要表现为，农村宅基地建设中土地资源的浪费（孙文盛，2005）[①]、农民工应对外部风险能力低下对土地流转市场的冲击（曹亚、陈浩，2009）[②]、农户及社会资本缺乏对农地收益的合理预期而降低或规避对农业生产的要素投入等（陶然等，2009）[③]。

这些问题的出现，与发展经济学的若干经典论述存在着一定出入，如刘易斯（Lewis，1954）认为发展中国家农村劳动力乡城迁移伴随着“二元”向“一元”结构演进的过程[④]。在此基础上，雷利斯等（Ranis et al.，1961）认为，农业生

---

① 孙文盛：《谁给我们土地——集约用地一百例（新编）》，中国大地出版社2005年版。

② 曹亚、陈浩：《金融危机背景下的返乡农民工就业安置态势评估》，载《改革》2009年第8期。

③ 陶然、童菊儿、汪晖、黄璐：《二轮承包后的中国农村土地行政性调整——典型事实、农民反应与政策含义》，载《中国农村经济》2009年第10期。

④ Lewis W A.，1954：A model of Dualistic Economics. American Economic Review，Vol. 36.

产率的提高是农村劳动力向城市转移的先决条件①，最终将使农业劳动边际产出趋同于社会经济平均产出，这也是农业完成现代化改造的前提条件（郭剑雄、李志俊，2009）②。为了解释问题出现的根本原因，部分学者从农地农业经营模式与非同质要素配置间的互动角度展开研究。如姚洋（Yao，2001）认为，土地在不同农户间的异质性对非同质农户就业决策产生不同影响③。已有研究认为，问题出现的原因主要在于中国现有农地产权制度对农户要素有机配置构成制约（Yang，1997）④ 及乡村资本缺乏导致农地与劳动力无法有效结合（蒋乃华、卞志勇，2007）⑤。当然，农业部门出现土地城市化速度超越人口城市化速度（黄爱东，2009）⑥、农村空间结构亟待优化（张艳红、横霞，2009）⑦ 及土地之于农民的功能发生转变（林其玲，2009）⑧ 等新特征，也对要素合理配置构成一定斥力。鉴于此，王凯星（Kung，2002）主张构建农地租赁市场以实现劳动力合理流迁就业⑨，龙登高（2009）则认为高度发育的地权市场及流转形式多样化有助于发挥土地要素在资本融通方面的积极作用，促进生产要素的组合及资源优化⑩。

现有研究分析了农地流转的影响因素及人力、资本等要素逆向流出对农业生产的独立影响，但通过农地经营模式调整，构建对人力资本及物质资本持有者的经济激励机制，促进各要素优化配置方面的研究尚有一定不足，缺乏从农地产权调整对配置于其上的人力及物力资本要素产出效应影响角度的规范性分析。若地权流转自由、方式多样化且打破时空限制，消除产权交易中存在的人情化，实现契约性交易（Douglass，2005）⑪⑫，则配置于其上的人力资本承载者、物质资本

① Gustav Ranis and John C. H. Fe.，1961：A Theory of Economic Development，The American Economic Review，No. 4.

② 郭剑雄、李志俊：《劳动力选择性转移条件下的农业发展机制》，载《经济研究》2009 年第 5 期。

③ Yao，Y.，2001：Egalitarian Land Distribution and Labor Migration in Rural China，China Center for Economic Research Working Paper Series，No. E2001007.

④ Yang，D. T.，1997：China's Land Arrangements and Rural Labor Mobility. China Economic Review，Vol. 8，No. 2.

⑤ 蒋乃华、卞智勇：《社会资本对农村劳动力非农就业的影响》，载《管理世界》2007 年第 12 期。

⑥ 黄爱东：《农民工市民化是中国特色城镇化的终极目标》，载《调研世界》2009 年第 11 期。

⑦ 张艳红、横霞：《我国空间结构优化研究》，载《调研世界》2009 年第 11 期。

⑧ 林其玲：《中国征地补偿制度问题分析》，载《农业经济问题》2009 年第 10 期。

⑨ Kung，J. K.，2002：Off-farm Labor Markets and the Emergence of Land Rental Markets in Rural China，Journal of Comparative Economics，Vol. 30，No. 2.

⑩ 龙登高：《地权交易与生产要素组合：1650 ~ 1950》，载《经济研究》2009 年第 2 期。

⑪ 此句原译为："从私人交换到非私人交换"的转变是现代经济制度形成过程中的重要转型之一，龙登高将之译为"从人格化交易到非人格化交易"，笔者认为，从国内现阶段土地流转的情况看，土地流转中存在较强的人情、面子问题，流转中的交易租金没有显现出土地自身的价值，且转出土地一方在遇到某些现实问题时可以随意、随时收回土地，因此需以契约方式确保土地流转双方的合法利益，如此方能有效促进土地流转市场的良性发展。

⑫ Douglass C. North.，2005：Understanding the Process of Economic Change，Cambridge University Press.

可能将易于实现最优配置。首先，从劳动力角度看，由于土地转让自由，时空限制被打破，则基于乡村土地形成的对农村劳动力流迁就业的户籍约束将随之失去依存条件，辅之以农地功能替代补偿机制的建立，如统一社会保障体系的构建，将为劳动力自主支配土地、劳动力、资本三要素提供自由选择条件，促成农地现有承包者积极对待土地流转与非农就业，进而实现劳动力的有效配置。其次，土地流转契约化后，转入土地者的利益得以保障，则资本可以与土地有机结合，预期有助于破除资本的逆向单向流转。这些都可能有利于打破农村劳动力"钟摆式"随机流迁、增加人力资本投资及就业寻职能力。为验证这一推想，本文通过构建模型，分析农村农业经济发展中农地农业经营产出与劳动力逆向流迁、农业资本外向输出间的依存关系，对农业生产要素配置状况进行规范性验证分析，寻求相关要素优化配置路径。

二、农地功能替代补偿机制不健全对要素投入构成斥力

（一）研究假说

为分析农地资源在农业生产与非农化配置中的利用效率，这里将农地视为生产要素纳入生产函数中，参照柯布—道格拉斯生产函数将两部门要素投入产出函数改进为：

$$Q_i(L_{i,}K_i)=AL_i^{\alpha}K_i^{\beta}(L_A)^{\eta} \tag{1}$$

式中，Q_i 是 i 部门的产出；A 代表效率系数；L_i和 K_i分别代表人力资本的承载者即有效劳动和货币资本（i=1，2，1 代表农业部门，2 代表非农部门[①]）。L_A代表农地要素；α、β、η 分别代表三要素投入的产出弹性，反映三要素投入后引起产出的变化程度。其中，农地两部门利用的边际效益为：

$$MR_{L_A}=\partial Q/\partial L_A=\eta AL^{\partial}K^{\beta}(L_A)^{\eta-1} \tag{2}$$

为分析农地经营模式调整在农业生产要素配置效益变动中的影响状况，进行以下假设。

假设一：在劳动力、资本两要素投入不变时，随着农地调整幅度上升，两部门农地投入应遵循边际报酬递减规律，且作为一种稀缺要素，农地的利用应体现出成本，在部分耕地紧张地区，单位耕地转化利用成本即边际成本 MCLA 将趋于增加。假定农地产权契约化，农地可以通过物化而与就业寻求、资本融通有机结

① 在中国当前"二元"向"一元"经济结构转变过程中，相关要素主要配置在两经济部门（农业和非农业部门），对于农村劳动力来说，其主要就业于城市非正规部门和农村非农产业部门等非农部门。

合，则农地在两部门间的调整将会遵循要素分配的一般原则，此时农地部门间边际收益应近似相等，即：

$$MR_{LA_1} = MR_{LA_2}，且 MR_{LA_1} = MC_{LA_1} \tag{3}$$

由于农户在要素两部门配置上追求纯收入最大化，假定要素同质，要素两部门边际产出及收入应随着农地要素流转自由或流转价格上升而趋于相等，此时，要素尤其是劳动力要素输出成本将上升，流迁就业的农村劳动力增速将呈下降趋势。

假设二：农地经营模式单一，无法实现货币化，则会出现以下情况。(1) 农地产权或农地承租经营模式对物质资本的利益激励不足，无法吸收到足够资本，且会对资本产生强力排斥，这将导致农业生产中的人均资本较低，配置于农业部门的要素边际产出降低，对农业生产构成制约。(2) 承租权没有被有效扩展，存在固化或模式单一等问题，置于其上的农村劳动力收益最优化无法实现，在农村劳动力非同质化前提下，高人力资本承载者将向外部流迁，以寻求最优效益，这部分流迁就业农村劳动力的就业、生活风险分担机制无法有效构建与农地流转模式契约化不足同时出现情况下，农地功能将无法有效发挥。(3) 在农地承租模式不能完成从人情化向契约化转变时，农地无法被视作要素与货币资本结合，这又会限制农村劳动力向非农就业、生活完全转化，如返乡创业农民工及留乡农村劳动力的创业资本不足将是一个可能的结果。而农地功能无法充分体现及现有地权模式对农村劳动力非农就业的限制会引致劳动要素无效配置，这反过来会制约农地的有效流转及农业产出提高。在此情况下，农地要素对农业产出的贡献将较为低下，要素两部门边际产出差距将继续存在，其中，由于人力资本承载上的差异，劳动力在两部门的边际产出差异将呈扩大趋势。

(二) 数据整理与实证分析

为验证上述假设，我们选择 1994 ~ 2007 年全国逐年相关数据，如农业劳动力数据、农业投入资本量等，为消除价格因素对相关经济变量的影响，相关数值均以 1994 年为基期调整为不变价格下的实际值（见表 1）。

表 1　农业部门三要素投入产出情况

年份	实际价格指数	资本投入（万元）	劳动力投入（万人）	农地投入（万亩）	农业产出（万元）
1994	1	44181364.4	32690	142360.1	91692200
1995	1.148	46638886.42	32334.5	142460.8	103524651.6
1996	1.218	55482071.7	32260.4	195058.7	111224548.4
1997	1.228	59926733.75	32434.9	194900	112922964.2
1998	1.196	64890264.07	32626.4	194500	119079431.4

续表

年份	实际价格指数	资本投入（万元）	劳动力投入（万人）	农地投入（万亩）	农业产出（万元）
1999	1.16	67500920.13	32911.8	193800	121605344.8
2000	1.143	70178277.2	32797.5	192349.7	121378740.2
2001	1.134	76357950.35	32451	191423.7	127537830.7
2002	1.119	82139741.82	31991	188894.4	133436461.1
2003	1.118	92092617.2	31260	185088.3	133006350.6
2004	1.149	96867516.17	30596	183666.5	157862141
2005	1.158	112814721.8	29975.5	183124.2	169372797.9
2006	1.17	119593061.3	28631	182663.9	184010598.3
2007	1.214	126970204.5	28363.8	182602.8	203120840.2

注：1994～1998年农户资本投入＝乡村农户数×户均农业生产投资固定资产原值，其中，户均投资＝每户生产性固定资产原值－工业机械－运输机械。

资料来源：农户资本数据整理自《中国农村统计年鉴》（1995～2008年）与《中国统计年鉴》（2008年）；劳动力数据引自《中国农业年鉴》（1995～2008年）；耕地数据引自《中国统计年鉴》（历年）；农业产出数据引自《中国农业年鉴》（1995～2008年）。

首先，将农地要素引入柯布—道格拉斯函数，分析比较三要素投入对农业产出贡献情况及相关要素的影响方向。为此，对式（1）左右两边同时取对数，有：

$$\ln Y_i = \ln A + \alpha \ln L_i + \beta \ln K_i + \eta \ln L_{A_i} \quad (4)$$

根据表1数据，利用 EViews 6.0 进行分析可得：

$$LnY_1 = 28.3147 - 1.8272\ln L_1 + 0.3984\ln K_1 + 0.1716\ln L_{A1} \quad (5)$$

$$(4.7910)\ (-3.3392)\ (4.3498)\ \ (1.1040)$$

$$R^2 = 0.9770 \quad S.E = 0.0390 \quad Prob = 0.0000$$

回归结果显示该模型在整体上拟合度较优，D.W. ＝2.4139，大于0.05显著性水平的上限临界值1.779，不存在序列自相关，而F＝141.603，表明模型线性假设正确。回归结果表明，三要素投入与农业产出变化间具有显著相关性，其中，劳动力投入变化对农业生产的影响最大，但劳动力投入与农业部门产出成负相关关系，资本对农业产出贡献其次，而耕地对农业生产的贡献度相对较小，但与农业产出存在明显正相关关系。为比较分析单位农地上的劳动力①、资本部门

① 由于是从耕地在两部门的利用效率角度进行分析，这里将各年度因乡村集体占用耕地或农业结构调整原因减少的耕地看作非农产业部门土地投入量。1994年、1995年将乡村集体占地面积作为农地在非农产业部门投入量的替代值，根据统计年鉴，截至1993年底，乡村集体共占用耕地面积48.86万公顷，以1994年非农部门生产占用耕地为基数，以后各年新增占用耕地量在此基础上累计。

间[①]配置效益，对数据进一步整理（见表2）。

表2　　　基于单位农地生产的两部门要素投入经营效益

年份	实际价格指数	农业投资（元/亩）	劳动力投入（人/亩）	农业产出（元/亩）	非农业投资（元/亩）	非农劳动力投入（人/亩）	非农业产出（元/亩）
1994	1.000	310.3493	0.2296	644.0864	103879.51	14.085	499162.14
1995	1.148	327.3805	0.2270	726.6887	99364.82	13.116	366352.15
1996	1.218	284.4378	0.1654	570.2107	97659.54	12.192	470663.89
1997	1.228	307.4743	0.1664	579.3892	103814.04	10.516	482276.78
1998	1.196	333.6260	0.1677	612.2336	112005.57	9.313	518924.56
1999	1.160	348.3020	0.1698	627.4786	118264.04	8.431	620346.77
2000	1.143	364.8473	0.1705	631.0316	84549.19	5.400	428039.8
2001	1.134	398.8950	0.1695	666.2594	89065.39	5.159	438211.91
2002	1.119	434.8448	0.1694	706.4077	93167.31	4.342	410130.72
2003	1.118	497.5604	0.1689	718.6103	90193.95	3.764	377909.16
2004	1.149	527.4098	0.1666	859.5043	92664.37	3.543	383688.83
2005	1.158	616.0558	0.1637	924.9067	127759.34	3.630	478422.46
2006	1.170	654.7165	0.1567	1007.3725	143268.87	3.677	534854.08
2007	1.214	695.3355	0.1553	1112.3643	171241.5	3.773	597487.79

资料来源：农业部分数据同表1，非农资本引自《中国农业年鉴》（1995～2008年）；非农占用耕地，1996年数据按1995年占用量处理，1997年数据引自国家环保总局《中国环境保护状况公报》，1998～2000年数据引自《2007年中国农村发展报告》，2001～2007年耕地数据整理自国土资源部各年《国土资源公报》。

为分析投入于单位农地上的资本、劳动力边际产出，对比农地经营模式调整对要素配置效益的影响，现假设规模经济不变，则有 $\alpha+\beta+\eta=1$，对式（4）左右两边整理，得：

$$\ln\frac{Y_i}{L_{A_i}}=\ln A+\alpha\ln\frac{L_i}{L_{A_i}}+\beta\ln\frac{K_i}{L_{A_i}} \tag{6}$$

通过式（6），分别引入历年要素投入产出数据，展开计量分析。其中，农业生产部门投入产出函数拟合结果为：

$$\frac{Y_1}{L_{A_1}}=17.5649\left(\frac{L_1}{L_{A_1}}\right)^{0.4319}\left(\frac{K_1}{L_{A_1}}\right)^{0.7421} \tag{7}$$

$$(8.1064)\qquad(2.5807)\qquad(11.2219)$$

---

① 本文将乡镇企业固定资产投资原值作为乡村非农业投入经营数据的替代值。

$$R^2 = 0.9271 \quad S.E = 0.0619 \quad Prob = 0.0000$$

同理，根据非农部门投入产出函数拟合结果为：

$$\frac{Y_2}{L_{A_2}} = 186.2068\left(\frac{L_2}{L_{A_2}}\right)^{0.0818}\left(\frac{K_2}{L_{A_2}}\right)^{0.6627} \tag{8}$$

$$(2.9370) \qquad (1.4501) \qquad (4.3751)$$

$$R^2 = 0.6381 \quad S.E = 0.1070 \quad Prob = 0.0037$$

回归结果显示，农业部门 C－D 模型整体拟合度较优，D. W. =1.7961，大于0.05 显著性水平的上限临界值 1.551，不存在序列自相关，F =69.91（Prob = 0.0000）表明整体显著。而非农部门拟合度尚可，D. W. =1.9890，大于 0.05 显著性水平的上限临界值 1.551，无序列自相关，Prob =0.0037 表明整体显著。回归结果表明，置于不同经营方式农地上的资本与劳动力的变化，能够较好地说明两部门产出变化，经比较发现，乡村劳动力与资本要素投入对农业生产的贡献大于对非农业产出的贡献。

为进一步验证前述假设，在对乡村劳动力与资本两部门间有机分配的历年数据整理后，根据以上模型计算两要素的边际产出。计算结果表明，单位农地上资本与劳动力投入产出存在显著的部门间差异，根据假定条件，随着农地流转价格的上升与流转经营被认可，同质要素在两部门投入的边际产出差距应趋于缩小，资本要素部门间配置效益变化在一定程度上验证了这一点，而两部门劳动力边际产出在同时上升过程中，却存在着部门间差异，且差距持续扩大，这可能与分布在两部门的农村劳动力人力资本承载上存在的差异有关（见图 1）。

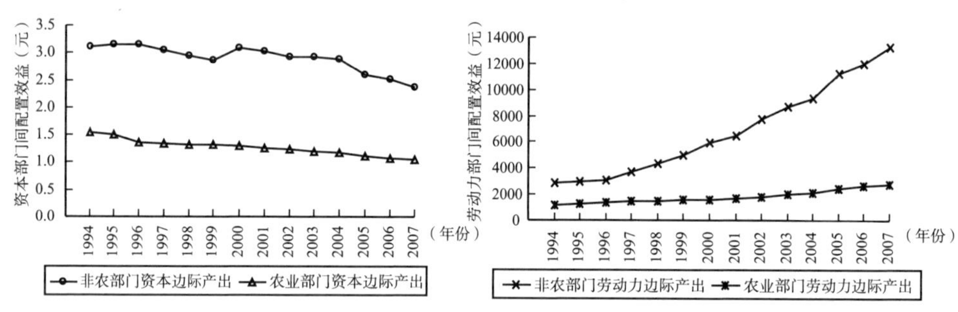

图 1　单位土地上要素两部门投入边际产出对比

资料来源：根据表 1、表 2 数据及计量结果计算得到。

进一步观察发现，投入于单位农地上的劳动力和资本边际产出呈现出以下特征：(1) 资本边际产出在 1999 年短暂上行后呈持续下滑趋势，而劳动力边际产出则在 1999 年短暂下降之后持续上升，这表明在人力资本承载度较高的农村劳动力外溢的同时，持续追加农业资本投入符合边际递减规律。由于农村劳动力逆向淘汰式流迁就业的存在，农业生产中的人力资本承载者（现有农业劳动力）与资本投入存在不匹配的情况，这导致农业生产中的资本投入无法得到充分利用。(2) 投资于非农产业的资本边际产出于2000年短暂上升后持续下降，这可能是因为本文中选用的研究对象——乡镇企业多为劳动密集型产业，无法将资本与其他投入要素有效结合，这可能也是部分乡村资本逐渐从乡村向城镇流出的重要原因之一；而劳动力边际产出持续上升，也表明流向非农产业的劳动力对非农产业尤其是劳动密集型产业产出增长的贡献较为重要。但随着农地租金尤其是流转价格的逐年增加，在增加农地承包农户收入的同时，使得农村劳动力流迁就业成本上升，这将为农地承包者提供新的就业、生活选择，但与此相对应，外出就业劳动力数量将会有所下降（见表3）。

表3　　农业部门生产中土地成本变化对劳动力流迁就业的影响

年份	土地成本（元/亩）	增速（%）	流转租金（元/亩）	增速（%）	自营地折租（元/亩）	增速（%）	农业劳动力（万人）	减速（%）
2001	42.57	NA	NA	NA	NA	NA	36513	-0.013
2002	51.03	0.199	NA	NA	NA	NA	36870	-0.0098
2003	52.73	0.033	NA	NA	NA	NA	36546	0.0088
2004	54.07	0.025	5.96	NA	48.11	NA	35269	0.0349
2005	62.02	0.147	5.8	-0.027	56.22	0.169	33970	0.0368
2006	68.25	0.1	6.64	0.145	61.61	0.096	32561	0.0415
2007	81.64	0.196	7.91	0.191	73.73	0.197	31444	0.0343
2008	99.62	0.22	10.09	0.276	89.53	0.214	30654	0.0251

资料来源：表中数据根据《中国农村统计年鉴》（2000~2009年）整理；2008年农业劳动力以第一产业就业人员为替代值。

三、农地流转制约因素与定价范围确定

以上回归结果表明，赋予农户完全的农地独立经营自主权后，则农户将根据利益最大化原则进行要素配置，当流转经营土地动力受到抑制，则会降低要素配置效率。从这一角度考虑，需要设定合理的流转价格范围以契约化农地经营，进而实现要素均衡配置。

（一）农地经营模式调整与要素配置效益

对要素配置状况的进一步分析发现，农地经营模式单一、非契约化与农地功

能替代补偿机制不健全是导致要素非均衡配置的主要原因，具体表现如下。

1. 现有农地经营模式下劳动力与资本不匹配。农地经营模式单一条件下，部分人力资本承载较高的劳动力两部门间边际产出差异将呈现扩大趋势，劳动力逆向流动将持续，即：人力资本较高的劳动力流出，而人力资本较低的劳动力务农。这导致配置于农业部门的劳动力难以与生产技术提高了的现代农业生产相匹配，在其他投入要素不变的条件下，要求投入更多劳动力方能实现既定的农产量。

一般来说，在某一部门生产中，只有实现了劳动与资本的有机结合才有利于产出最大化，当农村资本外流及外部资本流向农业为零或较少时，农业从业者的人力资本深化增长幅度将趋缓，这不利于技术的提升，劳动力在部门生产中难以充分利用，农业部门生产中的人均资本增长率下降会削弱农业部门劳动力边际产出上升的可能性，历年人均资本增长率与单位劳动产出增长率变化的高度一致性验证了这一点（见图2）。

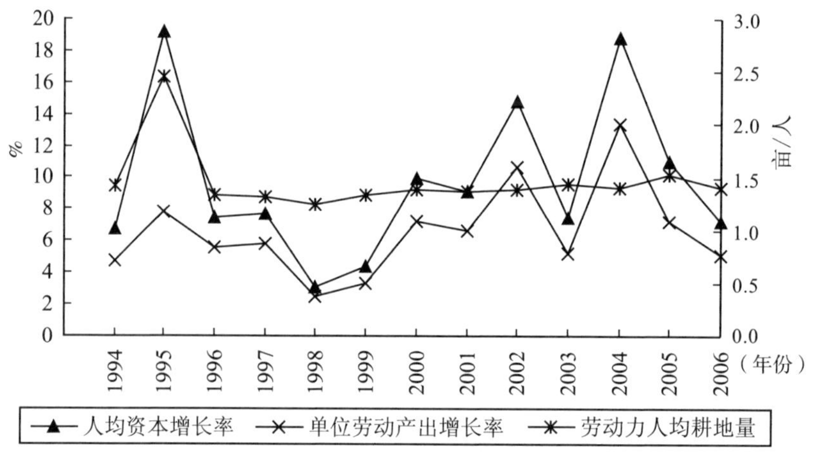

图2　劳均耕地、人均资本与单位劳动产出增长率

资料来源：农户资本数据整理自《中国农村统计年鉴》（1995～2008年）与《中国统计年鉴》（2008年）；劳动力数据引自《中国农业年鉴》（1995～2008年）；耕地数据引自《中国统计年鉴》（历年）；农业产出数据引自《中国农业年鉴》（1995～2008年）。

2. 农地功能替代补偿机制不健全对要素投入构成斥力。回归分析结果表明，资本在非农部门的边际产出大于农业部门，这是诱致农业资本流向非农部门的首要原因。农业地权流转模式的固化及非契约化对农地的货币化构成制约，农地无法与货币资本有机结合以便形成对社会资本的吸纳能力，只要两部门边际产出差距为正，则农业部门对乡村内外资本的斥力将持续下去。而随着社会经济的发展，农村劳动力就业选择增加且在部门间流迁就业几率增大，同时，两部门中劳动力边际产出差异显著，这导致农地之于农村劳动力的功能发生较大变化，从初期的具备收入来源及社会保障等功能，到目前主要起到社会保障功能。

通过构建契约化农地流转机制以实现土地规模化经营，在一定程度上有助于增加农业部门劳动力的产出，这对农村劳动力返乡务农有一定吸引力（见图2），但如果不将农地功能变迁与机会成本等因素考虑进来，可能无法较大幅度改变农村劳动力两部门收益对比。即在土地规模化经营的功能替代机制尚未有效建立的前提下，目前农村劳动力中的高人力资本者虽然脱离农业生产但转出土地经营权意愿并不积极的现状，将难以发生较大改观。

综合以上分析，现有农地经营模式对要素配置的作用机制主要表现如下：农地现有经营模式导致劳动力、资本逆向输出，而资本单向输出会导致农业生产中的人均资本下降，非同质条件下低人力资本存量的留乡务农劳动力与现代农业技术水平不匹配，土地低效利用现状出现并持续，这些将导致农业生产对国民经济的贡献呈现非可持续性（见图3）。

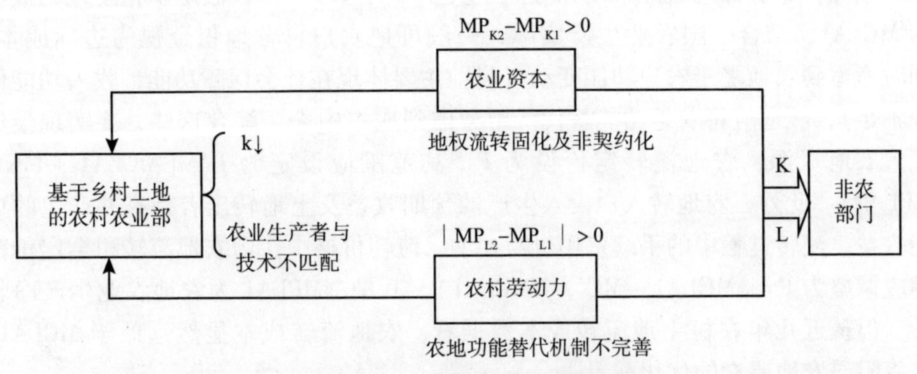

图3 农业部门双要素逆向流动机制

（二）农地流转制约因素与定价范围确定

鉴于以上分析，要改变要素配置效率低、农地对要素投入诱致能力不足现状，需要从地权流转模式调整及农地流转价格确定上探求出路，为此，我们从制约农地流转因素分析的角度探究价格设定范围。

1. 农地流转经营存在制约因素。农业劳动力富余使得置于农地生产上的农村劳动力供过于求，劳动力价格相对低于非农业劳动力价格，农地要素上的劳动力收益占比相对下降，从理论上说，农户尤其是有较高非农收入来源的农户应有较强的农地转出意愿，但实证调查发现并非如此。对此分析表明，农地流转中存在的低市场、非契约化易于增加交易费用、降低流转农户的收入预期，这是制约农户优化配置要素的主因。阻碍表现为：农地流转的低市场、非契约化，易于使交易费用超过农户流转土地可能增加的预期收益。

其一，2000年之前的农地流转价格多为象征性，而此后虽有所上升，但扣除物价上升因素后，这部分收益在农户收入构成中占比较低；

其二，即使农地流转价格上升，但由于植根于农地的农户就业稳定性较差，基于安全保障考虑，这部分农户希望保留其作价赎回农地经营的权力；

其三，承租经营农户或相关投资者也希望其预期收益有一定保障，这需要从规模化所可能带来的收益增长、承租费本身的时间价值、机会成本等的补偿几个方面纳入考量范围中来。而这些是农地流转过程中的非契约、低市场化所难以解决的。基于实证检验结果及上述分析，我们认为农地经营契约化有利于农户资产化所承包的土地，从而产生新价值；将有助于规避地下交易、不规则交易行为，减少各种缔约、履行及监督中存在的障碍，降低交易成本，维护土地流转各方的正当利益。

2. 农地流转价格范围设定。考虑到二元经济结构下，非农部门技术、资本输入较高，非农部门边际产出相应高于农业部门边际产出，假定承租土地的成本为MCLA1，结合中国农业生产实际，一般可把农户自营地租金视为边际成本，同时考虑到农地之于农户功能变动（目前主要体现在社会保障功能，收入功能体现不足），故还应将农地功能替代费用考虑到成本中来。综合这些，要实现最优配置农地资源，农地流转定价设为P，其范围应设定为$P \in [MCLA1 + MC', MPLA2)$。此外，农地转入户投入生产的预期收益及土地转出者持有并产生的可能收益、流转过程中的手续费用也需要纳入流转价格中，则农地流转租金定价范围应调整为$P \in [MCLA1 + MC', NMPLA1)$，其中NMPLA1为农地农业生产净收益。但从近几年农村土地流转成本数据看，农地流转成本显然远低于MCLA1，这将阻碍农地要素的优化配置。

本文以现有农地经营模式对乡村要素配置效益影响为切入点展开研究，以改进的C－D模型展开分析，计量分析结果表明，虽然三要素都与农业部门产出具有显著相关性，但在影响程度和方向上存在差异。从回归结果中发现，同质要素部门配置的边际产出差异趋于缩小，这在一定程度上验证了文中假定，即农地流转经营规范与契约化有助于要素的优化配置。当然，劳动力要素两部门边际产出逐年上升，但产出差距却呈发散趋势，这表明人力资本承载度在这种差距扩大过程中发挥了较大影响。引入劳均资本、单位劳动产出与劳均耕地量，对农地经营模式调整与要素配置间的互动机制展开分析发现，现有农地经营模式对劳动力与资本构成斥力，对劳动力与资本的有效结合构成阻力，从而阻碍要素优化配置。在此过程中，价格机制与农地经营规范状况发挥着显著作用。

总之，农地经营模式的变化与要素产出存在显著的相关性，其配置效率将会显著影响承载人力资本的劳动力的投入方式，并对货币资本构成排斥力，严重弱化资本和劳动力在农地上的配置适宜度，这是造成当前基于农地的农业产出下降的重要因素。基于以上分析，针对目前农地经营现状提出以下流转思路及土地流转方案（见表4）。

表4　各种土地流转模式下即期和远期收益之间的权衡与组合方案

流转模式	押金（即期收益）	远期收益	土地经营者类别
全部田地折现，政府承认二次承包者拥有土地的田底权	↑	↓	年龄较大、无子女者
田地转出经营，收取押金+定期承包经营转让金	↓	↑	有其他稳定收入来源，投入于土地的精力不大或务农能力不足的土地原承包户或相关社会资本所有者
田地长期转出，仅定期收取田地经营租金	↓	↑	身体健康状况差、务农能力低
允许社会资本进入农地流转市场，集中土地后分块转租或整块经营	↓	↑	社会资本所有者

其一，土地原承包农户，由于其从国家获得了土地的长期、相对稳定的承包经营权，故可以认为其拥有土地的稳定的资产性的田底权。

其二，对于土地转入农户或相关土地经营者来说，其从土地原承包户手中获得土地“二次承包经营权”后，则其拥有对于土地的自营权及转手权（田面权），可以抵押之从事其他产业经营或抵押之获得面积较大的田地经营权。

其三，土地原承包农户拥有再承租优先权，并在转租期到后出资收回土地。其四，以吸纳优质劳动力（拥有人力资本较高的劳动力）和内外资本并实现资源的有效配置为考量标准。根据这一思路，我们针对不同的土地经营者设计农地流转方案。

当然，在促进土地流转市场审慎发展过程中应以增加农户收入及农地利用效率提升为主要目标，同时应注意流转交易的规范化及契约化。在此过程中所可能产生的争端、规范性条款的制定，就要求各地政府机构履行应有的服务职能，而如何明晰农地流转过程中的政府职能、确定目标主次，尚有待于更深入的研究。

参考文献

[1] 孙文盛:《谁给我们土地——集约用地一百例（新编）》，中国大地出版社2005年版。

[2] 曹亚、陈浩:《金融危机背景下的返乡农民工就业安置态势评估》，载《改革》2009年第8期。

[3] 陶然、童菊儿、汪晖、黄璐:《二轮承包后的中国农村土地行政性调整——典型事实、农民反应与政策含义》，载《中国农村经济》2009年第10期。

［4］郭剑雄、李志俊：《劳动力选择性转移条件下的农业发展机制》，载《经济研究》2009年第5期。

［5］蔡昉、都阳：《迁移的双重动因及其政策含义——检验相对贫困假说》，载《中国人口科学》2002年第4期。

［6］蒋乃华、卞智勇：《社会资本对农村劳动力非农就业的影响》，载《管理世界》2007年第12期。

［7］黄爱东：《农民工市民化是中国特色城镇化的终极目标》，载《调研世界》2009年第11期。

［8］张艳红、横霞：《我国空间结构优化研究》，载《调研世界》2009年第11期。

［9］林其玲：《中国征地补偿制度问题分析》，载《农业经济问题》2009年第10期。

［10］龙登高：《地权交易与生产要素组合：1650～1950》，载《经济研究》2009年第2期。

［11］农业部（2007）：《2007中国农业发展报告》，中国农业出版社2007年版。

［12］国家环保总局：《中国环境状况公报（1997）》，人民网2007年5月31日。

［13］国土资源部：《国土资源公报（2001～2007）》，国土资源部网站，2008年4月27日。

［14］Douglass C. North.，2005：Understanding the Process of Economic Change，Cambridge University Press.

［15］Gustav Ranis and John C. H. Fe.，1961：A Theory of Economic Development，The American Economic Review，No. 4.

［16］Kung，J. K.，2002：Off-farm Labor Markets and the Emergence of Land Rental Markets in Rural China，Journal of Comparative Economics，Vol. 30，No. 2.

［17］Lewis W A.，1954：A model of Dualistic Economics. American Economic Review，Vol. 36.

［18］Yao，Y.，2001：Egalitarian Land Distribution and Labor Migration in Rural China，China Center for Economic Research Working Paper Series，No. E2001007.

［19］Yang，D. T.，1997：China's Land Arrangements and Rural Labor Mobility. China Economic Review，Vol. 8，No. 2.

（原载《中国人口科学》2010年第3期，合作者：曹亚）

◆下 篇◆

环境与经济发展

建立人口、资源、环境协调发展系统

1998年长江发生了全流域特大洪水，我国投入了大量的兵力，与广大群众协同持续奋战，靠构筑和加高加固大堤，虽最终维护住了数千公里的堤防，但却是险象环生，惊心动魄，为此耗费了巨大的人力、物力和财力。洪灾造成了很大的损失，仅直接经济损失就以千亿元计。以可持续发展的思想和观点来检查这次洪灾，长江流域生态环境的破坏已到了一个十分严峻的程度。

一、人口激增是长江流域洪灾形成的根本原因

长江流域虽然并非一个完全封闭的人口、资源和环境系统，但其绝大多数人口都稳定于其中，资源是其固有的，而环境是自然形成后经人类改造了、并和人口及资源利用结合在一起的，因而长江流域可以说是一个相对的整体系统。1998年长江流域大洪灾的发生有许多原因，从外在因素来看：

一是1998年是太阳黑子活动新的磁周期的开始，引起长江流域雨量增加。

二是地球厄尔尼诺与拉尼娜突然交接班。1997年爆发了百年来最强的厄尔尼诺现象，使副热带高压在当年冬季次年春季北抬、西进，长江流域成了冷暖气流交汇的战场。1998年7月，拉尼娜现象以创记录的速度出现了，副热带高压进一步北移受到遏制，停滞于长江、两湖盆地及其以南地区，再次暴雨成灾。

三是世界性人类活动对自然界的破坏性影响，引起世界气候变化，导致降水的异常。长江流域洪灾成因有其外在的一面，但最主要的还是体现在其内在的一面。

从内在因素来看，表现为人们对生态环境的破坏，终遭环境报复的因果关系。长江流域气候湿润，极有利于森林的生长。历史上，这里曾经覆盖着繁茂的森林，维系着整个流域的生态系统。森林是自然界物质和能量交换的重要枢纽，有涵养水源、防止水土流失、防止土石崩塌、供氧、生物保护等作用，在流域生态系统中占主导地位。森林覆盖率决定着流域生态系统的平衡，影响着人类活动环境的稳定。目前，这个生态系统已处于失衡状态，并有进一步恶化的趋势，长

江流域已成了洪水形成和肆虐的区域了。

影响长江流域资源利用和环境状况的因素很多，最主要的核心因素则是人口的激增。人对于自然和社会，具有双重的特征。人既是生产者，也是消费者；既是建设者，也是破坏者。从我国的情况来看，直到现阶段，作为生产者的人所生产的物资，除自身消费和抚养家庭外，能够提供社会的剩余产品并不丰富。这是因为作为生产者的人是有条件的，而作为消费者的人，却是无条件的。而且随着社会的发展，人们生活水平的提高，消费量也在不断增加。近几十年来，由于人口激增，使食物、能源和资源等各种消费指标都在直线上升。但环境的“容量”是有限的，资源对于一定地区范围内所能供养的人口数也具有一定的制约性。人口过多，为了满足对生活资料的需求，往往会采取“杀鸡取卵”“竭泽而渔”“焚林而猎”“予取予求，为所欲为”等只顾眼前利益、吃子孙饭的手段，结果会大大超出自然界的负载能力。而对自然资源的滥伐、滥垦、滥围、滥采等，必然导致资源衰竭、生态破坏和环境恶化。

从唐代以后，随着经济重心南移，北方人口大量南迁，长江流域人口剧增，再加上封建社会的土地兼并，使大量人口为生计所迫涌向山区，毁林开荒，而开荒的主要方法就是刀耕火种，并且开始围湖、堵塞穴口造田，与水争地。随着农业经济快速发展，森林资源遭到前所未有的破坏，生态环境日趋恶化。特别是明清两代，人口大增，朝廷大兴土木，修建宫廷陵园，对环境造成了极大的破坏。

另外，随着长江流域人口的增加，建筑用材、民用薪柴、丧葬棺材等加剧了生态环境的恶化。清初我国人口不到 1 亿，长江流域人口充其量也只有此数的 1/3，此后不断增长，到 1949 年长江流域人口达到了 1. 9 亿人，到 1987 年又达到 3. 77 亿人，目前则达到了近 4. 2 亿人。长江流域水患由来已久，但频繁发生、严重发生则是从清代开始的。1736 ~ 1911 年共 176 年中，长江流域总计 9981 县次有洪水危害的记载，洪水危害面积超过 100 个县的 32 年里，乾隆 60 年间，仅发生 1 次，嘉庆 25 年间也只发生 1 次，道光 30 年间 9 次，咸丰 11 年间 0 次，同治 13 年间 1 次，光绪 34 年间 17 次，宣统 3 年间年年水灾超过 100 个县。新中国成立以来，长江大洪水基本是每 10 年 1 次，而进入 20 世纪 90 年代以来，就已发生了 4 次大的洪水，分别在 1991 年、1995 年、1996 年和 1998 年。由此可见，长江流域洪灾的频率、受灾的范围与人口增长的压力成正相关关系。

我国用占世界 7% 的耕地，养活了占世界 22% 的人口是世界公认的奇迹，而长江流域以仅占全国 1/4 的耕地养活了全国 1/3 的人口更是奇迹中的奇迹。这个奇迹的产生，使我们付出了沉重的生态环境代价。新中国成立后随着 20 世纪五六十年代人口的激增，长江中上游林地遭受着民居、道路、工厂的挤占，中下游水面则纷纷被围垦。长江流域 1957 年的森林覆盖率为 22%，水土流失面积为 36. 38 万平方公里，到目前森林覆盖率不足 10%，水土流失面积达到 70 余万平方公里，约占流域总面积的40%。随着人口的增加，森林的砍伐、毁林开荒和坡耕地致使水土流失越来越严重，水土流失又需新的耕地来补充，能够补充的耕地基本上也只能是新开垦的产量极低的坡耕地。这样形成越开垦水土越流失，水越流失越开垦的恶性循环，造成土地的不合理利用。上游严重的水土流失，造成了中下游大量的泥沙淤积，致使江湖排蓄洪水的能力减弱，河床抬高，引起和加剧洪灾危害。

新中国成立初期，长江共有通江湖泊16000多平方公里，由于泥沙的淤积和人工围垦。如今仅剩下6000多平方公里。围湖造田的自然起因是泥沙淤积，社会原因是人多地少，“先淤后垦，先垦后围”近10年间，洞庭湖面积萎缩了1/2，鄱阳湖萎缩了2/3。调蓄洪水的湖泊数量锐减，湖北省水面面积在100亩以上的湖泊从20世纪50年代1332个减至目前的不足800个，水面面积也在萎缩。致使洪水一来便进入长江干流。助长了洪灾的形成。而占用河道，辟作耕地，兴建工程，倾倒废料垃圾，无计划采挖河沙，则使得河道过洪断面不断缩小，行洪能力日趋减弱，洪灾一旦形成则危害更烈。如1998年的洪水并不比1954年大（仅以超蓄洪量为例，1954年为1023亿立方米，1998年则仅为156亿立方米），但洪水来势却显得更加凶猛，许多地方的最高洪水位比1954年高得多，堤防普遍比1954年高出2~3米。我国一直有保留洪泛区的设想，荆江分洪区、洪湖分蓄洪工程，实际上是为洪水预留的泛滥区。但由于人类过度发展，应控制的人口没能控制，应控制的产业也没能控制。以洪湖为例，和建分洪区时相比。人口已翻了近一番（1954年58万，现人口108万）。区内出现多种产业，还有很多大集镇，以致“分不分洪损失已相差不大，渐渐分不了洪了”。

二、建立人口、资源、环境的协调关系是解决长江流域洪灾的根本办法

在人们纷纷呼吁加高加固大堤以防洪水的同时，我们应意识到，受人、财、物等条件的影响，长江大堤不能无限加高，大堤越高，潜在的风险越大。治理长江必须标本兼治。标是大堤、水库等工作，还要进行蓄洪区建设。要搞好水文通讯测报、预警系统和防汛指挥系统的建设。治本就是加强长江中上游水土保持的综合治理，以小流域为治理单元，实行山水川林草路一起上，绿化荒山，改造坡耕地为水平梯田，闸沟造地种草种树，促进长江防护林建设和发展，搞好长江中上游的生态环境建设，涵养水源，减少土壤流失。减少江、河、湖、库淤积。使长江河道更加通畅。而治理长江流域水患的最终症结在于建立流域的人口与资源、环境的协调关系。

1. 控制人口增长。过去曾有人把人口与粮食、资源、能源、环境并列为全球5大严重问题，当前又有人归纳为人口、资源和环境三大问题。但其核心问题还是人口问题。以土地资源的利用来说，土地是人类最宝贵、最基本的自然资源，是一切生产、建设和人们生活所必需的基地，是农业的基本生产资料。长江流域耕地面积占全国耕地面积的25.99%，生产粮食占全国的40.32%，棉花占30.65%，油料占40.20%，其他经济作物也占了相当的比重。长江流域的大多数人是以土地为生的。人口的激增，需要更多的土地资源，而土地又是有限的，土地的生物生产量也是有一定限度的，超出了限度，不仅不能增加生产，反而要降低生产量。

要解决人口激增和土地资源不足的矛盾，一般来说只有三条出路：一是极大地提高单位面积产量；二是用工业方法生产或合成粮食；三是控制人口增长，求得人口、资源和环境的协调发展。从我国目前的生产力水平和国力来看，前两条很难在短期内做到；而控制人口增长则是比较现实和积极的措施。以森林资源来说，由于长江流域人口激增，人们为了开垦土地、建筑房屋、生活燃料和商业上的用途，不断地砍伐森林，森林面积在急剧地减少着。单纯靠政策措施禁伐和植树造林，强调保护生态环境是不够的，如果不基于人口控制这个出发点，这种状况是不可能扭转的。

可见，人口、资源和环境三者是一个整体，不解决人口问题，资源和环境问题也就无法解决。因此控制人口应当持续下去。要使我国和长江流域有限的耕地，提供更多人口的粮食和农副产品，又要不破坏环境，有效的办法就是控制人口数量。首先，要进一步加强计划生育的力度，做到有效控制人口数量。在1998年长江洪水中被武警战士救起的湖北省嘉鱼县的女孩江珊，其父母竟生了3女2子共5个孩子：灾区考上大学获得资助的湖北省公安县陈凤，还有两个弟妹无钱上学。灾区超生户并非江珊一家，说明计划生育问题是相当严重的。计划生育要脚踏实地真正做好，控制人口数量是大有潜力可挖的其次要提高人口质量，进行智力投资，增强人们认识自然。积极控制生育，合理利用资源，保护环境的能力。

2. 要在加强人口控制的前提下，在长江流域封山造林、限制采伐、涵养水冲。合理利用土地资源，防治水土流失：同时辅以“治标”诸法，对长江水患进行综合治理。长江流域水土流失面积占到总面积的1/3强，而上游地区占全部水土流失面积的2/3，是水土流失的重点的地区。全流域已开垦坡耕地1.2亿余亩，占全部耕地1/3。在相当一段时期内是不可能用退耕还林解决环境问题的，因为粮食、燃料、用地等问题解决不了。但有的坡地经过艰苦的劳动之后，形成了水平梯田，可以有效地控制水土流失，达到持久利用的目的。从这个观点出发，水土保持要搞好土地利用规划，积极治理坡耕地，尽可能地改造为水平梯田；迅速增加林草覆盖；采取多种途径解决农村生活能源，以防止滥樵滥伐；加强预防监督，防止新的人为水土流失。在珍惜土地方面，国外有些做法值得借鉴。如规定凡是搞基建占用了耕地，要把 30 公分表土运走去造田，矿区开完就回填种树，城市垃圾堆完就马上造林等。

3. 要树立流域可持续发展观。从生态环境来看，一个流域就是一个相对完整的自然和经济综合体。上中下游、沿江与分水岭等之间有着紧密的自然和经济联系。流域内某一区域资源开发的失误，不仅造成自身的环境恶化，还会引起流域其他区域环境问题。若流域上游地区水土流失严重，势必加剧中下游洪涝灾害。流域内某一区域自然灾害因素的治理不仅要考虑自身，还要兼顾流域其他地区的利益。如长江中游荆江分洪区的设立就是为了保证长江中游及中下游广大地区减少洪涝的损失。因此，只有以流域作为一个相对整体系统，控制人口的发展，开展流域经济布局，才可能使流域自然资源得到系统的综合开发，使经济开发兼顾自身和其他地区的利益，全面地综合治理各种自然危害性因素，维护和创建良好的环境，实现区域可持续发展。

三、长江流域洪灾的启示——建立人口、资源、环境可持续协调发展系统

长江流域洪灾给我们的启示是，必须从人口与资源、环境的关系出发，科学合理地治水、植林，在控制人口数量的同时，提高人口质量，合理利用土地，加强植被建设，最终创造人口、资源和环境相协调的可喜局面。

为了保证人类在自己拥有的土地上健康发展，必须建立完善的人口、资源和环境系统。要根据人口、资源和环境系统所能负担的限度，按生态平衡的规律，确定最适度的人口数量和相适应的人口素质；要合理有效地利用资源，协调人类和环境间的物质和能量的交换。

要消除环境破坏，建立和维护良好的生活和劳动环境。只有这样才能实现人类生态、社会、经济的可持续发展。我们，特别是各级地方行政长官要牢固树立上述观念，认识到地方经济的发展必须符合所处流域生态系统的客观条件和运动规律，否则一旦流域生态环境继续恶化，生态危机加深，必然殃及流域内所有的行政区。

那种单纯认为灾后重建，灾后需求的反弹，外部支援是地区经济增长的契机的所谓“灾后经济”“灾难经济”，充其量只是亡羊补牢，真正的有效解决问题的办法是未雨绸缪，防患于未然，建立协调的人口与资源、环境的良性关系，实现流域生态经济协调发展，走出一条流域经济可持续发展的路子。

参考文献

［1］王礼先：《长江流域生态系统及山区防护林体系结构》，载《森林与人类》1991年第1期。

［2］马毅、胡凡、暴鸿昌：《长江流域水旱灾害与生态环境变迁的历史思索》，载《黑龙江教育学院学报》1993年第1期。

［3］方如康：《人口激增和环境保护．人口研究论文集（第三辑）》，华东师范大学出版社1985年版。

［4］江泽慧、彭镇华：《长江流域水患的思考与对策》，载《南京林业大学学报：自然科学版》1999年第1期。

［5］殷亚龙：《保护长江——回顾特大洪水反思生态环境保护》，载《长江日报》1998年9月20日。

（原载《中南财经大学学报》1999年第1期）

中国农村贫困地区可持续发展分析

21 世纪人类文明的发展观已从工业文明的发展观转变为可持续发展观，不管是宏观或微观决策者作出决策时都不仅要考虑其经济问题，更要考虑其可持续发展问题。当前，中国农村的贫困人口已大幅下降，从 1984 年的 1.25 亿降为 1999 年底的 0.34 亿，贫困地区范围也日益缩小，但目前所见较多是对贫困地区的扶贫项目，如资金支援、对口支援、经济开发、扶贫管理等方面的研究，多侧重于短期脱贫，而对贫困地区的可持续性方面，即长期和整体发展上尚缺乏深入分析。因此，需要在对中国贫困农村的可持续发展分析的基础上，探寻脱贫的方法和途径。

一、贫困在可持续发展中的涵义

目前贫困含义大多数是以经济价值为衡量标准，从经济贫困角度来谈贫困问题的，而可持续发展观认为贫困不仅仅包括经济贫困，还应包括社会贫困和生态贫困，这三个方面相互影响、相互制约，忽视任何一方面都会导致生态水平的下降。经济、社会、生态任何一方面贫困都是贫困，贫困是经济、社会、生态三方面均有待提高的集合体。由此来分析中国农村地区的贫困问题，发现中国农村贫困地区不仅仅存在经济物质上的匮乏，而更严重的是社会文化贫困和生态贫困。三者同时并存于中国农村贫困地区，并呈现出极大的相关性。

（一）农村贫困地区有些表现为精神贫困

表现之一是思想意识的落后。这种落后有以下几种：其一，安土重迁，眷恋故土。他们认为："金窝银窝，不如自己的老窝""富在外，不如穷在家"。有一个贫困乡的乡政府与外地一家工厂挂钩，在该厂安排 38 人打工。可是不到 3 个月，这些外出打工者又全部自动返乡。贫困地区往往自我封闭，人口流动率极低。据抽样调查，甘肃省定西县 1987 ~ 1990 年中，户均交通费仅 21 元，20 岁的成年男性和 25 岁的成年女性连 3 天以上的外出活动都没有，为数不多的外出活动，也基本上是走亲访友，外出务工经商都极少。其二，安贫守穷，不思进取。其三，听天由命，依赖国家。在自然、社会条件大致相同的情况下，富裕与勤劳为伴，贫困与懒惰相随。懒惰者的基本心态是依赖——依赖大自然的恩赐，依赖国家社会的救济。其四，重农轻商，市场意识落后。一个贫困乡的乡政府与一个贫困村签订了培植3万袋食用菌的合同，并规定由乡政府统一提供袋装原料和无息贷款。后来，由于农民害怕担风险而单方面推翻了合同。以上落后意识是在特定的自然、社会环境中形成的，然而一旦成为心理定势，要加以改变绝非易事。可以设想，要是贫困人口缺乏改变贫困面貌的动力，即使国家和社会赈济更多的钱物，也只能解一时之衣食，难以从根本上改变贫困人口的命运。

表现之二是贫困地区农民文化程度不高和农业科技利用率低。我国贫困地区人口的文化素质，从总体上看低于全国平均水平。据冯立天教授主持的“中国人口生活质量研究”课题组提供的数据，1990年我国平均教育生活质量指数为0.4525，而我国西部贫困面很大的云南、贵州两省，教育生活质量指数则分别只有0.0515和0.0600，只相当于全国平均值的11.38%和13.26%。据“中国23个贫困县人口问题研究”课题组调查，在贫困地区的人口中，文盲率较高、具有初等文化程度的人口比重较大，而具有高中及以上文化程度的人口比重很小。

由表1中数据看出，云南省绿春县1990年总人口中具有大学文化程度人口比重为0.16%，只相当于全国平均水平的11.51%，具有高中文化程度的人口比重为1.56%，只相当于全国平均水平的19.62%；而文盲半文盲的比重高达46.33%，相当于全国平均水平的2.56倍。而人口文化素质低下不利于控制人口数量，不利于人力资源的充分利用，不利于人口产业结构的调整，不利于生态环境的保护。

表1　1990年部分贫困人口受教育状况　单位：%

贫困县	各种文化程度人口占总人口比重				粗文盲率
	大学	高中	初中	小学	
甘肃定西	0.76	7.09	17.87	29.64	28.92
内蒙古和林	0.39	6.07	17.94	31.73	27.13
云南绿春	0.16	1.56	5.97	18.62	46.33
陕西宜川	0.45	7.24	22.80	32.67	20.55
全国平均	1.39	7.65	23.30	37.17	18.12

资料来源：全国数据根据“四普”资料；各贫困县数据由“中国23个贫困县人口问题研究”课题有关子课题组提供。

（二）农村贫困地区大部分为生态贫困区

生态贫困，即生态环境基础脆弱，自然条件恶劣。中国农村贫困地区多分布于自然条件恶劣，资源贫乏，生态破坏严重，土地生产率低下的山区，黄土高原区，偏远荒漠地区，地方病高发区，以及自然灾害频发区，这些区域多集中于中西部地区。有些书上称生态环境脆弱的地带为生态敏感带，国内有关专家对生态敏感带与经济贫困的相关性做了初步研究，主要结论是：(1）在划入生态敏感地带的县中，约有76%的县是贫困县，占这些省区贫困县总数的73%；(2）在划入生态敏感地带的土地面积中，约有43%的土地面积在贫困县内，占这些省区贫困县土地面积的47%；(3）在划入生态敏感地带的耕地面积中，约有68%的耕地面积在贫困县内，占这些省区贫困县耕地总面积的74%；(4）在划入生态敏感地带的人口中，约有74%的人口生活在贫困县内，占这些省区贫困县总人口的81%。由此看出贫困地区生态贫困率高达70%以上，中国生态敏感地带与经济贫困地区之间的相关性很高。

（三）经济、精神、生态贫困三者必须综合治理

物质贫困存在于中国农村贫困地区是不言而喻的，而精神贫困、生态贫困和物质贫困同时并存可以说是中国农村贫困地区的特征。三者之间相互影响，精神贫困，思想意识和观念陈旧，科技利用率低，造成经营的粗放，经济的高投入、低产出，经济效益低下，导致物质贫困，同时粗放经营又导致生态环境的破坏，即生态贫困加剧；而物质贫困，资金不足，收入低下，无力去投资教育和改善生态环境，与其他地区相比，精神贫困和生态贫困进一步加剧。这种恶性循环同时也告诉我们单一的扶贫措施，单一的扶贫效益评估都是片面的，即使某一方面或两方面暂时缓解，也会受另外一方面的影响，导致扶贫效率的不经济。因此贫困是精神、物质、生态均有待提高的集合体，必须从三个方面综合治理。

二、反贫困在可持续发展中的涵义

可持续发展观建立前，反贫困只注重解决贫困人口的温饱问题或生活条件的相对提高等物质贫困，但如果只注重物质扶贫，则极易造成一些政府的短期行为，个别地方政府的领导人好大喜功，急功近利，只追求脱贫的数量，而忽视脱贫的质量，盲目上马扶贫项目，管理粗放，造成扶贫的泡沫经济，加剧了贫困地区的生态破坏，损坏了经济的可持续性发展的基础。而可持续发展中反贫困不仅要增加经济财富，同时还加强精神扶贫和生态扶贫，而精神扶贫和生态扶贫比物

质扶贫更长期、更艰巨、难度更大。

三、扶贫效益的评估

在扶贫效益评估上，过去我们一直将生产总值、总收入或平均收入值等作为主要指标，同时，社区中贫困人口的收入分层和增加幅度，农村贫困线以下和以上的贫困人口数量变化等指标也是重要的参与资料，这些经济指标都注重扶贫的经济效益，而可持续发展中对扶贫效益的评估不仅包括经济效益，还包括社会效益和生态效益。经济效益注重物质财富的增加，社会效益注重社会精神财富的增加。包括社会结构的改善、社区文化教育事业的发展以及生活方式的积极变化等方面生态效益注重生态财富的增加，包括生态环境改善，土地、森林、水等自然资源的可持续利用率是否提高及环境承载力等方面。应把可持续收入（Y）作为衡量扶贫效益的主要指标：

$$Y = GNP - Dm - Dn - R$$

式中，Y 为可持续收入；GNP 为物质资本的增加；Dm 为物质资本和人造资本的折旧；Dn 为生态资本的折旧（包括自然资源损耗和环境质量与环境污染损失）；R 为生态资本的恢复成本和防止生态资本损失而采取保护措施等方面的开支。

只有物质资本的净增加，生态资本下降，则扶贫的效益仍是不可持续的，是得不偿失的。因此必须从物质、生态等方面综合规划和利用扶贫资金，在项目的管理和评估上加入生态效益和社会效益，才能不损害经济发展的后劲，为子孙后代谋福利，维持国家的长治久安。

四、反贫困措施

中国贫困人口 1999 年为 0.34 亿，国际反贫困理论和实践表明，当一个国家的绝对贫困人口占总人口比重下降为 10% 以下时，单靠他们自己的力量，不可能摆脱绝对贫困的状况。目前我国的社会经济发展水平或富裕程度已经达到了仅用很少一部分社会财富就能使贫困人口过上最低限度的“体面生活”，反贫困已经具有足够的经济力量。问题在于不仅能用外部经济支持来简单解决贫困人口现时温饱，市场经济也要求不能永远白养着这部分贫困人口，而应帮助他们获得生存和发展的能力，帮助他们改善生产条件，包括环境条件、生产工具、劳动者素质，这样才能自立和发展。按此思想，结合当前一些地区有成效的扶贫方式，我们把扶贫方式分为社会（文化）扶贫、经济（物质）扶贫和生态扶贫，社会文化效益和生态效益始终是衡量农村贫困地区可持续发展的重要指标，而经济扶贫必须考虑到对生态环境的影响，力争把负面影响做到最小。

（一）精神扶贫是脱贫的根本措施

经济和社会发展中的首要因素是人。“治贫必先治愚”，精神扶贫旨在提高贫困地区的人口质量，但中国贫困地区的人口快速增长已经对经济发展和生态环境造成了巨大的压力，因此控制人口数量，对于提高贫困地区的人口素质有着间接的有利影响。人口质量的提高包括提高贫困人口的文化水平和农业科技运用能力上，同时还包括生态意识、环保知识的普及率等方面。发展教育是精神脱贫的突破口。重视教育和教育设施投资，尤其是初等教育和技术培训，对贫困地区进行人力资源开发，是世界各国扶持贫困地区发展的普遍经验之一。我国的一些地区进行科技扶贫、劳务输出等形式也是有效的精神扶贫措施。贫困地区培养人才要因地制宜，贫困地区现阶段所需要的与其说是“高精尖人才”，还不如说是用得上、留得住、养得起、作用大的“乡土人才”。事实证明，实行农科教相结合，积极发展职业技术教育和成人教育，以培养“乡土人才”是富有成效的。

1986～1994年，国家科委拨专款在贫困地区开展科技培训累计达120余万人次，使科技扶贫联系地区的绝大多数农民都掌握一两项实用技术。据不完全统计，科技扶贫计划产生的直接经济效益8亿元以上，间接经济效益30亿元以上，使贫困地区农民脱贫步伐明显加快。精神扶贫应达到如下效果：（1）改变粗放的利用资源方式，改变贫困地区封闭生态方式和保守的活动方式。通过电视、广播宣传，通过外面的人走进来和贫困地区的人走出去，通过思想交流和观念的碰撞改变生产、生活方式。因此发展文化教育事业，丰富文化生活，发展交通通信等基础设施，特别是要尽快消除电视空白村。（2）让贫困地区人民认识到摆脱贫穷主要靠自己，而不单靠外援；掌握实施发展项目的必要认识；获得管理和技术技能，包括提高文化水平、掌握会计知识和相关生产技术等。（3）学会使用自己的权力，如实施法律赋予的权力，与各种盘剥作斗争，向社会谋求援助等；同时要建立能保障贫困地区人民有充分参与机会的组织，发展横向和纵向联合，形成组织网络。

（二）注重经济扶贫与生态环境优化结合

经济扶贫是扶贫的主要形式，但扶贫资金的运用方式十分重要。长期以来，政府采取转移支付的形式直接把资金发放到贫困县或其相关管理机构，进行的是“输血式”的扶贫方式，这种通过政府提供的社会救济、自然灾害救济、优抚等方式，只能缓解暂时的贫困，难以从根本上解决贫困问题。进入20世纪90年代，国家又将反贫困战略逐渐调整为以开发式扶贫为主，重点实施一些贫困户都能参与且能受益的项目和计划，如“以工代赈”计划、资源联合开发、移民开发等。要处理好经济开发与环境保护的关系。如果忽视环境的可持续发展，生态环境的破坏和污染会成为地区经济发展和改善生活质量的制约因素，会损失子孙后代的福利。一些贫困地区的自然资源丰富，尤其是矿产资源具有一定优势，因而依托自然资源发展地方经济，进行资源开发，就有一定的可行性，但一些扶贫干部市场观念淡薄，不考虑自身的资金、技术、人才等生产要素，更不考虑商品市场和行情，盲目开发，重复建设，乱开滥采，结果导致资源浪费，生态恶化，环境破坏。因此节约资源、保护生态环境、走可持续发展道路应始终是我们工作的方向。对此，发达国家的一些作法可以作为我们的借鉴。发达国家在帮助贫困地区发展经济的过程中，已经把环境治理放到了与经济发展同等重要的地位，把污染处理设施作为基础设施的一个组成部分。美国阿巴拉契亚区域开发专门有环境规划，内容包括减少大气污染和水污染，改进垃圾及固体物处理等。原联邦德国的地区政策中，扶持落后地区的基础设施建设是一个主要组成部分，其基础设施的范围除了交通、电力、供水、教育培训设施之外，也包括了固体废物、废水、废气污染处理设施。

（三） 生态扶贫是脱贫致富的基础和条件

人类生存发展离不开环境，人类一方面通过资源的开发获得物质和通过生态建设改变环境；另一方面，资源和环境又以自身的质量和数量分布制约人类的生存发展。生态恶化是贫困的重要原因，治理环境和恢复生态，既是脱贫的对策，也是寻求可持续发展的重要措施。因此必须把强化自然资源和环境保护工作作为脱贫发展的一项基本任务。我国贫困地区大都处于生态恶化地区，生态环境的治理和保护尤为重要。首先，思想上要把生态扶贫放在重要的地位。很多干部，不只是贫困地区的干部持有“吃饭第一，生态建设第二”“经济增长是硬指标，生态建设保护是软任务”的思想，必须树立“保护环境就是保护生产力，改善生态环境就是发展生产力”的指导原则。其次，在对贫困地区的扶贫效益评估上，必须把生态效益考虑进去，扶贫开发项目也包括相应的污染处理设施，为此生态效益的评估人才、环境工程的相关专家要大量扩充到扶贫开发部门。反贫困问题归根结底是一个发展问题，而这个发展是否是可持续的，就看其是否是在生态环境可持续基础上进行经济发展，反贫困的归宿在于缩小和消除城乡差距、地区差距和工农差距，而这种差距不仅仅是经济上的差距，思想观念上的差距缩小是反贫困的最大收益，因此文化扶贫应作为扶贫开发的先导和扶贫评估的重要指标。只有物质财富、精神财富、生态财富都有所增加或至少不减少，才能摆脱贫困，获得可持续发展。

参考文献

[1] 陈耀邦:《可持续发展战略读本》,中国计划出版社 1996 年版。
[2] 刘思华:《可持续发展经济学》,湖北人民出版社 1997 年版。
[3] 叶明德、刘长茂:《反贫困与人口问题》,杭州大学出版社 1998 年版。
[4] 朱栋梁:《国际反贫困发展战略探析》,载《农业经济》2000 年第 2 期。
[5] 徐晓军:《我国农村扶贫工作的十大误区》,载《农业经济问题》2000 年第 3 期。

(原载《生态经济(中文版)》2001 年第 12 期,合作者:赵君丽)

绿色营销与企业可持续发展

绿色营销是以促进可持续发展为目标，通过交换过程以满足人们的绿色消费需求，以实现自身利益、消费者利益和生态利益的有机统一所进行的市场调查、产品开发、产品定位和分销以及售后服务等一系列的生产经营活动。它是生态与经济有机统一与协调发展的现代市场营销方式，能达到生态环境与经济社会的有机结合与协调发展，确保现代企业及整个经济社会可持续发展。

一、企业可持续发展问题与绿色营销

“可持续发展”是指通过发展经济、保护环境、控制人口等，走一条人口、经济、社会、环境和资源相互协调，既能满足当代人的要求，又不对后代人的发展构成危害的发展道路，以保持社会具有长期可持续发展的能力。而“绿色营销”强调的虽然只是企业的营销行为，但追求的目标则完全从属于“可持续发展”的战略目标，它是通过强调企业在营销中要保持地球的生态环境，反对污染，充分利用资源，“以实现人类共同愿望和需要——资源永续利用和保护与改善生态环境”，从而在满足人类的绿色消费的同时，实现企业的营销目的。

“绿色营销”的主要目的在于理顺企业的经济效益与自然之间的关系，其主要内容包括加强环境保护，有效利用资源，从而提高经营效益，促进人类身心健康，而这些正是“可持续发展战略”的主要方面。“可持续发展”是以资源的可持续利用和良好的生态环境为基础的，没有资源的有效利用，没有环境的妥善保护，即便是人口得到了适宜控制，也不能保持经济的可持续发展。

提出“绿色营销”，虽然是由于人类的环保意识和“绿色营销”意识的觉醒，是为了满足人类“绿色消费”的需求，但真正实施这一营销策略的主体是企业。社会团体和广大消费者，只能从客观上要求企业加强“绿色营销”，或从制度上、经济上、舆论上、道义上要求或促使企业开展“绿色营销”，而“可持续发展”的战略主体则是政府和国家。但企业是社会经济最基本的细胞，因而它是实现社会可持续发展战略最基本、最关键的因素。企业要发挥其保护环境的生力军作用，参与政府的“可持续发展战略”，其手段则是实施“绿色营销”，企业的“绿色营销”实际上是企业作为一种特殊的社会力量以其特殊的方式为国家实施“可持续发展战略”发挥其特殊的作用。

市场是现代人类从事经济活动的场所和形式，市场的运行状况直接关系着人类经济的今天和未来。市场能否持续发展，将直接影响经济能否持续发展。进一步说，在现代社会，可持续发展问题归根结底是市场可持续发展问题。

在市场运行中，营销是连接生产和消费的基本环节。消费者的市场需求通过营销环节向生产者传达信息，生产者的成果和利益通过营销得到实现。要使市场可持续发展，就必须大力推行以环境保护为宗旨的营销方式。而绿色营销就是要求企业把“无废无污”和“无任何不良成分”及“无任何副作用”贯穿于整个营销活动中的一种营销方式。因此，绿色营销是实现市场可持续发展的根本途径。

绿色营销作为实现可持续发展战略的具体措施，它包括树立绿色营销观念、搜集绿色信息、开发绿色资源、研制绿色产品、制定绿色价格、开展绿色促销，实施绿色管理等步骤和内容。这些措施和内容的全面实施，必将使市场与环境的关系大为改善，最终将使市场与环境在新的运行机制下达成一种新的平衡，从而彻底完成对传统营销方式、消费方式和经营方式的变革。这样，市场自身也将获得长远持久的发展。

二、推行绿色营销促进企业可持续发展

绿色营销适应了人类保护生存环境的要求，是企业营销发展的必然趋势，它使企业具备了应付资源环境问题挑战的能力，并进一步推动了当前环保时代企业经营的可持续发展。

1. 绿色营销能促进资源合理配置，提高资源配置和使用效率。消费者觉醒的绿色意识以及政府、社会团体有效适度的调节反作用于企业，限制无节制的掠夺和浪费环境资源的行为，迫使企业从人类生存和社会可持续发展的利益出发，把开发和利用资源与保护环境有效结合起来。

2. 绿色营销有利于企业占领市场和扩大市场销路，随着公众环境意识的增强和生活水平的提高，以保护环境为特征的绿色消费正影响着人们的消费观念和消费行为，成为一种新的时尚。企业通过绿色营销，提供消费者所需要的绿色产品，满足消费者的绿色需求，可以扩大市场占有率，促进企业占领国际市场，使企业立于不败之地。

3. 实施绿色营销可以促进企业塑造绿色文化，绿色企业文化强调大家共同

努力为我们生存的地球和环境变得更美好而负起责任并付诸行动，具有丰富的内涵和强大的生命力。它顺应潮流，无论从道义上还是从利益方面都很吸引人。它影响人类的良知，满足人们对利益的长远考虑。企业通过实施绿色营销，使全体员工树立绿色营销观念，并在此观念指导下，施行清洁生产方式，在企业内部营造清洁和安全的工作环境，有利于企业职工身心健康，培育企业“绿色文化”。

4. 实施绿色营销可以构建绿色企业形象，赢得独特的竞争优势。在市场竞争日益激烈，环境保护愈来愈重要的今天，企业要想在众多的竞争对手之中立于不败之地，树立绿色企业形象，赢得竞争优势是至关重要的。顾客在购物时，十分关心这个产品是不是绿色产品，并且翻阅相关的资料找出有良好“绿色记录”的企业，注意购买他们生产的产品。企业之间做生意也很关注对方在这方面的表现，有的企业在进行采购时以 ISO 14000 为标准选择供应商。企业进行绿色营销，通过采用绿色能源，施行清洁生产方式、生产绿色产品等向广大公众展示自己的绿色企业形象，从而赢得更高的顾客满意度和忠诚度，建立自己独特的竞争优势。

5. 有利于“个人满足”。人们认为绿色营销“是正义的”。所以，通过实施绿色营销战略，企业家得到良知的安慰和道义的满足，企业成员充满自豪并为自己是其中一员而满足，而消费者亦由于自己的绿色消费，帮助绿色营销的最终实现而满意。

6. 绿色营销可以推动新型的绿色文明的发展。绿色文明是一种以追求环境与人类和谐生存和发展的新型文明，代表着一种更高级的效率目标，也代表了一种更深远的公平理想——既保证当代人之间的环境权利公平又保证后代人生存权发展权的公平体系。绿色文明尚不是独立的社会形态，它作为一种新的生产方式、生活方式和思维方式而置身于现存工业文明体系中，并对漠视自然的、非持续发展的工业文明进行否定和改造。通过绿色营销的活动，协调“企业—保护环境—社会发展”的关系，使经济发展既能满足当代人需要，又不至于对后代人的生存和发展构成危害和威胁，促进社会文明的进步。

目前，我国经济发展正在由以大量消耗资源和粗放经营为特征的非持续发展模式向可持续发展转变的过程之中。在企业经营中居核心地位的企业营销，也必然发生由传统营销方式向以可持续性为特点的绿色营销方式转变。我们需要从多方面来促进绿色营销的发展。

绿色营销的推行，需要政府、企业、社会各方面的共同努力。绿色营销需要政府为其创造良好的绿色市场环境，这主要指政府可以通过制定绿色政策、绿色法规等来为企业创造良好的外部环境。在企业营销绿色化的过程中，政策导向具有重要的作用。

在宏观环境支持下，企业首先要制订绿色营销战略计划，树立起良好的绿色企业形象；通过搜集绿色信息，开发绿色资源，研发绿色产品；制定适宜的绿色价格，选择恰当的销售渠道；大力开展绿色产品的促销活动；对企业生产经营全过程实施绿色管理，从而实现企业的可持续发展。

参考文献

[1] 万后芬、马瑞婧、夏祖洋、钟沁升：《绿色营销》，湖北人民出版社 2000 年版。

[2] 沈根荣：《绿色营销管理》，复旦大学出版社 1998 年版。

（原载《长沙理工大学学报（社会科学版）》2003 年第 1 期）

全球化、城镇化与二氧化碳排放

一、引言

随着中国经济的快速增长，能源消费需求和温室气体排放都呈现出快速增长的趋势。从我国现有能源消费结构来看，主要是以煤炭为主，石油、天然气为辅，新能源与可再生能源的比例较低。据统计，2010 年全国能源消费总量为 32.49 亿吨标准煤，其中，煤炭消费量占比为68%，石油消费量占比为19%，天然气占比为4.4%，其他新能源与可再生能源占比仅为8.6%。在能源尤其是化石能源消费过程中会伴随着大量 CO_2 排放。因此，为了履行国际义务和保护本国环境，中国政府提出了 2020 年 CO_2 减排政策，即到 2020 年单位 GDP 的 CO_2 排放量比 2005 年降低 40% ~45%。

经济全球化在促进中国经济快速发展的同时，也增加了中国 CO_2 排放。在中国目前缺乏有效环境保护政策的前提下，经济全球化促进了生产和消费的非持续性增长，加剧了对环境的污染和破坏。中国对外贸易呈现快速增长态势，1991 ~ 2010 年进出口总额年均增长率为 17.65%，出口总额年均增长率为 17.66%。中国出口贸易的快速增长是以出口高能耗产品为主，是以污染本国环境为前提的，随着欧美国家提出对包括中国在内的发展中国家的产品征收“碳关税”，无疑更进一步增加贸易和环境之间的矛盾。此外，中国 FDI 投资规模一直保持高速增长，1991 ~2010 年实际使用外资额的年均增长率为 12.53%。可见，FDI 已经成为促进中国经济增长的重要组成部分，同时对中国污染排放和环境质量也造成一定影响。FDI 一方面会为中国环境治理带来先进的污染防治技术和管理理念，也会成为一些发达国家企业的“污染避难所”。因此，经济全球化是驱动 CO_2 排放的重要因素。

城镇化发展与能源消费之间存在紧密的逻辑关系。中华人民共和国成立后，城镇化发展呈现稳步上升的趋势，1949 ~ 2010 年城镇化年均增长率为 2.56%，1978 ~2010 年城镇化年均增长率为 3.26%，今后中国城镇化还将保持较快发展的趋势，城镇化率仍将以年均提高1个百分点左右的速度推进。城镇化快速增长阶段的能源消费特征是增长速度快和能源需求刚性。城镇化与工业化发展一般同步进行，工业化发展体现为高耗能产业的发展，因此城镇化发展会增加能源消费速度；与此同时，城镇化进程中会伴随大规模的基础设施建设，在国际市场有限的前提下，国内会对能源消费产生刚性需求。因此，城镇化发展也是驱动 CO_2 排放的重要因素。

二、文献综述

（一）经济全球化与 CO_2 排放

随着经济全球化的不断深化，国外学者开始反思经济全球化在促进本国经济增长过程中也会对环境质量造成的影响，主要集中在运用跨国面板数据研究贸易开放和 FDI 对 CO_2 排放的影响，得出了不同结论。

第一种观点认为贸易开放会增加 CO_2 排放，如罗伯茨等（Roberts et al.，2003）运用1998年136个国家数据研究发现出口占 GDP 的份额对碳强度具有显著影响，科尔和埃利奥特（Cole & Elliott，2003）运用1975~1995年32个国家面板数据研究得出贸易自由化会增加 CO_2 排放，马拉基（Managi，2004）运用1960~1999年63个国家数据分析发现贸易自由化会增加 CO_2 排放且弹性为0.579，斯瑞特斯凯和林奇（Stretesky & Lynch，2009）运用1989~2003年169个国家数据研究表明出口与人均 CO_2 排放量呈现正相关。

第二种观点认为贸易开放会减少 CO_2 排放，如科尔（Cole，2004）运用1980~1997年 OECD 国家数据分析发现贸易开放会减少 CO_2 排放。

第三种观点认为贸易开放对 CO_2 排放影响效应存在差异，如黑尔和塞尔登（Heilh & Selden，2001）运用1950~1992年132个国家数据研究发现增加贸易强度会提高低收入国家的 CO_2 排放而降低高收入国家的 CO_2 排放，塔克达和马特苏瑞安（Takeda & Matsuura，2006）运用1988~2000年10个东亚国家数据研究发现出口会增加 CO_2 排放而进口对 CO_2 排放不存在显著影响；第四种观点认为两者不存在关系，如克斯利和里德尔（Kearsley & Riddel，2010）运用1980~2004年27个 OECD 国家数据分析发现贸易开放对人均 CO_2 排放影响不显著。

在 FDI 和 CO_2 排放方面，第一种观点认为 FDI 与 CO_2 排放存在正相关，如格赖姆斯和肯特（Grimes & Kentor，2003）利用1980~1995年66个不发达国家数据研究发现 FDI 对 CO_2 排放总量具有显著的正向效应，乔根森（Jorgenson，2007）利用1975~2000年37个不发达国家数据分析发现制造业的 FDI 与 CO_2 排放总量呈现显著正相关，珀金斯和诺伊迈尔（Perkins & Neumayer，2008）利用1980～2000年114个国家数据研究表明FDI与东道国CO_2排放效率具有明显的正向效应；第二种观点认为FDI会减少CO_2排放，如塔卢克达尔和迈斯纳（Talukdar & Meisner，2001）运用1987～1995年44个发展中国家数据分析发现工业私人部门的FDI会降低CO_2排放；第三种观点认为FDI对CO_2排放影响存在差异，如霍夫曼（Hoffmann，2005）等利用112个国家面板数据对FDI和CO_2排放进行格兰杰因果检验得出：低收入国家中CO_2排放是FDI的格兰杰原因，中等收入国家中FDI是CO_2排放的格兰杰原因，高收入国家中两者不存在格兰杰因果关系。

随着中国改革开放的不断深入、大量外资流入和CO_2排放增加，国内外学者也开始关注经济全球化对中国CO_2排放的影响。李秀香和张婷运用1981～1999年时间序列数据实证分析发现我国出口的增长在一定程度上减少了人均CO_2的排放。安（Ang，2009）运用1953～2006年时间序列数据研究发现高贸易开放度会增加CO_2排放。杰尔和马哈茂德（Jalil & Mahmud，2009）运用1975～2005年时间序列数据研究发现贸易对CO_2排放具有正向效应但统计上不显著。宋德勇和易艳春（2011）运用1978～2008年时间序列数据分析发现FDI对CO_2排放有负的影响。刘华军和闫庆悦（2011）利用1952～2007年时间序列分析表明贸易开放对CO_2排放具有负的效应，但统计上不显著；利用1983～2007年时间序列分析表明贸易开放对CO_2排放具有正的效应，FDI对CO_2排放具有负的效应，但均不显著；利用1995～2007年省级面板数据的协整检验分析表明，贸易开放对CO_2排放具有统计上显著的正的效应，而FDI对CO_2排放具有负的效应，同样不显著。任力和黄崇杰（2011）运用1995～2007年东中西三大区域数据分析发现对外贸易密度对人均碳排放有显著的影响，且中部、西部的边际碳排放比东部大。牛海霞和胡佳雨（2011）利用1995～2007年面板数据分析得出FDI与我国二氧化碳排放正相关，FDI提高1%，人均二氧化碳排放增加0.09%左右，且东部地区的FDI二氧化碳排放弹性系数最大、能耗强度最低。李锴和齐绍洲（2011）运用1997～2008年面板数据分析发现贸易开放增加了中国省区的CO_2排放量和碳强度。熊立等（2012）运用1985～2007年的时间序列数据研究发现FDI的进入增加了中国的CO_2排放量。傅京燕和裴前丽（2012）运用1997～2008年数据分析得出对外贸易不利于中国CO_2减排目标的实现，却有利于中国CO_2排放强度的降低。

（二）城镇化与CO_2排放

城镇化进程中的高耗能增长特征对碳排放的冲击是非常明显的。大多数国外学者认为城镇化对CO_2排放具有显著影响，如帕瑞克和舒克拉（Parikh & Shukla，1995）利用发展中国家面板数据实证分析城镇化对CO_2排放具有显著影响，科尔和诺伊迈尔（Cole & Neumayer, 2004）运用1975～1998年全球86个国家数据分析发现高城市化率会增加 CO_2 排放，约克（York，2007）运用1960～2000年14个欧盟成员国数据分析分析发现城镇化对能源消费的贡献较大，进而产生更多的碳排放。关于城镇化和 CO_2 排放之间的关系，有学者认为城镇化与 CO_2 排放总体上呈现正相关，有学者认为两者呈现非线性关系，有学者认为两者呈现倒“U”型关系。也有学者认为，不同收入水平国家城镇化对 CO_2 排放存在差异，如范等（Fanet al, 2006）利用1975～2000年面板数据分析发现高收入国家城镇化对 CO_2 排放贡献最大，玻曼冯和肯尼科（Poumanyvong & Kaneko，2010）运用1975～2005年99个国家的面板数据和STIRPAT模型实证分析发现城镇化对 CO_2 排放影响在所有收入水平国家上均显著，尤其是中等收入国家。

随着中国城镇化进程加快和 CO_2 排放的高速增长，国内学者也开始研究中国城镇化对 CO_2 排放影响，结果表明城镇化对 CO_2 排放具有显著效应，如魏等（Wei et al.，2003）研究表明中国城镇化率每增加1%将导致 CO_2 排放增加1.2%，林伯强和刘希颖研究显示城市化的确对碳排放有重要影响，许泱和周少甫研究表明我国城市化的推进导致碳排放量的增加，而且城市化进程会继续放大碳排放量的增加，郭郡郡和刘成玉研究表明中国的城市化对碳排放量和碳排放强度均具有正向的影响，且城市化对碳排放的影响存在省际差异。同时有学者认为城镇化与 CO_2 排放存在长期稳定的均衡关系，也有学者认为两者并不存在长期均衡关系。

综合现有研究成果，主要呈现几个特点：一是考虑中国区域间对外开放程度、吸引外资力度、城镇化发展速度和环境质量差异较大，在进行全国整体研究的基础上，分为东部、中部和西部三大区域进行研究，有利于更好反映各自的实际情况。二是现有文献研究主要是基于以一种模型分别研究经济全球化、城镇化对中国 CO_2 排放的影响，本文同时运用STIRPAT模型、EKC模型和混合模型分别考察经济全球化和城镇化对中国 CO_2 排放的影响效应，确保获得更加稳健的研究结论。

三、模型设定与数据处理

（一）模型设定

经典的IPAT模型认为环境影响（I）与人口（P）、富裕程度（A）和技术水平（T）紧密相关[①]，即 $I = P \cdot A \cdot T$。基于此基本分析框架，约克（York）、

① Paul R. Ehrlich, John P. Holdren, 1971: Impact of Population Growth, Science, No. 171.

罗莎（Rosa）和迪茨（Dietz）提出了 STIRPAT 模型（Stochastic Impacts by Regression on Population，Affluence and Technology）①，基本形式为：

$$I_i = aP_i^b A_i^c T_i^d e_i$$

其中，a、b、c、d 均为被估计的参数，e_i 为随机误差项，i 表示 I、P、A、T 在不同观测单元之间的变化。

格罗斯曼（Grossman）和克鲁格尔（Krueger）研究发现经济增长与环境质量之间呈现一种倒“U”型关系，即环境库兹涅茨曲线（EKC）②，其基本形式为：

$$E = \alpha + \beta_1 y + \beta_2 y^2 + \beta_3 y^3 + \beta_4 Z + \varepsilon$$

其中，E 代表环境质量指标，y 代表收入水平（一般为人均 GDP），Z 代表除收入水平外影响环境质量的其他指标，α 代表常数项，β_1、β_2、β_3、β_4 分别代表各自变量的估计系数，ε 代表误差项。

经济全球化是一个比较抽象的概念，因此采用贸易开放度和外资依存度来衡量。在结合 STIRPAT 和 EKC 模型的基础上，选取人口数、人均 GDP、能源强度、贸易依存度、外资依存度和城镇化水平等因素作为自变量，来研究经济全球化、城镇化对 CO_2 排放的影响，具体面板数据模型如下：

STIRPAT 模型：$C_{it} = f(P_{it}, PY_{it}, EI_{it}, XM_{it}, FDI_{it}, UR_{it})$

EKC 模型：$C_{it} = f(PY_{it}, PY_{it}^2, PY_{it}^3, XM_{it}, FDI_{it}, UR_{it})$

混合模型：$C_{it} = f(P_{it}, PY_{it}, PY_{it}^2, PY_{it}^3, EI_{it}, XM_{it}, FDI_{it}, UR_{it})$

其中，C_{it}代表 CO_2 排放量；P_{it}代表人口数；PY_{it}代表人均 GDP；EI_{it}代表能源强度；XM_{it}代表贸易开放度；FDI_{it}代表外资依存度；UR_{it}代表城镇化水平；i 代表省份；t 代表年份。

（二）数据处理与来源

1. CO_2 排放。以 IPCC 为指导目录对 CO_2 排放量进行详细测算。在此主要利用中国广泛使用的煤炭、石油和天然气等一次能源的消费使用，首先按照“各种能源折标准煤参考系数”将各省市三种一次能源的消费实物量折算成标准统计量（万吨标准煤），其次，利用因素分解法将能源消费量折算成 CO_2 排放量，具体计算公式如下：

$$C = \sum_i E \cdot \frac{E_i}{E} \cdot P_i \cdot Q = \sum_i E \cdot e_i \cdot P_i \cdot Q$$

---

① Richard York，Eugene A. Rosa，Thomas Dietz，2003：STIRPAT，IPAT and ImPACT：Analytic Tools for Unpacking the Driving Forces of Environmental Impacts，Ecological Economics，Vol. 46，No. 3.

② Gene M. Grossman，Alan B. Krueger，1991：Environmental Impacts of the North American Free Trade Agreement，NBER working paper，No. 3914.

其中，C 代表 CO_2 排放量，单位：吨；E 代表能源消费总量，单位：万吨标准煤；E_i 代表第 i 种能源消费量，单位：万吨标准煤；e_i 代表第 i 种能源消费量所占比重，单位：%；P_i 代表碳排放系数，来自现有各项研究数据的平均值①，单位：吨碳/吨标准煤；Q 代表 CO_2 气化系数，是指碳完全氧化成为 CO_2 之后与之前的质量之比，是一个标准量 44/12②；i 代表各种含碳能源，主要是指煤炭、石油和天然气等。

2. 经济全球化。贸易开放度用各省市进出口总额除以其 GDP 来衡量，外资依存度用各省市 FDI 除以其 GDP 来衡量。其中，各省市进出口总额数据来源于历年《中国统计年鉴》中的“各地区按境内目的地和货源地分货物进出口总额”，然后根据年平均汇率（历年《中国统计年鉴》）换算成人民币，再根据各省市 GDP 数据（历年《中国统计年鉴》）得出贸易开放度，单位：%；各省市 FDI 数据为实际利用外商直接投资规模，来源于中国经济信息网数据库，根据然后根据年平均汇率（历年《中国统计年鉴》）换算成人民币，再根据各省市 GDP 数据（历年《中国统计年鉴》）得出外资依存度，单位：%。

3. 城镇化水平。考虑到数据的可获得性，现有研究普遍采用人口比重指标法，即用城镇人口占总人口比重来衡量城镇化水平。因此，本文仍然沿用普遍的人口比重指标法，即用城镇人口占总人口比重来衡量城镇化水平，单位：%。为保证数据连贯性和科学性，本文 1997 ~ 2000 年分省市城镇化数据参考周一星等的修补数据③；2001 ~ 2004 年数据来自《新中国 60 年统计资料汇编》；2005 ~ 2009 年数据来自历年《中国统计年鉴》。

4. 其他变量数据。全国的人口数据来源于历年《中国统计年鉴》，在计算各省市人口数时，使用的人口数为当年和上年的平均数，单位：万人；人均 GDP 数据均来源于历年《中国统计年鉴》，单位：元，以 1997 年为不变价格；能源强度是反映单位 GDP 生产过程中的能源消费量，单位：吨标准煤 / 万元。

考虑到数据可得性和连续性，本文所有样本数据为 1997 ~ 2009 年全国 30 个省市。东中西部地区划分如下：东部地区包括北京、天津、河北、辽宁、上海、江苏、浙江、福建、山东、广东和海南等 11 个省份；中部地区包括山西、吉林、黑龙江、安徽、江西、河南、湖北、湖南等 8 个省份，西部地区包括四川、重庆、贵州、云南、陕西、甘肃、青海、宁夏、新疆、广西、内蒙古等 11 个省份。

---

① 杨晓军、陈浩：《中国城镇化对二氧化碳排放的影响效应：基于省级面板数据的经验分析》，载《中国地质大学学报》（社会科学版）2013 年第 1 期。

② 胡鞍钢、郑京海、高宇宁、张宁、许海萍：《考虑环境因素的省级技术效率排名：1999 ~ 2005》，载《经济学（季刊）》2008 年第 3 期。

③ 周一星、田帅：《以“五普”数据为基础对我国分省城市化水平数据修补》，载《统计研究》2006 年第 1 期。

表 1 中列出了各变量的描述性统计结果。

表 1　各变量的描述性统计结果

变量	定义	最大值	最小值	均值	标准差	样本数
CO_2	CO_2 排放总量（万吨）	79892.09	267.44	16462.40	13262.45	390
P	年中人口数（万人）	9930.00	492.00	4232.53	2564.57	390
PY	人均 GDP（元）	23367.25	2083.69	6998.14	4329.34	390
EI	能源强度（吨 / 万元）	9.59	0.85	3.15	1.69	390
XM	贸易开放度（%）	166.82	4	30.73	36.85	390
FDI	外资依存度（%）	15.6	0.004	2.34	2.71	390
UR	城镇化水平（%）	89.09	21.53	43.78	15.70	390

四、计量结果与实证分析

（一） 单位根检验

在实证分析中，对变量进行自然对数处理不但不会改变变量间原有的协整关系，而且可以消除变量的异方差，因此本文对所涉及的所有变量进行自然对数变化。面板数据是否平稳或是否具有相同单整阶数是面板数据进行回归分析的重要前提，为避免实证分析时出现“伪回归”现象，首先需要对模型中的各变量进行单位根检验。本文使用 LL 检验和 IPS 检验方法对面板数据进行单位根检验，具体检验结果如表 2 所示。检验结果表明：模型中所涉及的变量均为一阶单整序列 I（1），因此可以运用这些变量进行面板数据回归分析。

表 2　面板数据的单位根检验结果

变量	水平统计量				一阶差分			
	LL 检验		IPS 检验		LL 检验		IPS 检验	
	c	c + t	c	c + t	c	c + t	c	c + t
$lnCO_2$	4.68070	-6.07745 ***	8.67055	-1.46242 *	-9.94333 ***	-7.18063 ***	-6.75791 ***	-1.79010 **
lnP	-12.4416 ***	-6.83380 ***	-2.31280 **	-3.50931 ***	-7.36478 ***	-15.3550 ***	-6.46395 ***	-7.01651 ***
lnPY	2.04027	-6.40223 ***	4.51235	-0.15155	-7.08355 ***	-5.59855 ***	-4.65998 ***	-1.29393 *
ln^2PY	2.09193	-6.36820 ***	4.54028	-0.06920	-7.02611 ***	-5.46832 ***	-4.64301 ***	-1.40712 *

续表

变量	水平统计量				一阶差分			
	LL 检验		IPS 检验		LL 检验		IPS 检验	
	c	c+t	c	c+t	c	c+t	c	c+t
$\ln^3PY$	2. 13535	-6. 31897 ***	4. 56736	0. 01595	-6. 98469 ***	-5. 42139 ***	-4. 62723 ***	-1. 45952 *
lnEI	-0. 63841	-8. 18198 ***	5. 71535	-2. 03792 **	-13. 1573 ***	-12. 0069 ***	-8. 92821 ***	-5. 46179 ***
lnXM	-4. 13339 ***	8. 79667	-0. 64502	5. 51710	-2. 64771 *	-3. 80320 ***	-1. 08398 *	-0. 59806 ***
lnFDI	-5. 15857 ***	-6. 46500 ***	-2. 86593 ***	-2. 35357 ***	-8. 39075 ***	-8. 33849 ***	-6. 22123 ***	-3. 59531 ***
lnUR	0. 28604	-7. 06314 ***	6. 29610	-1. 43071 *	-8. 91508 ***	-9. 89728 ***	-5. 54143 ***	-3. 30583 ***

注：c 代表检验类型仅包括常数项，c+t 代表检验类型包括常数项和时间趋势项，最优滞后阶数由 SIC 确定；***、**、*分别代表 1%、5%、10% 的显著性水平下拒绝原假设。

（二）回归估计

面板数据模型一般包括混合估计模型、固定效应模型和随机效应模型三种形式，因此在对面板数据进行估计前需要首先对面板模型的设定形式进行检验，首先利用 F 统计量来对是否建立混合估计模型进行检验，然后运用 Hausman 检验来选择采用固定效应或随机效应模型，最后运用 Kao 检验对面板数据回归方程进行协整检验。在此，运用 STIRPAT 模型、EKC 模型和混合模型分别考察经济全球化和城镇化对中国 CO_2 排放的影响效应。

1. 全国样本数据的面板估计模型。表 3 给出因变量为 CO_2 排放量自然对数的全国面板数据模型的回归方程及检验结果。从回归结果的调整后 R^2、F 统计量和 Kao 检验等结果来看，所有回归模型总体拟合程度良好，在 1% 的显著性水平下通过了协整关系检验，说明经济全球化和城镇化对中国整体 CO_2 排放存在长期的均衡关系。

从 STIRPAT 模型来看，人口、经济、能源强度对 CO_2 排放的回归系数为正值且在统计上均满足 1% 的显著性水平，说明人口增加、经济增长和能源利用效率降低会增加 CO_2 排放量，对中国环境影响是负面的；贸易开放度的系数为正值，说明进出口贸易的快速增长会增加 CO_2 排放量，但该系数在统计上并不显著；外资依存度的系数也为正值且在统计上显著，说明 FDI 对 CO_2 排放存在正的效应；城镇化水平的系数也为正，说明城镇化水平提高也对 CO_2 排放产生影响，但其系数在统计上并不显著。从 EKC 模型来看，人均 GDP 的一次项、三次项系数为负，二次项系数为正，且在统计上均满足 1% 的显著性水平，这说明人均 GDP 和 CO_2 排放呈现显著的倒“N”型关系，环境库茨涅茨曲线假说成立；贸易开放度、城镇化水平和 CO_2 排放量呈现显著正相关，且在统计上均满足 1% 的显

表 3 因变量为 CO_2 排放量自然对数的全国面板数据模型估计结果

模型	STIRPAT 模型			EKC 模型			混合模型		
常数项	-4.398397***	-4.356615***	-4.608740***	357.5185***	270.7464***	250.5174***	-57.85328***	-56.26943***	-60.12320***
lnP	0.588300***	0.571513***	0.608242***				0.803051***	0.781617***	0.829948***
lnPY	0.917091***	0.910684***	0.901736***	-120.2545***	-91.07252***	-84.55440***	16.39495**	15.96415**	17.01759**
ln^2PY				13.64305***	10.31164***	9.621469***	-1.503475*	-1.462592*	-1.567703*
Ln^3PY				-0.509672***	-0.385060***	-0.360446***	0.046994	0.045734	0.049153
lnEI	0.952505***	0.951632***	0.948182***				0.968543***	0.971489***	0.971961***
lnXM	0.009045		0.001851	0.233601***		0.151466***	0.004523		0.000697
lnFDI	0.008912*		0.010083**	-0.021669***		-0.020105**	0.008920*		0.010048**
lnUR		0.048733	0.056927		1.006714***	0.774227***		0.022388	0.023846
RTC	0.000801	0.000610	0.000501	0.022660***	0.017554***	0.016798***	-0.001287	-0.001330*	-0.001662**
Adjusted R^2	0.991140	0.991181	0.991067	0.982139	0.980290	0.979740	0.991901	0.991802	0.991672
F - statistic	1244.329***	1286.917***	1199.843***	612.1383***	570.0371***	523.5444***	1288.541***	1308.262***	1219.933***
Kao 检验	-5.176222***	-5.136789***	-5.207733***	-3.797137***	-3.981535***	-4.261624***	-5.333190***	-5.309163***	-5.339231***
样本容量	390	390	390	390	390	390	390	390	390
估计方法	FE	FE	FE	FE	FE	FE	FE	FE	FE

注：所有模型中均加入区域和时间变量的交叉项（RTC），其中东部地区为1，中部地区为2，西部地区为3，时间变量从1997~2009年分别为1~13，交叉项为两者之积；***、**、*分别代表1%、5%、10%的显著性水平下拒绝原假设。

著性水平，说明贸易开放度和城镇化对 CO_2 排放具有正的效应，即 CO_2 排放量会随着贸易开放程度和城镇化水平的提高而增加；外资依存度的系数为负数且在统计上比较显著，表明 FDI 对 CO_2 排放存在负的效应，即 CO_2 排放量会随着外资依存度的上升而减少。从混合模型来看，人口、经济、能源强度对 CO_2 排放具有正的效应，其系数在统计上均显著；人均 GDP 的一次项、三次项系数为正，二次项系数为负，且其系数在统计上基本显著，说明人均 GDP 和 CO_2 排放呈现显著的“N”型关系，也符合环境库茨涅茨曲线假说；贸易开放度和城镇化水平也对 CO_2 排放具有正的效应，但其系数在统计上并不显著；外资依存度的系数为正值且在统计上显著，说明 CO_2 排放总量会随着 FDI 占 GDP 的比重的上升而增加。

2. 区域样本数据的面板估计模型。表 4 给出因变量为 CO_2 排放量自然对数的区域面板数据模型的回归方程及检验结果。从回归结果的调整后 R^2、F 统计量和 Kao 检验等结果来看，所有回归模型总体拟合程度良好，在 1% 的显著性水平下通过协整关系的检验，说明经济全球化和城镇化对中国各区域 CO_2 排放存在长期的均衡关系。下面针对每个区域样本数据进行详细分析。

（1）东部地区样本数据的面板估计模型。总体来看，三个模型中各自变量的回归系数基本显著，说明东部地区经济全球化和城镇化对 CO_2 排放量均具有显著影响。具体来看，STIRPAT 模型中人口、人均 GDP 和能源强度对 CO_2 排放总量的回归系数为正值且在统计上显著，说明随着人口增加、经济增长和能源强度越高，东部地区 CO_2 排放量就越多，越容易造成东部地区环境质量恶化；贸易开放度对 CO_2 排放的回归系数为正值，说明东部地区贸易开放对 CO_2 排放具有正的效应，但在统计上并不显著；外资依存度在 10% 的显著性水平下为负，说明东部地区 FDI 对 CO_2 排放存在负的效应；城镇化水平的系数为负值，说明东部地区城镇化水平提高会降低 CO_2 排放，但是该系数在统计上并不显著。EKC 模型中东部地区人均 GDP 和 CO_2 排放总量呈现显著的倒“N”型关系；贸易开放度的系数为正值且在统计上满足 1% 的显著性水平，说明东部地区贸易开放会增加 CO_2 排放；外资依存度的系数为负数且在统计上比较显著，表明东部地区 FDI 对 CO_2 排放存在负的效应；城镇化对 CO_2 排放具有正的效应，即东部地区 CO_2 排放量会随着城镇化水平的提高而增加。混合模型中东部地区人口、经济和能源强度对 CO_2 排放具有正的效应，且人均 GDP 和 CO_2 排放呈现显著的“N”型关系；贸易开放度的系数为正值且在统计上均满足 1% 的显著性水平，说明东部地区贸易开放会增加 CO_2 排放；外资依存度在 10% 的显著性水平下为负，说明东部地区 FDI 对 CO_2 排放存在负的效应；城镇化水平的系数为负值且在统计上满足 1% 的显著性水平，说明东部地区城镇化水平增加会降低 CO_2 排放。

（2）中部地区样本数据的面板估计模型。总体来看，三个模型中各自变量的回归系数基本显著，说明中部地区经济全球化和城镇化对 CO_2 排放量均具有显著

表 4　因变量为 CO_2 排放量自然对数的区域面板数据模型估计结果

样本	东部地区			中部地区			西部地区		
模型	STIRPAT	EKC	混合	STIRPAT	EKC	混合	STIRPAT	EKC	混合
常数项	-8. 972625***	164. 7196	-392. 0603	-1. 205484	537. 1912	-606. 1866	-15. 77499***	-639. 4081*	-776. 7785***
lnP	1. 023714***		0. 155132**	0. 227895		0. 207620	1. 538263***		1. 189709***
lnPY	1. 039106***	-65. 53937*	127. 7942*	0. 855564***	-189. 2415	215. 0366	1. 256647***	254. 8201**	279. 2559***
ln^2PY		8. 587503*	-13. 64760*		22. 41647	-25. 26890		-33. 05293**	-33. 72336***
Ln^3PY		-0. 360634*	0. 488058*		-0. 881002	0. 993257		1. 423662**	1. 360503***
lnEI	1. 342095***		0. 992009***	0. 682518***		0. 680918***	0. 834501***		1. 510435***
lnXM	0. 013933	0. 137721***	0. 075169***	0. 024780	0. 108569**	0. 020537	-0. 061618*	0. 074581	0. 224144***
lnFDI	-0. 085979*	-0. 089570***	-0. 024811*	0. 026807**	0. 011192	0. 022996*	0. 012878	0. 093439***	0. 028579**
lnUR	-0. 029192	0. 281370**	-0. 337223***	0. 240876***	0. 548108***	0. 330092***	0. 395570**	-1. 298503***	0. 493697***
RTC	-0. 026728***	0. 052877***	0. 005525	0. 003603**	0. 018377***	0. 002970**	-0. 004321*	0. 031914***	-0. 018376***
Adjusted R^2	0. 857599	0. 984697	0. 994770	0. 989052	0. 912543	0. 988834	0. 949041	0. 347424	0. 899714
F-statistic	123. 1690***	538. 4696***	1422. 424***	665. 6683***	154. 5321***	571. 0921***	378. 7940***	11. 79987***	142. 5493***
Kao 检验	-3. 235742***	-2. 676368***	-4. 170441***	-4. 457275***	-4. 506032***	-4. 574328***	-5. 024980***	-4. 306224***	-5. 899352***
样本容量	143	143	143	104	104	104	143	143	143
估计方法	RE	FE	FE	FE	RE	FE	RE	RE	RE

注：所有模型中均加入区域和时间变量的交叉项（RTC），其中东部地区为1，中部地区为2，西部地区为3，时间变量从1997～2009年分别为1～13，交叉项为两者之积；***、**、*分别代表1%、5%、10%的显著性水平下拒绝原假设。

影响。具体来看，STIRPAT 模型中人口总量的系数为正，说明中部地区人口增长会对环境产生负面影响，但该系数在统计上并不显著；人均 GDP 和能源强度对 CO_2 排放总量的回归系数为正值且在统计上均满足 1% 的显著性水平，说明中部地区经济快速增长和能源强度提高会增加 CO_2 排放量，容易造成环境质量恶化；贸易开放度对 CO_2 排放的系数为正，说明中部地区贸易开放对 CO_2 排放具有正的效应，但在统计上并不显著；外资依存度在 5% 的显著性水平下为正，说明 FDI 对 CO_2 排放存在正的效应，即中部地区 CO_2 排放总量会随着 FDI 占 GDP 的比重的上升而增加；城镇化水平的系数为正值且在统计上显著，说明中部地区城镇化水平提高会增加 CO_2 排放。EKC 模型中人均 GDP 和中部地区 CO_2 排放总量呈现显著的倒"N"型关系，但其系数在统计上均不显著；贸易开放度的系数为正值且在统计上满足 10% 的显著性水平，说明中部地区贸易开放会增加 CO_2 排放；外资依存度的系数为正数，表明中部地区 FDI 对 CO_2 排放存在正的效应，但其系数在统计上不显著；城镇化对 CO_2 排放具有正的效应，且在统计上满足在 1% 的显著性水平，说明中部地区城镇化水平的提高会增加 CO_2 排放量。混合模型中人口总量的系数为正，说明中部地区人口增长会对环境产生负面影响，但该系数在统计上并不显著；人均 GDP 和 CO_2 排放呈现显著的"N"型关系，但其系数在统计上均不显著；能源强度对 CO_2 排放呈现稳定的正向效应；贸易开放度的系数为正，说明中部地区贸易开放对 CO_2 排放具有正的效应，但在统计上并不显著；外资依存度的系数在 10% 的显著性水平下为正，说明中部地区 FDI 对 CO_2 排放存在正的效应；城镇化水平的系数为正值且在统计上非常显著，说明中部地区城镇化水平提高会增加 CO_2 排放。

（3）西部地区样本数据的面板估计模型。总体来看，三个模型中各自变量的回归系数基本显著，说明西部地区经济全球化和城镇化对 CO_2 排放量均具有显著影响。具体来看，STIRPAT 模型中人口、人均 GDP 和能源强度对 CO_2 排放总量的回归系数为正值且在统计上均满足 1% 的显著性水平，说明随着西部地区人口增长、经济增长和能源强度提高，CO_2 排放量随之增加，对环境质量形成负面影响；贸易开放度的系数为负数且在统计上满足 10% 的显著性水平，表明西部地区贸易开放对 CO_2 排放存在负的效应；外资依存度的系数为正数，表明西部地区 FDI 对 CO_2 排放存在正的效应，但其系数在统计上不显著；城镇化水平的系数为正且在统计上显著，说明西部地区城镇化水平的提高会增加 CO_2 排放。EKC 模型中西部地区人均 GDP 和 CO_2 排放总量呈现显著的"N"型关系，其系数在统计上均满足在 5% 的显著性水平；贸易开放度的系数为正值，说明西部地区贸易开放会增加 CO_2 排放，但其系数在统计上不显著；外资依存度的系数为正且在统计上满足 1% 的显著性水平，表明西部地区 FDI 对 CO_2 排放存在明显的正的效应；城镇化对 CO_2 排放具有负的效应，即西部地区 CO_2 排放量会随着城镇化水平的提高而减少。混合模型中西部地区人口、经济和能源强度对 CO_2 排放具有正的效应，且人均 GDP 和 CO_2 排放呈现显著的“N”型关系，其系数在统计上均满足在 1% 的显著性水平；贸易开放度的系数为正值且在统计上均满足 1% 的显著性水平，说明西部地区贸易开放会增加国家的 CO_2 排放；外资依存度的系数在 5% 的显著性水平下为负值，说明西部地区 FDI 对 CO_2 排放存在负的效应；城镇化水平的系数为正值且在统计上满足 1% 的显著性水平，说明西部地区城镇化水平提高会增加 CO_2 排放。

五、主要结论

本文在估算中国 1997 ~ 2009 年 30 个省市的 CO_2 排放总量的基础上，根据 STIRPAT 模型、EKC 模型和混合模型，运用省级面板数据集中考察经济全球化和城镇化对中国全国、东部、中部和西部地区 CO_2 排放的影响效应。主要研究结论有：（1）经济全球化、城镇化对 CO_2 排放具有显著影响，存在长期的均衡关系；人口、经济和能源强度均对 CO_2 排放具有显著影响，存在环境库茨涅茨曲线假说。（2）从全国面板数据来看，STIRPAT 模型和混合模型中贸易开放度和城镇化水平对 CO_2 排放具有正的效应，但是在统计上并不显著，而外资依存度对 CO_2 排放也均有正的效应且在统计上显著；EKC 模型中贸易开放度和城镇化水平对 CO_2 排放具有正的效应且在统计上显著，外资依存度对 CO_2 排放具有负的效应且在统计上显著；人口、经济和能源强度均对 CO_2 排放具有显著影响。（3）从区域面板数据来看，贸易开放度对各区域 CO_2 排放均具有正的效应且在统计上基本显著；外资依存度对东部地区的 CO_2 排放具有负的效应，而对中部和西部地区的 CO_2 排放具有正的效应，且在统计上基本显著；城镇化水平对东部地区的 CO_2 排放具有负的效应，而对中部和西部地区的 CO_2 排放具有正的效应，且在统计上基本显著；人口、经济和能源强度均对各区域 CO_2 排放均具有显著影响。

研究结果表明：经济全球化和城镇化是驱动中国碳排放的重要因素，中国政府要想实现 2020 年碳减排目标，经济发展应该寻求低碳经济道路，制定有效的低碳政策以控制碳排放量，开发和建立符合中国国情的低碳经济发展战略及相关组合政策措施。在贸易开放方面要注重改善贸易对环境的负面影响，优化出口商品结构以限制高能耗和高污染产品的出口，引进清洁生产机制以提高能源使用效率和减少碳排放；在外商直接投资方面要完善外资准入制度，禁止高碳产业的进入，防止中国成为发达国家产业转移的“污染避难所”；在城镇化发展过程中注重适当控制城镇化发展速度，建设以低能耗、低污染、低排放为目标的低碳城市，倡导节能减排的生活和生产方式。

参考文献

[1] 简新华、黄锟:《中国城镇化水平和速度的实证分析与前景预测》，载《经济研究》2010年第3期。

[2] J. Timmons Roberts, Peter E. Grimes, Jodie L. Manale, 2003: Social Roots of Global Environmental Change: A World - Systems Analysis of Carbon Dioxide Emissions, Journal of World - Systems Research, Vol. 9, No. 2.

[3] Matthew A. Cole, Robert J. R. Elliott., 2003: Determining the Trade - Environment Composition Effect: The Role of Capital, Labour and Environmental Regulations, Journal of Environmental Economics and Management, Vol. 46, No. 3.

[4] Shunsuke Managi., 2004: Trade Liberalization and the Environment: Carbon Dioxide for 1960 ~ 1999, Economics Bulletin, Vol. 17, No. 1.

[5] Paul B. Stretesky, Michael J. Lynch., 2009: A Cross - National Study of the Association between Per Capita Carbon Dioxide Emissions and Exports to the United States, Social Science Research, Vol. 38, No. 1.

[6] Matthew A. Cole. 2004: Trade, the Pollution Haven Hypothesis and the Environmental Kuznets Curve: Examining the Linkages, Ecological Economics, Vol. 48, No. 1.

[7] Mark T. Heil, Thomas M. Selden., 2001: International Trade Intensity and Carbon Emissions: A Cross - Country Econometric Analysis, Journal of Environment and Development, Vol. 10, No. 1.

[8] Fumiko Takeda, Katsumi Matsuura., 2006: Trade and the Environment in East Asia: Examining the Linkages with Japan and the USA, The Journal of the Korean Economy, Vol. 7, No. 1.

[9] Aaron Kearsley, Mary Riddel., 2010: A Further Inquiry into the Pollution Haven Hypothesis and the Environmental Kuznets Curve, Ecological Economics, Vol. 69, No. 4.

[10] Peter Grimes, Jeffrey Kentor., 2003: Exporting the Greenhouse: Foreign Capital Penetration and CO_2 Emissions 1980 ~ 1996, Journal of World - Systems Research, Vol. 9, No. 2.

[11] Andrew K. Jorgenson., 2007: Does Foreign Investment Harm the Air We Breathe and the Water We Drink? A Cross - National Study of Carbon Dioxide Emissions and Organic Water Pollution in Less - Developed Countries, 1975 to 2000, Organization & Environment, Vol. 20, No. 2.

[12] Richard Perkins, Eric Neumayer., 2008: Fostering Environment - Efficiency through Transnational Linkages? Trajectories of CO_2 and SO_2, 1980 ~ 2000, Environment and Planning, Vol. 40, No. 12.

[13] Debabrata Talukdar, Craig M. Meisner., 2001: Does the Private Sector Help or Hurt the Environment? Evidence from Carbon Dioxide Pollution in Developing Countries, World Development, Vol. 29, No. 5.

[14] Robert Hoffmann, Chew - Ging Lee, Bala Ramasamy, Matthew Yeung., 2005: FDI and Pollution: a Granger Causality Test Using Panel Data, Journal of International Development, Vol. 17, No. 3.

[15] 李秀香、张婷:《出口增长对我国环境影响的实证分析——以 CO_2 排放量为例》,载《国际贸易问题》2004 年第 7 期。

[16] James B. Ang. 2006: CO_2 emissions, Research and Technology Transfer in China, Ecological Economics, Vol. 68, No. 10.

[17] Abdul Jalil, Syed F., 2009: Mahmud. Environment Kuznets Curve for CO_2 Emissions: A Cointegration Analysis for China, Energy Policy, Vol. 37, No. 12.

[18] 宋德勇、易艳春:《外商直接投资与中国碳排放》,载《中国·人口资源与环境》2011 年第 1 期。

[19] 刘华军、闫庆悦:《贸易开放、FDI 与中国 CO_2 排放》,载《数量经济技术经济研究》2011 年第 3 期。

[20] 任力、黄崇杰:《中国对外贸易与碳排放——基于面板数据的分析》,载《经济学家》2011 年第 3 期。

[21] 牛海霞、胡佳雨:《FDI 与我国二氧化碳排放相关性实证研究》,载《国际贸易问题》2011 年第 5 期。

[22] 李锴、齐绍洲:《贸易开放、经济增长与中国二氧化碳排放》,载《经济研究》2011 年第 11 期。

[23] 熊立、许可、王珏:《FDI 为中国带来低碳了吗——基于中国 1985~2007 年时间序列数据的实证分析》,载《宏观经济研究》2012 年第 5 期。

[24] 傅京燕、裴前丽:《中国对外贸易对碳排放量的影响及其驱动因素的实证分析》,载《财贸经济》2012 年第 5 期。

[25] Jyoti Parikha, Vibhooti Shukla., 1995: Urbanization, Energy Use and Greenhouse Effects in Economic Development: Results from a Cross-national Study of Developing Countries, Global Environmental Change. Vol. 5, No. 2.

[26] Matthew A. Cole, Eric Neumayer., 2004: Examining the Impact of Demographic Factors on Air Pollution, Population and Environment, Vol. 26, No. 1.

[27] Richard York., 2007: Demographic Trends and Energy Consumption in European Union Nations: 1960~2025, Social Science Research, Vol. 36, No. 3.

[28] Brant Liddle, Sidney Lung., 2010: Age-structure, Urbanization, and Climate Change in Developed Countries: Revisiting STIRPAT for Disaggregated Population and Consumption-related Environmental Impacts, Population and Environment, Vol. 31, No. 5.

[29] Richard York, Eugene A. Rosa, Thomas Dietz., 2003: STIRPAT, IPAT and ImPACT: Analytic Tools for Unpacking the Driving Forces of Environmental Impacts, Ecological Economics, Vol. 46, No. 3.

[30] Inmaculada Martínez-Zarzoso, Antonello Maruotti., 2011: The Impact of Urbanization on CO_2 Emissions: Evidence from Developing Countries, Ecological Economics, Vol. 70, No. 7.

[31] Ying Fan, Lan-Cui Liu, Gang Wu, Yi-Ming Wei., 2006: Analyzing Impact Factors of CO_2 Emissions Using the STIRPAT Model [J]. Environmental Impact Assessment Review, Vol. 26, No. 4.

[32] Phetkeo Poumanyvong, Shinji Kaneko., 2010: Does Urbanization Lead to Less Energy

Use and Lower CO_2 Emissions? A Cross-country Analysis, Ecological Economics, Vol. 70, No. 2.

[33] Baoren Wei, Hiroshi Yagita, Atsushi Inaba, Masayuki Sagisaka. 2003: Urbanization Impact on Energy Demand and CO_2 Emission in China, Journal of Chongqing University – Eng. Ed. No. 2.

[34] 林伯强、刘希颖:《中国城市化阶段的碳排放: 影响因素和减排策略》, 载《经济研究》2010 年第 8 期。

[35] 许泱、周少甫:《我国城市化与碳排放的实证研究》, 载《长江流域资源与环境》2011 年第 11 期。

[36] 郭郡郡、刘成玉:《城市化对碳排放量及强度的影响》, 载《城市问题》2012 年第 5 期。

[37] 孙慧宗、李久明:《中国城市化与二氧化碳排放量的协整分析》, 载《人口学刊》2010 年第 5 期。

[38] 肖周燕:《中国城市化发展阶段与 CO_2 排放的关系研究》, 载《中国人口·资源与环境》2011 年第 12 期。

[39] Paul R. Ehrlich, John P. Holdren., 1971: Impact of Population Growth, Science, No. 171.

[40] Richard York, Eugene A. Rosa, Thomas Dietz., 2003: STIRPAT, IPAT and ImPACT: Analytic Tools for Unpacking the Driving Forces of Environmental Impacts, Ecological Economics, Vol. 46, No. 3.

[41] Gene M. Grossman, Alan B. Krueger., 1991: Environmental Impacts of the North American Free Trade Agreement, NBER working paper, No. 3914.

[42] 杨晓军、陈浩:《中国城镇化对二氧化碳排放的影响效应: 基于省级面板数据的经验分析》, 载《中国地质大学学报》(社会科学版) 2013 年第 1 期。

[43] 胡鞍钢、郑京海、高宇宁、张宁、许海萍:《考虑环境因素的省级技术效率排名: 1999 ~ 2005》, 载《经济学 (季刊)》2008 年第 3 期。

[44] 周一星、田帅:《以“五普”数据为基础对我国分省城市化水平数据修补》, 载《统计研究》2006 年第 1 期。

(原载《城市问题》2013 年第 12 期, 合作者: 杨晓军)

经济增长和环境污染的动态关系及其区域差异

资源枯竭型城市因资源的开采而兴起或发展起来，新中国成立以来，这些城市为我国的经济和社会发展做出了巨大贡献，但也为此付出高昂的代价。资源枯竭、环境污染、生态破坏等生态环境问题远超其他类型城市，经济社会可持续发展面临严重威胁。因此，资源枯竭型城市的发展从2000年左右就开始受到了党中央和国务院高度重视，2013年12月国务院专门发布了《全国资源型城市可持续发展规划（2013～2020年）》，明确要求2020年资源枯竭型城市必须实现成功转型，其中，生态环境的改善是其重要工作之一。那么资源枯竭型城市的经济增长与环境污染之间究竟存在什么样的关系？哪些因素影响环境污染呢？以及区域差异如何？本文将在环境库兹涅茨曲线假说①基础上对这些问题逐一进行实证分析。

一、实证方法和数据说明

（一）模型设定

为了考察资源枯竭型地级城市经济增长对环境污染的影响，结合相关资料，本文建立了进行变量对数化处理的面板计量模型：

$$\ln HJ_{it} = \alpha_0 + \alpha_1 \ln RGDP_{it} + \alpha_1 \ln^2 RGDP_{it} + \gamma_{it} \quad (1)$$

$$\ln HJ_{it} = \alpha_0 + \alpha_1 \ln RGDP_{it} + \alpha_2 \ln^2 RGDP_{it} + \alpha_3 \ln^3 RGDP_{it} + \gamma_{it} \quad (2)$$

其中，HJ为环境污染综合指数，RGDP代表经济增长，i为资源枯竭型地级城市截面单元，t为年份，γ为随机扰动项，α_0、α_1、α_2、α_3为系数。式（1）为二次函数模型，若$\alpha_1>0$、$\alpha_2<0$，经济增长与环境污染呈“U”型关系；若

① Millimet D L, Stengos T, List J A., 2003: The environmental Kuznets curve: real progress or misspecified models?, Review of Economics and Statistics, Vol. 85, No. 4.

$\alpha_1<0$、$\alpha_2>0$，经济增长与环境污染呈正“U”型关系。式（2）为三次函数模型，若 $\alpha_1>0$、$\alpha_2<0$、$\alpha_3>0$，经济增长与环境污染呈正“N”型关系；若 $\alpha_1<0$、$\alpha_2>0$、$\alpha_3<0$，经济增长与环境污染呈倒“N”型关系。

同时，为了找出除经济增长以外对环境污染的因素影响，本文又在上述模型基础上建立了加入控制变量的面板计量模型：

$$\ln HJ_{it}=\alpha_0+\alpha_1\ln RGDP_{it}+\alpha\ln^2 RGDP_{it}+\beta_0 Y_{it}+\lambda_{it} \tag{3}$$

$$\ln HJ_{it}=\alpha_0+\alpha_1\ln RGDP_{it}+\alpha\ln^2 RGDP_{it}+\alpha\ln^3 RGDP_{it}+\beta_0 Y_{it}+\lambda_{it} \tag{4}$$

其中，Y_{it} 为控制变量向量级，β_0 为系数向量，其他系数含义同上。

面板模型主要分为变系数模型、变截距模型和混合横截面模型。其中，变截距模型又分为固定效应变截距模型（FE）和随机效应变截距模型（RE）。由于本文研究的是资源枯竭型各地级城市的数据，存在区域性差异，而变系数模型难以反映这种差异，所以采用变截距模型。本文根据 Hausman 检验等结果显示：全国、东北部和中部资源枯竭型城市经济增长与环境污染的关系模型应用固定效应模型明显优于随机效应模型。由于西部资源枯竭型地级城市较少，并且年份较短，同时根据 F 检验等结果显示：运用混合横截面模型（OLS）检验结果拟合效果较优。

（二）变量选择

根据可获取性、可操作性和可比性等原则，在查阅大量资料的基础上，本文使用了人均 GDP（RGDP）反映经济增长指标，单位 GDP 工业废水排放量、单位 GDP 工业二氧化硫排放量、单位 GDP 工业烟尘排放量、单位 GDP 工业固体废弃物产生量四个指标反映环境污染水平，为了消除逐一分析的多样性，本文尝试利用熵值赋权法①建立一个能够综合反映环境污染水平（HJ）的指标，具体如下：

首先，将各指标同度量化，计算第 j 项指标下第 i 年份指标值的比重 s_{ij}：

$$s_{ij}=\frac{x_{ij}}{\sum_{i=1}^{n}x_{ij}}$$

其次，计算项第 j 指标的熵值 $h_j=-k\sum_{i=1}^{n}(s_{ij}\ln s_{ij})$，$k=\frac{1}{\ln n}$。

再次，计算第 j 项指标的差异性系数：$a_j=1-h_j$，其中，熵值越小，指标间差异性越大，指标就越重要。

然后，确定第 j 项指标的权数：$w_j=\frac{a_j}{\sum_{i=1}^{n}a_j}$

① 许登峰、刘志雄：《广西环境库次涅茨曲线的实证研究》，载《生态经济》2014 年第 2 期。

同时，为了消除数据的数量级以及量纲的不同而造成的影响本文对原始数据值进行了如下标准化处理：$x_{ij}=(x_{max}-x_{ij})/(x_{max}-x_{min})$。其中：$x_{ij}$为原始数据值；$x_{max}$为指标$x_{ij}$的最大值；$x_{min}$为指标$x_{ij}$的最小值；i=1，2，3，…，m；j=1，2，3，…，n。

最后，计算环境污染综合指数，即为：$HJ_{it}=\sum_{j=1}^{4}W_jX_{itj}$，环境污染综合指数越大说明污染程度越高，反之越小。

控制变量主要包括工业化（EC）用第二产业增加值占GDP比重来衡量；城镇化（RK）用人口城镇化即城镇人口占总人口的比重来度量；物质资本（I）用全社会固定资产投资占GDP比重来度量；科技水平（TG）用科学技术支出占GDP比重来表示；市场化程度（FC）用实际利用外资占GDP比重来表示。

（三）样本数据

本文以全国23个资源枯竭型地级城市（大兴安岭地区数据缺失或不全除外）、东北部城市、中部城市和西部城市为研究对象，东北部城市为阜新市、抚顺市、辽源市、白山市、伊春市、鹤岗市、双鸭山市和七台河市，中部城市为淮北市、铜陵市、景德镇市、新余市、萍乡市、焦作市、濮阳市和黄石市，西部城市为乌海市、泸州市、铜川市、白银市和石嘴山市。因东部只有枣庄市和韶关市，并且相对较为发达，故本文没有将其作为样本进行研究。

由于环境等指标的易得性，本文样本时间选为2003~2011年，面板数据包括23个截面单元9年的时间序列数据，总体为207个样本观测值，数据来源于2004~2012年《中国城市统计年鉴》《中国环境统计年鉴》等，保证了统计数据口径的一致性。2003~2011年资源枯竭型地级市所有变量的统计特征如表1所示。

表1 资源枯竭型城市面板数据的变量统计特征（2003~2011年）

变量	HJ	RGDP	EC	RK	I	TG	FC
单位	无	元/人	%	%	%	%	%
观察数	207	207	207	207	207	207	207
最大值	0.65	89521	74.73	100	128.32	0.40	9.73
最小值	0.02	4643	33.09	14.27	4.13	0.01	0.01
均值	0.12	21013.75	54.91	48.13	55.96	0.08	1.55
标准差	0.09	14132.73	9.50	21.38	20.60	0.07	1.69

二、实证分析

（一）面板数据的单位根检验

为了消除不平稳数据回归可能带来的伪回归，本文选用了LLC检验和IPS检验两种方法对总体、东北部、中部和西部资源枯竭型地级城市的环境综合指数、人均GDP、工业化、城镇化等所有变量的对数进行同质性和异质性检验（见表2），除个别统计量外，绝大部分变量经过差分平稳，因此，可以总体认为总体、东北部、中部和西部的所有变量均为一阶单整变量。

表2　资源枯竭型城市面板数据的单位根检验结果

变量	地区	LLC	IPS	地区	LLC	IPS
lnHJ		-18.452***	-3.108***		-11.088***	-4.110***
lnRGDP		-10.946***	-1.965**		-11.082***	-3.033***
ln^2RGDP		-9.649***	-1.843*		-9.982***	-2.977***
ln^3RGDP		-8.552***	-1.885**一阶		-8.811***	-2.948***
lnEC	总体	-15.177***	-2.484***	东北地区	-21.779***	-5.456***
lnRK		-16.089***	-2.650***		-5.937***	-49.104***二阶
lnI		-19.299***	-2.568***		-4.230*	-2.086*二阶
lnTG		-6.496**	-2.380***一阶		-5.547**	-2.777***一阶
lnFC		-10.586***	-2.290***一阶		-12.786***	-3.518***
lnHJ		-7.183***	-2.279**		-6.970***	-2.250*
lnRGDP		-4.736***	-4.804***一阶		-3.576***	-1.509
ln^2RGDP		-4.305**	-2.186**二阶		-3.950***	-1.619
ln^3RGDP		-3.875**	-1.194		-3.925***	-1.565
lnEC	中部地区	-6.414**	-1.695	西部地区	-2.776*	-1.253
lnRK		-11.448***	-3.827***		-3.919	-2.110**一阶
lnI		-18.267***	-3.905***		-5.175***	-2.409***
lnTG		-4.025*	-3.727***二阶		-4.682**	-5.455***一阶
lnFC		-12.987***一阶	-2.695***一阶		-3.211**	-2.292*一阶

注：***、**、*分别代表在1%、5%、10%的显著水平下拒绝变量不平稳的原假设。

（二）计量模型的选取与设计

本文利用Stata12.0软件，应用上述多种模型逐一进行拟合回归，根据判定系数和检验各种参数优选出总体、东北部、中部和西部资源枯竭型城市经济增长对环境污染的计量模型（见表3和表4）：总体资源枯竭型地级城市经济增长对环境污染的关系符合三次函数的固定效应模型，东北部资源枯竭型地级城市经济增长对环境污染的关系符合二次函数的固定效应模型，中部资源枯竭型地级城市经济增长对环境污染的关系符合三次函数的固定效应模型，西部资源枯竭型地级城市经济增长对环境污染的关系符合混合横截面模型（OLS）。

表3　总体资源枯竭型城市面板数据的实证检验回归估计结果

	基准模型		扩展模型				
	EQ（1）	EQ（2）	EQ（3）	EQ（4）	EQ（5）	EQ（6）	EQ（7）
lnRGDP	-0.167 (-0.27)	22.267 (2.04)**	23.913 (2.20)**	23.3207 (2.15)**	22.9662 (2.10)**	20.776 (-1.92)*	21.58 (2.020)**
$\ln^2$RGDP	-0.041 (-1.30)	-2.313 (-2.09)**	-2.46 (-2.24)**	-2.395 (-2.18)**	-2.3558 (-2.13)**	-2.127 (-1.95)*	-2.21 (-2.05)**
$\ln^3$RGDP		0.076 (2.06)**	0.081 (2.19)**	0.0786 (2.13)**	0.0772 (2.07)**	0.07 (1.89)*	0.072 (1.99)**
lnEC			-0.413 (-2.03)**	-0.4057 (-1.99)**	-0.4097 (-2.01)**	-0.441 (-2.19)**	-0.388 (-1.94)**
lnRK				-0.197 (-1.11)*	-0.1903 (-1.06)*	-0.233 (-1.31)*	-0.258 (-1.47)*
lnI					0.0179 (-0.35)	0.001 (-0.01)	0.041 (-0.77)
lnTG						-0.07 (-1.82)**	-0.069 (-2.57)**
lnFC							-0.039 (-2.30)**
常数项	3.224 (-1.06)	-70.401 (-1.96)*	-74.936 (-2.10)*	-72.477 (-2.03)**	-71.387 (-1.99)*	-64.721 (0.53)*	-67.547 (-1.93)*
R^2	0.884	0.886	0.889	0.89	0.89	0.894	0.897
样本	207	207	207	207	207	207	207

注：***、**、*分别代表在1%、5%、10%的显著水平下拒绝变量不平稳的原假设。

（三）资源枯竭型地级城市的估计结果

总体资源枯竭型地级城市经济增长对环境污染的关系的估计结果显示（见表3）：二次函数形式中经济增长系数均不显著，三次函数拟合效果较好，因此将此作为基准模型。在基准模型中 lnRGDP 和 ln^3RGDP 的系数显著为正，ln^2RGDP 的系数显著为负，逐个加入所有控制变量以后，这些系数符号均未发生变化且依然显著，这表明总体资源枯竭型地级城市经济增长与环境污染之间呈正“N”型曲线特征，这说明随着经济增长，总体资源枯竭型地级城市环境污染恶化后有所改善又再恶化的变化趋势，治理环境污染工作任重道远。

在控制变量中，工业化对环境污染的影响显著为负，这说明 2003 年以来这些城市的工业化对环境污染间接起着一定的改善作用，这可能反映了近年来当地政府在当前的工业发展中对环境污染控制工作的高度重视，注重在积极发展工业的同时环境保护。人口城镇化对环境污染的影响也显著为负，这也进一步证明了人口城镇化对环境影响的复杂化，表明在这些城市人口规模的扩大还是在环境压力的可控范围内，反而人口集聚有利于环境改善。固定资产投资对环境污染的影响为正但不显著。科技投入对环境污染的影响显著为负，说明科技进步提高了能源的使用效率，减少了污染的排放，对缓解地方环境污染有一定的改善作用。外商投资对环境污染的影响也显著为负，这说明近年来市场化的改革对环境污染的控制有一定的促进作用。

（四）东北部、中部、西部资源枯竭型地级城市的估计结果

东北部、中部、西部资源枯竭型地级城市经济增长对环境污染的关系的估计结果显示（见表4）：东北部资源枯竭型地级城市经济增长对环境污染的关系三次函数模型 ln^3RGDP 的系数不显著；但二次函数模型所有变量拟合效果较好，并且 lnRGDP 的系数显著为正，ln^2RGDP 的系数显著为负，加入所有控制变量以后，这些系数符号均未发生变化且依然显著，这表明这些城市经济增长与环境污染之间呈倒“U”型曲线特征，说明随着经济的增长，环境污染有所改善。

中部资源枯竭型地级城市经济增长对环境污染的关系三次函数模型拟合效果较好，并且 lnRGDP 和 ln^3RGDP 的系数显著为正，ln^2RGDP 的系数显著为负，加入所有控制变量以后，这些系数符号均未发生变化且依然显著，这表明中部资源枯竭型地级城市经济增长与环境污染之间呈正“N”型曲线特征。由于西部资源枯竭型地级城市较少，且年份较短，本文运用二次函数和三次函数的面板固定效应模型和随机效应模型均不显著，但应用面板的混合横截面模型（OLS）后结果显示拟合效果较好，并且 lnRGDP 的系数为负，ln^2RGDP 的系数为正，这表明西部资源枯竭型地级城市经济增长与环境污染之间呈正“U”型曲线特征，说明随

表 4　东北部、中部、西部资源枯竭型城市面板数据的实证检验回归估计结果

	东北地区		中部地区		西部地区		
	EQ（1）	EQ（2）	EQ（3）	EQ（4）	EQ（5）	EQ（6）	EQ（7）
lnRGDP	6.140 (4.88)***	59.905 (1.73)*	-1.198 (-1.37)	45.403 (2.20)**	-2.191 (-2.36)**	-8.294 (-0.47)	-6.823 (-1.58)*
$\ln^2$RGDP	-0.339 (-5.33)***	-5.988 (-1.67)*	0.010 (-0.22)	-4.647 (-2.26)**	0.059 (1.24)	0.678 (0.38)	0.357 (1.68)*
$\ln^3$RGDP		0.196 (1.60)		0.155 (2.27)**		-0.021 (-0.35)	
lnEC	-0.897 (-3.15)***			0.818 (1.35)*			0.144 (1.51)*
lnRK	-0.279 (-1.36)			-0.168 (-0.34)			-0.503 (-1.79)*
lnI	-0.147 (-1.52)			0.012 (0.21)			0.276 (0.42)
lnTG	-0.096 (-1.77)*			-0.024 (-0.62)			-0.748 (-4.08)***
lnFC	-0.089 (-3.79)**			-0.039 (-1.24)			-0.087 (-0.75)
常数项	-25.061 (-4.13)***	-198.679 (-1.77)*	8.429 (1.94)*	-149.318 (-2.20)**	13.492 (2.96)***	33.472 (0.58)	20.049 (1.02)
R^2	0.912	0.854	0.937	0.947	0.908	0.909	0.470
模型	FE	FE	FE	FE	FE	FE	OLS
曲线形状	倒“U”型	不显著	不显著	正“N”型	不显著	不显著	正“U”型
样本	72	72	72	72	72	45	45

注：***、**、*分别代表在1%、5%、10%的显著水平下拒绝变量不平稳的原假设。

着经济增长，环境污染呈现先递减再又恶化的趋势。

在控制变量中，东北部地区工业化对环境污染的影响显著为负，而中部地区和西部地区显著为正，这说明工业化有助于东北部地区环境污染的改善，但加重了中部和西部地区环境污染的程度，尤其是对中部地区的环境污染影响最大。人口城镇化对经济增长的影响，东北部和中部地区均不显著，但西部地区显著为负，这说明西部地区随着人口城镇化的扩大，并没有带来加剧环境污染。固定资产投资对环境污染影响对东北部和中西部地区均不显著。东北部和西部地区科技投入对环境污染的影响显著为负，这说明科技进步有利于改善当地生态环境，但中部地区作用为负，但不显著。中部和西部地区外商投资对环境污染的影响为负但不显著，而东北部地区显著为负，说明在东北部地区市场化改革对环境污染有抑制作用。

三、研究结论与对策

（一）研究结论

通过以上总体、东北部、中部和西部资源枯竭型城市经济增长与环境污染的实证分析，可以得出以下基本结论：（1）从整体来看，总体城市经济增长与环境污染之间呈正“N”型曲线特征，当前的工业化、人口城镇化、科技投入和经济制度对环境污染的改善有一定的促进作用；（2）从区域差异来看，东北部地区经济增长与环境污染之间呈倒“U”型曲线特征，中部地区经济增长与环境污染之间呈正“N”型曲线特征，西部地区经济增长与环境污染之间呈正“U”型曲线特征；（3）工业化有利于东北部地区环境污染的改善，但加重了中西部地区环境污染；西部人口城镇化也有利于环境的改善；科技投入的增加有利于改善东北部和西部地区的生态环境；外商投资对东北部地区环境污染有一定的抑制作用。

（二）主要对策

（1）工业发展优先，兼顾生态保护。工业发展对资源枯竭型城市增加财政收入、提高就业能力、改善民生发挥了极其重要的作用。但在工业化进程中，必须依托现有工业基础，转变工业经济发展方式，努力培育发展接续替代产业等新型工业，实行环保一票否决制，对那些能耗多、污染大的工业企业严禁发展或逐渐淘汰，走新型工业化道路。

（2）合理引导人口，加快城镇化进程。加快户籍制度改革，放宽城市落户条件，按照适度集聚、相对集中的原则，逐步引导人口向集聚区迁移；同时注重营造良好的城镇环境，配套建设一批道路、垃圾和污水处理等基础设施和公共服务体系，提高资源利用效率，促进环境污染的集中治理，提高城镇化的质量。

（3）依靠科技进步，大力发展清洁生产。资源枯竭型城市应根据产业特点，依靠科技力量，提高资源利用效率；同时加大环境污染治理技术的研发创新，积极在企业、产业园区内推广应用污染防治、清洁生产、清洁能源等技术，最大限度地减少其给环境造成的损失，进而促使经济和环境协调发展。

（4）市场作用优先，兼顾政府干预。一方面运用征收污染税、建立排污交易权等市场经济手段，诱使企业减少污染，降低污染的社会成本，进而控制环境污染；另一方面市场机制也不是万能的，还需要政府进一步健全环保法规及标准体系，制定鼓励环保投入的经济政策与保护措施，构建一整套生态补偿的法律机制、建立高效的环境监控机制和评价管理体系，加大环境执法力度等引导生态环境改善。

参考文献

[1] Millimet D L, Stengos T, List J A., 2003: The environmental Kuznets curve: real progress or misspecified models? Review of Economics and Statistics, Vol. 85, No. 4.

[2] 王飞成、郭其友:《经济增长对环境污染的影响及区域性差异——基于省际动态面板数据模型的研究》，载《山西财经大学学报》2014 年第 4 期。

[3] 毛晖、汪莉:《工业污染的环境库次涅茨曲线检验——基于中国 1998 ~ 2010 年省际面板数据的实证研究》，载《宏观经济研究》2013 年第 3 期。

[4] 李惠娟、龙如银:《资源型城市环境库次涅茨曲线研究——基于面板数据的实证分析》，载《自然资源学报》2013 年第 1 期。

[5] 许登峰、刘志雄:《广西环境库次涅茨曲线的实证研究》，载《生态经济》2014 年第 2 期。

[6] 柳阳、唐姜贤、靳旭东:《经济增长与环境污染的协整关系研究——基于 2001 ~ 2010 年江苏省各地区面板数据》，载《淮海工学院学报：人文社会科学版》2014 年第 4 期。

（原载《生态经济》2015 年第 6 期，合作者：方杏村）

我国环保产业发展问题研究：环境资本运营的视角

当代世界正处在一个绿色大转型、绿色大变革、绿色大崛起的特殊阶段，保护生态环境、节约资源能源已成为世界经济社会发展的主旋律。环保产业作为一种新兴产业，代表着未来经济、社会与环境协调发展的产业方向，正逐步成为我国社会经济发展的一个新的增长点。基于环境资本运营的理论视角，探讨我国环保产业发展问题，无疑是一项亟待研究的重要课题。

一、战略性新兴产业范畴中的环保产业

（一）环保产业的内涵

在国际上，对于环保产业的内涵尚未形成一个统一的认识。在欧美各国的文献中常以环境产业命名，在美国它被称为“环境产业”，在日本则被称为“生态产业”或“生态商务”。

国内对环保产业内涵的理解则经历了一个由狭义到广义的过程。1993 年以后，我国对环保产业的调查范围逐步突破了末端产业的限制，越来越注重对整个产品“生命周期”环境输出的控制。一般而言，环保产业是以防治污染、改善生态环境、保护自然资源为目的，包括环保产品及系统的研发、设计、制造、市场营销、信息咨询、工程承包在内的一个产业链，涵盖环保设备制造、资源综合利用、环境服务等三个方面的内容。

对于一个国家而言，环保产业不仅可以在实现可持续发展的同时带动产业结构的升级，更是争夺未来产业发展主导权的需要，因此世界各国都对环保产业的发展倾注了前所未有的关注，我国也是如此。2010 年国务院发布《关于加快培育和发展战略性新兴产业的决定》，明确重点发展七大战略性新兴产业，其中环保产业被列为七大战略性新兴产业之首。根据《节能环保产业发展规划》，到

2020 年环保产业将成为我国国民经济的支柱产业。

（二） 环保产业是经济发展方式转变的保障

由于“资源”（这里主要是指自然资源，含能源）与“环境”之间极强的耦合性，人们往往将“资源节约”与“环境保护”混为一谈。其实，“资源节约”并不等同于“环境保护”，“资源节约”更多的是对应经济“增长”方式转变，“环境保护”才更多地对应着经济“发展”方式转变。

1. “资源节约”是经济“增长”方式转变的源泉。转变经济“增长”方式，一般是指通过改善生产要素质量及其组合结构来实现经济增长的模式转变，通常把主要依靠物质要素投入、追求产品数量扩张的增长方式称为粗放型增长模式，把注重依靠技术进步、改善管理、提高劳动者素质等途径不断提高经济效益实现经济增长的方式称为集约型增长模式。随着经济持续快速增长，资源消耗量越来越大，石油、铁矿石等资源进口量也越来越大，已占国内需求量的 50% 以上，企业要素成本持续上升将是一个必然趋势。在这种背景下，企业出于盈利考虑，广泛开展了“资源节约”的生产活动。当然，高消耗的背后，必然就是高排放、高污染，但由于环境保护外部性的存在，企业的环境保护行为往往是被动而非主动的。

2. “环境保护”是经济“发展”方式转变的动力。党的十七大明确了到 2020 年实现全面小康目标的新要求，提出要深入贯彻落实科学发展观，转变经济发展方式。较之经济“增长”方式转变，经济“发展”方式转变的内涵要更加丰富和全面。概括地说，转变经济发展方式，就是要形成与科学发展观的要求相一致的发展方式，要求我们在继续转变经济增长方式的同时，实现人的健康、安全、和谐、文明发展，保障人的各种权益。事实上，保护环境、保护人类赖以生存的地球家园就是保护人类自己。从这个意义上说，“环境保护”，而非“资源节约”，才是经济“发展”方式转变的动力，相应地，环保产业便是经济发展方式转变的重要保障。

（三） 我国环保产业发展现状

全球环保产业的市场规模已从 1992 年的 2500 亿美元增至 2010 年的 6000 亿美元，年均增长率为 8%，远远超过全球经济增长率。美国、日本和欧盟的环保产业是全球环保市场的主要力量。我国环保产业的发展开始于 20 世纪 70 年代，到了 90 年代进入了快速发展阶段（见表 1）。

由中国工程院和国家环保总局完成的《中国环境宏观战略研究》显示，2010 年环保产业产值已超过 1 万亿元，达到 GDP 的 3% 左右。未来中国环保产业将持续高速增长，预计“十二五”末期将超过 2 万亿元，到 2020 年，环保产业将成为国民经济的支柱产业。在环保投资方面，我国环保产业新增投资总体而言呈现上涨趋势，但环保投资规模仍然偏低（见表2）。

表1　　我国环保产业发展状况

项目	2000年	2004年	2010年
环保产业从业单位（个）	18144	11623	—
从业人数（万人）	317.6	159.5	—
年收入总额（亿元）	1689.9	4572.1	11000
年利润总额（亿元）	166.7	393.9	—
应交税金总额（亿元）	—	343.6	—
占国内生产总值比重（%）	1.90	2.80	2.93

资料来源：2000年、2004年《全国环境保护相关产业状况公报》及2010年《中国环境状况公报》。

表2　　我国2001～2009年环保投资总额及其在国民经济中的比重

年份	环境保护投资（亿元）	新增环保投资（亿元）	环境保护投资新增长率（%）
2000	1014.9	—	
2001	1106.7	91.8	9.04
2002	1367.2	260.5	23.5
2003	1627.7	260.5	19.0
2004	1909.8	282.2	17.3
2005	2388.0	478.2	25.0
2006	2566.0	178.0	7.45
2007	3387.6	821.6	31.9
2008	4490.3	1110.7	32.7
2009	4525.3	35.0	0.78

资料来源：2001～2010年《中国统计年鉴》。

二、环境资本运营理论概述

生态环境是人类生存和发展的物质基础和空间条件，同时也承受着人类活动产生的废弃物质和其他种种结果。随着人类工业化进程的持续快速推进，环境污染的程度和强度日益扩大，并反过来遏制经济的发展空间。伴随人口数量持续上升、产业结构逐步变化、城市化和工业化进程加快，环境的相对价格也在悄然变化。相应地，环境的属性也由“自然物”、环境“资源”逐步演化为环境“资本”，这样，人类对资本的认识便上升到了“环境资本”的层次（如图1所示）。

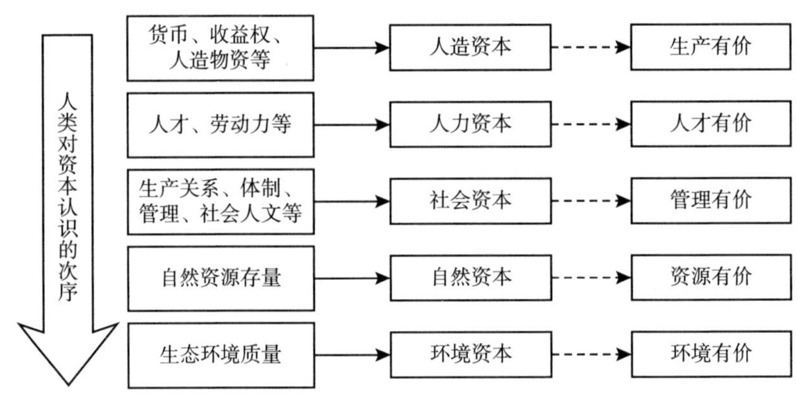

图1 人类对资本的认识演进示意

环境资本运营是指通过对环境资本使用价值的有效运用，即对其运营过程进行有效的计划、组织、实施和控制，依据环境资本的消费及其形态的变化，实现环境资本长期收益整体最大化而进行的活动，保持环境资本存量非减性。环境资本运营的目标是在环境可持续发展原则下，使环境资本更有效率，并不断地扩大环境资本环境功能和服务，增进环境效益，使环境资本在再生产过程中实现增值与保值。

（一）环境资本运营的主体与对象

1. 环境资本运营的主体。

首先，政府是环境资本运营的宏观主体。政府是环境资本运营的重要主体，这是由环境资本的属性与政府的职责共同决定的。从环境资本的属性来看，环境资本具有公共性和基础性，环境资本运营肩负着为社会提供公共产品和服务的任务，而政府是提供公共产品和服务的责任主体；从环境资本的产权特征来看，绝大部分环境资源属于国家所有或集体所有，政府是代表国家或集体行使环境资本权益的法定主体；从环境建设来看，由于环境建设项目投资大、周期长、涉及范围广、利益主体多，任何企业或个体都难以持续有效进行，而政府拥有的宏观调控和统筹协调能力是保障环境建设项目全面有序进行的关键。在环境资本运营过程中，政府的职责主要是战略规划、政策保障、绿色管理、基础设施建设、环境市场培育等。

其次，企业是环境资本运营的中观主体。资本运营理论表明：资本是企业的“血液”，资本运营的过程就是企业对其可以支配的资源和生产要素进行统筹谋划与优化配置，以实现最大限度的资本增值目标。在环境资本运营过程中，作为市场主体和法人实体的企业，既是环境资本生息和价值创造的场所，又是环境资本集结的载体。与传统资本运营不同的是，由于环境资本的基础性、阈值性、不可替代性、共生竞争融合性等特有属性，环保企业通过环保项目融资、风险投资、发行环境股票从外部积累环境资本，再将这些环境资本投入到可持续发展、保护环境、低耗高效的领域中去，从而实现环境资本运营的良性循环。

最后，社会公众是环境资本运营的微观主体。NGO 组织与社会公众的主动参与是推动环境资本良性运营的强大动力。促进环境资本保值增值是集体理性的选择，是集体决策的结果，需要 NGO 组织与社会公众都从社会责任的角度出发，进行正确选择，共同采取有益于环境系统的行动。从根本上来看，社会公众是良好环境的直接受益者，也是推进环境资本良性运营的基础力量，而且对政府和企业具有根本性的监督作用。为此，要营造良好的外部条件，促进环保 NGO 的健康发展，改进公众的不利于环境系统的生活习惯和消费模式，倡导可持续消费和环境文化。

2. 环境资本运营的对象。生态环境是环境资本的空间存在形式。环境资本运营的对象具体表现为环境质量要素，如清新的空气、洁净的水质、宜人的气候等，每种环境质量要素内部的品质、流量、变换速度，与各种环境质量要素之间的结构与组合，共同构成了环境质量要素系统，并综合地表现为环境型资本，其价值主要体现为存在价值，其功能主要表现在支撑生命系统方面。环境质量的好坏直接影响到环境资本的丰裕程度和利用条件，进而影响环境质量要素系统的整体服务功能大小。因此，在环境资本运营过程中，应当通过合理利用和保护环境资源来实现生态环境的更新与调整，通过生态补偿、环境修复和环境资本投资来维持和增强环境质量要素系统的整体服务功能。

（二）环境资本运营的支持条件

1. 环保技术。环保技术是利用生态环境系统原理和环境设计原则，对系统从输入到转换再到输出的全部过程进行合理设计，达到既合理利用资源、获得良好的经济社会效益，又将生产过程对环境的破坏控制在较低的水平的一种科学技术。主要包括对环境无污染的清洁生产技术、废弃物无害化处理与资源化利用技术、减少生产过程中废物产生与排放技术、废弃物回用及再循环技术等，环保技术通过环境工程建设，将相对独立与平行的环境系统链接成共生环境网络，采取置换和调整环境系统内部结构的方法，充分利用环境系统的空间、时间和环境位，多层次分级利用系统内的物质和能量，充分发挥环境资源的生产潜力，因地制宜促进环境产业的良性发展。

2. 环保投资。从资源的角度看，环境资源是经济活动的基础，是生产力要素的重要组成部分。人们在生产和生活中，每日每时都在不断地消耗着环境资源。为了保证环境资源的再生和永续供给，要求对消耗的环境资源进行恢复和增殖，对已污染的环境资源进行保护和治理。环保投资便是用于环境资源的恢复和增殖、保护和治理的费用。

三、环境资本运营视角下的环保产业发展问题分析

（一）环保产业发展中的环境资本运营宏观主体分析

近年来中央政府高度重视环保工作，出台了一系列推进环保的政策措施，为环保产业加快发展创造了良好的外部环境。但是目前我国的环保产业发展政策法规还存在诸如执行机制不健全以及动力机制缺乏等问题。例如，虽然政府在政策上要求对污染企业征收一定的治污费用，但立法规定的企业缴纳的治污费用大约只占企业自己治理污染成本的1/4～1/5，从成本利益上去考虑，政策法规的实施是缺乏动力机制的，市场经济下企业是不会参与污染的治理，所以企业不愿意自己投资治理污染，投资环保，法规的不健全影响了企业治污的积极性，影响了环保产业的发展。此外，环保企业的民营性质也使其很难享受到政府的财政支持。以环保装备制造业为例，在环保产业中环保装备制造企业99%都是民营性质，民营企业直接获得中央预算投资的难度很大，与环保产业备受关注的境遇可谓大相径庭。国家统计局统计的1105家环保装备制造企业的数据，中央预算内投资仅占1%。长期以来，环保装备制造业作为环保产业的基础性产业，利润率甚至不足5%。相对于整体上利润率还算不错的环保产业而言，环保装备制造业始终处在产业链最原始的环节，也是最“穷”的环节。

（二）环保产业发展中的环境资本运营中观主体分析

自人类产生以来，人类活动从未对环境造成像今天这样的恶劣影响，大量的环境问题直接威胁着人类社会的可持续发展。在环境问题产生的过程中，人人都可能在生产、生活活动中对环境造成一定程度的不良影响，但较之个人活动，企业对环境所造成的影响更为严重。企业是当今人类最大的经济组织，也是推动社会生产力发展的重要主体。但是，反过来讲，也正是由于企业不合理地对大自然进行开发，大量地排放废弃物，才致使环境问题日益凸显。一般认为，造成环境问题的“罪魁祸首”是“三废”的排放，而企业是制造“三废”的“直接责任人”。可见，企业在经济活动中扮演什么样的角色、承担怎样的责任显得十分重要。随着对环境资本认知的逐渐深入，人们越来越清晰地认识到：科学合理地运营环境资本，不仅可以有效地改善和保护环境，而且可以极大地促进经济增长。

企业环境责任落实的最终归宿是环境资本运营，可以说，环境资本存量增加便必然会要求企业落实环境责任。然而，从企业层面而言，环境保护与经济发展仍然很难兼顾，仍然存在着企业环境责任能力较弱的问题。

（三）环保产业发展中的环境资本运营微观主体分析

环境问题表面上是人类社会经济活动的副产品，实际上反映的是人与人、人与自然经济利益和环境利益矛盾冲突的结果。环境污染的实质是各种经济主体或个人从自身利益最大化出发，在生产和消费过程中尽可能地节约需要支付报酬的生产资源，而不考虑公正性和整个社会的意愿，无节制地滥用无偿的、但有限的环境资源。从环保产业的市场需求角度看，我国虽然是一个环保产业需求潜力巨大的国家，但现实需求并不大，也就是说，中国环保产业的现实需求仍然不足。促进环境资本保值增值是集体理性的选择，是集体决策的结果。但是由于“搭便车”现象的存在，集体行动存在着困境。小集团的集体行动容易产生，中型集团的集体行动既有可能产生也可能得不到产生，大集团的集体行动要想产生必须有选择性的激励措施，而我国公众的环保意识尚需成功转化为有效的集体行动。

（四）环保产业发展中的环境资本运营技术支持分析

从环保产业技术发展水平来看，我国环保产业技术含量不高，低技术产品过多，中高技术产品不足，与国外环保产业发达大国美、日、西欧还有比较大的差距。我国的环境技术开发以常规技术为主，对核心技术的开发程度却很低，同时也缺乏完善的环保产业技术研发支撑体系。我国目前还没有形成企业主体的技术开发和创新体系，主要表现在产学研结合不够，科研院所与企业需求联系不紧密，科技成果转化周期长等方面。

（五）环保产业发展中的环境资本运营投资支持分析

国际经验表明，要防止环境污染而不使这种污染的趋势扩大，一国就应当将环保投入提升到其国内生产总值1.0%～1.5%用于污染治理；只有将环保投资占GDP比例提高到2.0%～3.0%，才能在控制污染的同时使环境质量得到改善。可见，要想使环境不恶化，就必须把环保投资比例维持在GDP比重的1.0%以上。而要想改善目前的环境质量，则应该把这一比重提高到GDP的2.0%以上。而目前我国环保投资占GDP的比重依然较低（见表3）。

目前，在我国出现了常规环保产业产能过剩，而一些重要的环保技术产品（如大型污染处理设备、水处理设备）却依赖于国外进口的结构性问题，目前国内环保产业尚未掌握这些经济、有效的大型污染处理技术，而常规技术产品却处于过度竞争，国内各企业相互竞争的局面。林毅夫认为，在以投资拉动、不断进

表 3 我国环保投资水平

年份	环保投资总额（亿元）	占 GDP 比重（%）
2000	1014.9	1.02
2001	1106.7	1.03
2002	1367.2	1.16
2003	1627.7	1.26
2004	1909.8	1.19
2005	2388.0	1.30
2006	2566.0	1.22
2007	3387.3	1.36
2008	4490.3	1.49
2009	4525.3	1.33

资料来源：国家统计局：《中国统计年鉴 2010》，中国统计出版社 2010 年版。

行产业升级的发展中国家，“后发优势”带来的对处于发展方向上有前景产业的社会共识，将一次又一次出现，也会引致一波又一波“投资潮涌”，因而成为讨论快速增长的发展中国家经济中不可忽略的一个因素。因此，规避环保产业投资“潮涌”风险显得尤为必要。

四、加快推动我国环保产业发展的几点建议

（一）强化环境政策动力机制，规避投资“潮涌”风险

环境政策立法规范的颁布对环保产业发展非常重要，但是它本身的执行机制更为重要。针对我国部分环境政策立法缺乏执行的动力机制问题，首先应该明确执法依据，规范执法行为，要明确个人和企业法人的法律责任，对不执行环境政策立法的行为应该给予法律的制裁性约束。其次加强我国环境政策立法的可操作性。比如法律要求企业治污的成本倘若小于其不执行立法而接受的惩罚性损失，企业便会从自身利益出发，宁愿违法也不愿采取环保措施。因此，要结合经济利益的考虑因素，增强立法的可操作性，完善立法执行的动力机制。

为规避环保产业投资“潮涌”风险，应建立信息发布服务制度，发挥政府的总量信息优势；并着手建立识别、评估产能过剩的体系。与个别企业或金融机构相比，政府对于行业内的企业总数目、供需情况、产能利用率及投资、信贷等总量信息具有信息优势；同时，总量信息的收集具有典型的外部性，应当作为政府

服务来提供。因而政府应定期、及时、详尽地收集和发布这些信息，提示产能过剩风险，缓解投资者因信息不完全和协调困难引发的投资偏误，更好地发挥市场资源配置的基础性作用。

（二）创新环保技术，提升企业环境责任能力

环保技术属于高新技术，是发展环保产业的基础，加强环保技术研究与开发，有利于推动环保产业的发展。我国环保技术是环保产业的薄弱环节，也是制约我国环保产业发展的重要因素。要建立一个利益共享、多方参与、风险共担的产学研合作机制，以环保关键技术产品的研发为纽带，鼓励企业与科研院所、高等院校联合建立生产试验基地。鼓励企业和科研机构的利益链关系，形成紧密的利益共同体，实现产学研的一体化方向发展。引导规模较大，实力较强根据企业和市场需要，与高等院校、科研单位通过定向投入、委托培养、共同开发的方式长期合作，实现科研成果的合作转化。科研院所是创新的源泉，因此，要充分利用它们的优势，走产学研集成之路，推进我国环保产业的健康、快速发展。

企业环境意识只是企业的一种主观态度，要转化为行动还需要企业环境责任能力的提升。在生产要素充裕且价格低廉、环境成本可以“外部化”、寻租机会时而出现、市场竞争不规范的情况下，企业往往愿意选择规模扩张、低成本竞争的粗放式经济发展战略；而在生产要素趋紧、环保监管从严、市场竞争充分、需求条件挑剔的情况下，优胜劣汰作用强化，多数企业会逐步被“逼上”经济发展方式转变道路。按照一般规律，由于环境恶化使得环保监管加强，这样环境成本内部化的压力便会逼迫企业，要么创新工艺降低污染，要么改进技术降低污染治理成本，要么退出高污染行业，使污染物排放得到有效控制。这样，“创新驱动型”发展模式就会逐步取代“环境破坏型”的发展模式。要调动企业环保技术开发的积极性，就必须建立产权多元化的股权结构，并以此为基础建立现代企业制度和与之相适应的公司治理结构，由董事会代表投资者利益进行经营决策，从企业长远发展出发增加环保技术开发投入，以有效增强企业环境责任能力。

（三）提高群众环境保护意识，推广绿色消费模式

社会环境意识是国家环境政策制定的基础，公众环境意识水平直接影响到环境保护相关工作的效果。要加强公民环保意识教育，提高全民对环境保护法律及法规的认识水平，扩大环境保护宣传；将环境教育作为基础教育内容之一，作为素质教育的重要组成部分，普及环境保护知识；鼓励公民参与环境政策制定；赋予公众环境知情权，公开环境信息，加强公民对环境管理的监督；支持民间环保组织发起的环境保护活动。

绿色消费模式是在人类对消费活动进行理性反省与批判的基础兴起的，并在

20 世纪 90 年代逐渐发展成一种国际消费的新潮流。它是一种以可持续发展理念为指导的现代消费哲学、消费伦理思想，对于人类自身的进步与完善，社会的可持续发展都有着重要的意义。所谓绿色消费，实际上是一种综合考虑环境影响、资源效率和消费者权利的现代消费模式。它不仅仅是人类为了满足自身和整个社会可持续发展的“绿色需要”，按照可持续发展的要求，获得、使用、消耗或享用各种绿色产品和服务的行为或过程，同时，也是一种超越自我的高层次理念，是一种以可持续发展理念为指导的现代消费哲学、消费伦理思想。这种理念所带来的消费模式、消费结构等方面的变革体现出高品质、高层次和绿色文明的特征，并将逐步取代以往非文明的消费模式。

（四）提高环保投资水平，实现融资渠道多元化

我国政府对于环保产业的投资占 GDP 的比重还是偏低，政府投资环保产业占 GDP 的比重应该逐步提高。鼓励外资企业、地方政府、民营企业进入环保产业，使投资主体逐渐多元化，扩大环保产业融资渠道，加大对民营环保企业的无偿资金援助，采取财政贴息、财政担保等形式，支持民营环保企业的发展。可以建立环保产业基金，充分吸引各类投资者，将社会化资本转化为环保产业资本；允许设立环保产业信用担保基金，为具有市场潜力的中小环保企业提供担保，改善中小型环保企业从银行融资的条件；借鉴发达国家先进经验，建立环保专项贷款，与世界银行等国际金融机构合作，建立国际间合作贷款机制，提高资金使用效益；政府通过发行国债增加对环保产业的投入，如发行中长期环保建设债券；允许企业发行企业债券，提高资本市场直接融资的能力。

总之，环保产业的产生赋予了我国经济可持续发展道路以新的方式，为我国的环保事业的发展带来了新的机会。环保产业的持续稳健发展，需要政府、企业和社会公众的协同合作，其中，政府的职责是通过制度创新和管理创新，发挥环境资本的开放集聚效应，通过加大财政投入，带动和引导企业与社会公众进行环境投资，增强环境资本融资功能；企业的职责是通过不断采用和创新环保技术，发挥环境资本的共生共进效应，提高环境资本的利用率和产出率，在追求环境资本长期整体盈利最大化的同时，开发出高质量环境附加值产品，保障环保产业的产品供给；社会公众的职责是通过改进消费模式，提倡绿色消费、适度消费、理性消费，通过普及环境文明教育，促进社会公众的“环境自觉”，在全社会树立环境资本理念，形成环保产业的社会基础。

参考文献

[1] 赫尔曼·戴利：《超越增长：可持续发展的经济学》，诸大建、胡圣等译，上海译文出版社 2006 年版。

[2] 颉茂华、刘向伟、白牡丹：《环保投资效率实证与政策建议》，载《中国人口·资源与环境》2010 年第 4 期。

[3] 许凯、张硕、周福宝：《济南： “十二五”环保产业大有可为》，载《济南日报》2011 年 6 月 11 日。

[4] 林毅夫：《潮涌现象与发展中国家宏观经济理论的重新构建》，载《经济研究》2007 年第 1 期。

[5] 鲁焕生、高红贵：《中国环保投资的现状及分析》，载《中南财经政法大学学报》2004 年第 4 期。

[6] 严立冬、谭波、刘加林：《生态资本化：生态资源的价值实现》，载《中南财经政法大学学报》2009 年第 2 期。

[7] 张雪梅、万骞：《“绿色奥运”为北京环保投资带来的启示》，载《生态经济》2010 年第 4 期。

[8] 卢现祥：《西方新制度经济学》，中国发展出版社 2003 年版。

[9] 曾贤刚：《环保产业运营机制》，中国人民大学出版社 2005 年版。

（原载《生态经济》2013 年第 2 期，合作者：王晓刚、屈志光）

武汉低碳城市建设的理论与实证分析

20世纪80年代由于全球气候恶化导致臭氧层出现空洞，引起了全球的极大关注。随后因为环境污染产生的气候异常、灾害频发以及全球气温上升等问题，严重影响到了社会的发展和人们的生活，全球把气候问题正式提上日程。联合国政府间气候变化委员会第四次评估报告认为，1995～2006年的全球平均气温是自1850年以来最暖的12年，在这一百年里，全球平均地面温度上升了0.74℃，其中亚洲平均地面温度上升最快，近年来个别地方甚至超过了1℃（IPC，2007）。气候变暖除了自然因素外，更大程度上是人类活动造成的。根据世界气象组织发布的《2007年温室气体公报》指出，在过去10年中，CO_2对全球气候变暖的贡献率高达87%。CO_2是最重要的人为温室气体，CO_2排放的最直接原因主要在于人类生产和生活中对化石及矿物燃料的不断消耗。城市作为人类进行生产和生活的基本单位和物质空间，肩负着实现经济增长与环境优化的双重任务，所以发展低碳城市，实现城市经济和环境的可持续发展成为研究的重要课题。

武汉市作为中部的一个核心城市，其发展模式对中部地区，尤其是武汉城市圈的发展具有重大影响。过去30年来武汉市走的是高消耗、高污染、高排放的发展模式，如果未来武汉市的经济增长仍然延续这样的强物质化发展趋势，那么武汉市的远景将令人担忧。所以走低碳城市的道路将是武汉市实现经济与环境可持续发展的必备之路。基于以上分析，武汉市发展低碳城市的研究具有以下两方面的意义：

（1）理论方面，通过总结低碳城市的内涵、构建指标及评价体系，可以量化武汉市城市发展过程中的碳排放量，有助于分析武汉市发展低碳城市目前存在的问题，进而提出切实可行的低碳城市发展策略。

（2）应用到武汉的生产、生活及城市建设实践中，在维持武汉市经济增长的同时，实现节能减排，为武汉市走低消耗、低污染、低排放的发展模式提供理论依据，促使武汉市实现经济增长与环境优化的可持续发展。

一、低碳城市建设的理论综述

对于低碳城市的内涵，夏堃堡认为低碳城市就是在城市实行低碳经济，包括低碳生产和低碳消费，建立资源节约型、环境友好型社会，建设一个良性的可持续的能源生态体系。付允认为低碳城市应当以清洁发展、高效发展、低碳发展和可持续发展为目标，发展低碳经济，改变大量生产、大量消费和大量废弃的社会经济运行模式，同时改变生活方式、优化能源结构、节能减排、循环利用，最大限度减少温室气体排放。胡鞍钢认为在中国从高碳经济向低碳经济转变的过程中，低碳城市是重要的一个方面，包括：低碳能源，提高燃气普及率、提高城市绿化率、提高废弃物处理率等方面的工作。诸大建认为低碳城市内涵包括两方面的含义，从宏观层面指的是经济增长与能源消耗增长及 CO_2 排放相脱钩。从微观上的物质流过程来看，低碳经济包括下列三个方面的经济活动，在经济过程的进口环节，要用可再生能源替代化石能源等高碳性的能源；在经济过程的转化环节，要大幅度提高化石能源的利用效率，包括提高工业能效、建筑能效和交通能效等；在经济过程的出口环节，要通过植树造林、保护湿地等增加地球的绿色面积，吸收经济活动所排放的 CO_2，即所谓碳汇。

以上学者对低碳城市内涵的认识，主要是从低碳生产、低碳生活与低碳消费的角度来阐述的，总结以上学者的基本观点，关于低碳城市的内涵要注意两点：(1) 低碳城市的发展与经济的发展并不是严格对立的，低碳城市的发展要以经济的稳健发展为基础，在维持经济健康发展的基础上，实现能源的低消耗，加强对新能源的利用和清洁技术的开发；(2) 低碳城市的建设不是以降低或损害城市居民的生活质量为代价的，低碳城市倡导的绿色消费并不是要求降低人们的消费数量和质量，而是鼓励人们消费更多的绿色产品，养成更加健康的生活习惯。所以低碳城市最终的目标是实现经济增长与环境优化的“双赢”。目前国内外学者对低碳城市建设理论的研究主要是从以下三个方面展开的：

（一）城市生活与能源消费结构

国外不同学者对低碳城市进行了深入的研究，英国学者 Chris Godal 通过对英国国民家庭生活中电能、石油、天然气等能源的统计，把国民的生活支出及各种物质消耗定量转化为 CO_2 排放，以数据形式展示了英国家庭生活碳排放的未来情景及低碳化生活方式的迫切需求，并有针对性地提出英国国民生活的低碳标准。美国哈佛大学经济学教授爱德华·格拉什（Edward L. Glaeser，2007）比较系统地研究城市 CO_2 的排放量计算方法及应用分析，对美国 10 个典型大城市中心与郊区单位家庭采暖、交通、空调及生活能耗进行了实证研究，按照 CO_2/t 排放折合 43 美元的经济成本核算，从碳排放的经济学角度，科学地提出了实现城市低碳化发展的政策建议。

国内对生活排碳量的研究主要集中在住宅及公建中的能源使用上。提出加强生活及公共建筑使用中节能措施。转变建筑的高能耗型消费模式，延长建筑物生命周期。建筑设计与发展要与当地气候条件相适应，努力实现建筑用能与产能、环保、可再生资源利用相结合。有些学者通过试验比较，精确地计算出建筑物在不同的使用方式、空间规模状况下的电能消耗，为每平方米建筑不同使用方式的能源消耗及碳排放强度的计算提供了有力的数据，为城市节能减排提供了参照。

（二）城市碳排放整体构成

日本学者柳下正治立足日本国家碳排放现状及城市背景，通过研究日本家庭、运输部门及工业部门的碳排放比重，从产业分布、建筑建造、低碳交通及新节能技术应用方面提出减小城市碳排放的措施。其他学者也相应立足于本国现实条件，从城市碳排放构成要素角度系统分析了不同国家、不同城市的碳排放构成，从经济发展与能耗之间的关系分析制约城市低碳发展的三大要素：城市生产、交通、家庭生活的碳排放趋势。运用情景分析法预测上海未来发展的几种可能模式，指出通过城市生活低碳化、城市空间紧凑化和物质生产循环化形成三维空间格局来实现城市低碳发展。

国内从国际经济角度分析碳税、碳交易、国际技术经济合作框架、碳转让、经济激励的控制途径及全球合作模式来降低总的碳排放量。通过能源结构的调整，增加低碳能源使用量，开发新型可再生能源，减小化石燃料的消耗，减小污染物排放。并以中国未来发展的环境可承受限度及经济运行保持在良好状态下，推断出中国的碳排放强度，并总结基准情景、一般情景及低碳情景条件下建筑中能源及碳排放指标，论证不同情景模式下的经济代价及实现既定目标的可能性。

（三）城市建筑密度与空间结构

在美国芝加哥大都市发展规划（Chicago Metropolics，2020）中，利用计量经济、土地利用及交通模型来论证城市格局与城市空间结构。城市发展的研究集中在交通及城市密度有关的能耗及 CO_2 排放上。交通与距离有关，而城市密度与土地利用有关。土地开发的高密度及交通通勤距离的缩短必然要求城市空间的紧凑发展。

城市结构上的紧凑化发展也是国内许多学者多年普遍坚持的观点。中国国民经济“十一五”发展规划中也正式提出了中国国土范围内的紧凑化及集中发展，把中国国土划分为4大功能区。实证中，其依据也是从中国近几年土地扩张的速度着手，集中局部地区重点发展，全局平衡的发展策略。在城市空间结构上，重点不是发展大城市中心，而是发展中小城市，大城市中心不是趋于集中，而是走向分散。从土地的集约化利用、城市宗地开发，其中利用了城市的绩效评估方法评估城市紧凑化程度。许多学者提出通过提高土地利用密度、混合使用。增加土地利用及交通的整合、推动就业与住房的平衡，强调了公共交通引导的土地开发模式。然而对于高密度状况下的城区，交通拥挤造成的多余能耗及排放相对于远距离小汽车交通的排放哪方面更少以及城市空间紧凑与综合能耗水平的降低之间是否存在着一个明显的门槛，何以达到最优化的状态，研究并没有给出明确的答案。而且缺乏定量研究来论证城市环境影响程度与城市发展密度的关系。

从目前国内外研究现状看出，低碳城市建设理论的研究主要集中在建筑、交通、生产和生活四大领域。国外学者主要运用了计量和统计分析工具，结合具体城市、具体行业、具体领域进行实证分析，运用大量的数据作为参考，提出建设低碳城市的具体措施。国内学者则大部分集中在定性研究领域，针对这四大领域的具体减排措施，国内学者只是提出了提纲或者政策性的建议。在结合国内具体城市的低碳规划中，很多学术建议的针对性较弱，导致了实践操作性不强。所以笔者在本文的研究中，具体结合武汉市的现状，通过大量的数据，对武汉市建设低碳城市进行了实证方面的分析。

二、低碳城市建设的模型和评价体系

（一） 低碳城市的模型

低碳城市发展模型的建立对于低碳城市的研究具有关键作用。城市碳排放的主要来源有四类：城市交通、建筑、生产及生活，与CO_2排放直接挂钩的主要是这四类活动中产生的化石与矿产燃料的消耗。《中国能源统计年鉴》将最终消费种类划分为九大类（煤炭、汽油、柴油、天然气、煤油、燃料油、原油、电力和焦炭），计算CO_2排放量时可以采用9类能源消费总量乘以各自的碳排放系数，见式（1）：

$$C = \sum_{t=1}^{9} E_i n_i \tag{1}$$

其中，表示CO_2排放总量；E_i为第i种能源消耗；n_i表示第i种能源的碳排放系数。

在计算城市CO_2排放总量时，中国科学院可持续发展战略研究组在研究城市可持续问题时对城市 CO_2 排放量计算的研究成果中，提出了另一个 CO_2 排放总量计算公式，其公式可表述为：

$$CO_2\text{排放量} = p \times \frac{GDP}{P} \times \frac{E}{GDP} \times \frac{CO_2}{E} \tag{2}$$

式中，P 表示人口；GDP/P 表示人均 GDP；E/GDP 表示单位 GDP 能耗；CO_2/E 表示 CO_2 与能源的换算比。

在实际计算中，公式（2）可以化简为：

$$CO_2\text{排放量} = E \times \frac{CO_2}{E} \tag{3}$$

从公式（1）和简化的公式（3）中看出，两者的最终计算结果是基本一致的。公式（1）中的为第种能源消耗，通过转换可以将折算成标准煤，即为公式（3）中的（将 9 类能源消耗通过转化成标准煤后，相加之和）。在下文的武汉市 CO_2 排放量计算中，将采用第二个模型，即公式（3）。

（二）低碳城市的评价指标

评价城市发展是否低碳，关键的问题在于是否实现了经济增长与资源消耗、与环境污染的脱钩（Decoupling）。脱钩的概念最早是在 20 世纪末，经济合作与发展组织（OECD）开始将脱钩的概念引入到农业政策研究，并逐步拓展到环境等领域。本文中笔者选取诸大建、陈飞建议的脱钩指数来作为评价指标，其具体计算公式为：

$$\text{脱钩指数} = \frac{CO_2\text{排放增长指数}}{GDP\text{增长指数}} \tag{4}$$

根据式中计算出的脱钩指数来评价低碳城市的效果，可以分成三种情景（如图 1 所示）。

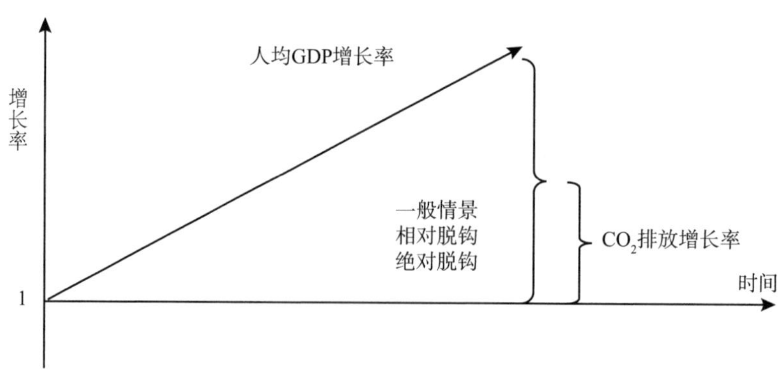

图 1　脱钩指数的三种情景

1. 惯性情景，又称绝对挂钩，此时脱钩指数≥1。说明 CO_2 排放增长指数和 GDP 增长指数同步增加，即能源消耗增速与经济增速同步，或快于经济增速。这是典型的传统线性经济增长模式。

2. 相对脱钩情景，此时 0≤脱钩指数≤1。说明 CO_2 排放增长指数小于 GDP 增长指数，即能源消耗增速慢于经济增速，经济发展对能源的依赖度程度降低。其中当 0≤脱钩指数≤0.5 时，属于脱钩良好情景；当 0.5≤脱钩指数≤1 时，属于脱钩一般情景。低碳城市发展的目标是努力实现脱钩指数≤0.5。

3. 绝对脱钩情景，此时脱钩指数 =0。说明 CO_2 排放增长总量不变，但仍可维持经济增长；或者说，在经济持续增长的情况下，能源消耗量总量不增加。

三、建设低碳城市的实证分析

根据 2020 年我国单位国内生产总值二氧化碳排放比 2005 年下降 40% ~45% 的总目标，武汉作为中部核心城市必须把握机遇、总结经验、展望未来，并为全国城市应对气候变化控制碳排放建设低碳城市提供示范作用。本节根据上述中低碳城市建设的模型和评价体系，结合武汉市 1996 ~2008 年的相关数据，对武汉市建设低碳城市进行了实证分析。

（一） 武汉市碳排放量分析

根据城市碳排放总量的计算公式（3），笔者根据《武汉市统计年鉴》，选取并整理武汉市 1996 ~2008 年的相关数据，测算出武汉市近 13 年来二氧化碳排放量（见表 1）。数据显示，武汉市 13 年间的 CO_2 排放量呈逐年增长趋势，要想实现低碳城市发展目标并不容易，其原因是多方面的。

1. 从生产角度出发分析武汉市 CO_2 排放量持续增加的原因。CO_2 排放很大程度上来源于化石燃料和高碳能源，而这两大块多数是在工业生产中使用的。武汉市是一个中部重工业城市，有武汉钢铁股份有限公司、武汉重型机械厂、武昌造船厂、武汉神龙汽车制造厂等大型重工业企业，这些企业每年需要消耗大量的能源，而 95% 的能源属于煤炭、石油、天然气这些高碳能源。表 2 中数据显示，武汉市 1996 ~2008 年的能源消耗总量中，煤炭、洗精煤、焦炭、原油就占据了 90%，而这也是武汉市 CO_2 排放最大的来源之一（见表 2）。除此之外，我们观察到，这些大型的重工业企业大部分是老国有企业。在能源的利用强度上与国际上的先进企业还有很大差距，这也一定程度上加大了能源的消耗。

表 1　　武汉市 1996 ~ 2008 年二氧化碳排放总量

年份	GDP 能耗（折标煤）（10^4 吨）	二氧化碳与折标煤的换算	二氧化碳排放量（10^4 吨）
1996	2259.98	0.98	2214.78
1997	2335.92	0.98	2289.20
1998	2285.71	0.98	2240.00
1999	2189.45	0.98	2145.66
2000	2485.33	0.98	2435.62
2001	2265.24	0.98	2219.94
2002	2356.15	0.98	2309.03
2003	2615.67	0.98	2563.36
2004	3274.48	0.98	3208.99
2005	3255.39	0.98	3190.29
2006	3828.17	0.98	3751.61
2007	3884.03	0.98	3806.35
2008	3914.27	0.98	3835.98

注：标准煤与原煤的兑换系数是 0.7143 及 DOE/EIA 统计的煤炭消耗碳排放系数 0.702，由此可以计算出表格中二氧化碳与折标煤的换算系数为：$(1/0.7143) \times 0.702 = 0.9$。

表 2　　武汉市 1996 ~ 2008 年能源消费总量

年份	能源消费量（万吨）	煤炭（万吨）	占比（%）	洗精煤（万吨）	占比（%）	焦炭（万吨）	占比（%）	原油（万吨）	占比（%）
1996	2259.98	917.71	41.00	409.07	18.10	298.23	13.00	359.09	15.89
1997	2335.92	960.82	41.00	417.66	18.27	305.74	13.00	412.4	17.65
1998	2285.71	962.44	42.00	415.6	18.18	307.78	13.00	333.81	14.60
1999	2189.45	917.01	42.00	415.39	16.71	309.28	14.00	390.49	17.84
2000	2485.33	926.39	37.00	413.95	16.66	333.58	13.00	430.29	17.31
2001	2265.24	863.67	38.00	414.91	17.61	320.59	14.00	365.58	16.14
2002	2356.15	950.27	40.00	432.16	18.34	331.34	14.00	412.45	17.51
2003	2615.67	1084.49	41.00	460.09	14.05	379.43	15.00	435.27	16.64
2004	3274.48	1435.12	44.00	496.14	15.15	368.92	11.00	530.24	16.19
2005	3255.39	1742.06	54.00	589.56	15.40	411.12	12.00	584.18	17.95
2006	3828.17	1891.64	49.00	584.12	15.26	441.93	12.00	580.95	15.18
2007	3884.03	1863.85	48.00	705.64	18.03	422.65	11.00	611.07	15.73
2008	3914.27	1793.92	46.00	699.84	17.88	506.28	13.00	569.31	14.54

2. 武汉市 CO_2 排放量持续增加与武汉市人口数量和生活习惯也有紧密联系。武汉市 1996～2008 年以来，人口数持续上升（见图 2）。人口数量对城市排放量的影响，从 CO_2 排放量的计算公式（2）就可以看出，城市人口数量直接影响 CO_2 排放量。《武汉市统计年鉴》中公布的人口数据主要是根据武汉市固定居住人口数量统计的，但是武汉市实际上还有大量的流动人口，这样庞大的人口数据也是武汉市 CO_2 排放量增加的重要原因。与此同时，伴随人口不断增加，日常生活中的消费规模日益扩大，生活中的 CO_2 排放量也会不断增加。

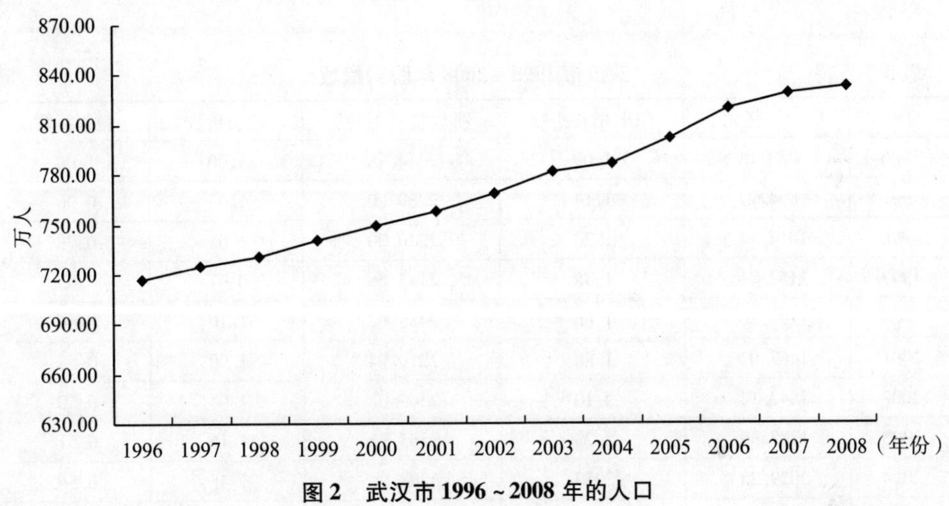

图 2 武汉市 1996～2008 年的人口

3. 武汉市的交通与建筑也会不断增加碳排放。根据《武汉市统计年鉴》数据显示，武汉市的民用车辆拥有量到 2006 年已经有 703481 辆，其中私家车的数量超过 25 万辆，而且随着人们生活水平不断提高、购买力上升以及城市空间距离大等原因，私家车的数量还在不断上升，小汽车排放的 CO_2 是逐年上升的。在建筑方面，武汉市分为三镇，城市空间紧凑性很低。而且武汉市的各个繁华区都有大量的公共场所和公共建筑，而这种公共建筑和场所的能耗一般比普通建筑的能耗要大 2 倍以上。随着武汉市房地产业的迅猛发展，占据了越来越多的绿地，使得武汉市的碳汇减少，这也是 CO_2 排放量上升的原因之一。所以，武汉市的产业结构、能源结构、人口数量和交通现状会导致武汉市 CO_2 排放量不断增加，给武汉市发展低碳城市也提出了极大的挑战。

（二）武汉市经济增长与能源消耗的脱钩分析

根据上述关于低碳城市的评价体系分析，城市发展是否低碳，需要根据城市经济增长和能源消耗的脱钩指数来进行判断。根据1996～2008年《武汉市统计年鉴》数据，为了消除GDP与CO_2消耗的单位和数量级不同，更好的分析两者之间的关系，采取（王崇梅，2010）无量纲化处理办法。以1996年的二氧化碳排放量和GDP数量为基数，测算出1997～2008年的二氧化碳排放量和GDP数量在1996年基础上的增长指数，再根据两者的增长指数比测算出脱钩指数（见表3）。根据表3的数据，绘制出以1996年为基准年的武汉市经济增长与CO_2排放量脱钩比率的跨年度变化趋势（见图3）。根据上文中阐述的低碳城市的评价指标，当脱钩指数小于0.5时，属于脱钩良好状况。所以在此，把0.5作为脱钩指数标准，以此来对武汉市具体脱钩比率进行分析。

表3　武汉市1996～2008年脱钩指数

年份	GDP（亿元）	GDP增长指数	排放量（万吨）	增长指数	脱钩指数
1996	782.13	1.00	2214.78	1.00	1.00
1997	894.77	1.14	2289.20	1.03	0.90
1998	1014.74	1.30	2240.00	1.01	0.78
1999	1157.71	1.48	2145.66	0.97	0.65
2000	1298.28	1.66	2435.62	1.10	0.66
2001	1467.02	1.88	2219.94	1.00	0.53
2002	1642.12	2.10	2309.03	1.04	0.50
2003	1788.99	2.29	2563.36	1.16	0.51
2004	2029.25	2.59	3208.99	1.45	0.56
2005	2367.46	3.03	3190.28	1.44	0.48
2006	2710.29	3.47	3751.61	1.69	0.49
2007	3171.28	4.05	3806.35	1.72	0.42
2008	3791.28	4.85	3835.98	1.73	0.36

注：武汉市1996～2008年的GDP数据在《武汉市统计年鉴》基础上进行了处理，剔除了物价上涨的因素，以1996年GDP为基期数据。

1996～2004年，脱钩比率一直处于0.5之上，经济增长对能源消耗具有较大的依赖性。但是脱钩比率在不断下降，显示了经济增长对能源消耗的依赖性有逐年下降的趋势。其中1996～1999年，脱钩比率从1下降到0.65。从表3中的数据，我们可以看出，武汉市1999年GDP在1996年GDP基础上增加了48%；而1997～1998年CO_2排放量在1996年基础上增加的比率不到5%，1999年CO_2排放量在1996年基础上甚至下降了4%。由此，我们可以根据图1中低碳城市的评价指标可以看出，1996～1999年，武汉市的经济增长与CO_2排放的脱钩比率处于0.5～1之间，是一般情景。1999～2001年，这个时期的脱钩比率趋势从1999

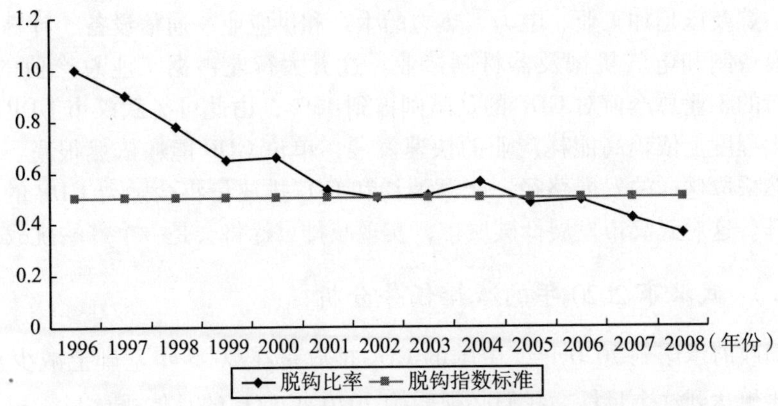

图3 武汉市1996～2008年的脱钩比率与脱钩指数标准值

年到2000年是轻微上升，但是从2000年到2001年却出现了较大幅度的下降，从0.66骤降到0.53。表3中的数据可以解释这个现象，从1999年到2001年，武汉市GDP数量一直保持在15%的增长率，而CO_2排放量数据2000年在1999年基础上涨了11%，到2001年则下降了10%，所以2001年的脱钩比率在2000年基础上骤降了20%。这个时段的转折变化，使得武汉市的脱钩比率从相对脱钩较差变为相对脱钩一般情景，经济增长对能源消耗的依赖度逐渐降低。2001～2004年的脱钩比率一直维持在0.5左右，处于相对脱钩一般情景。但是表3中GDP和CO_2排放量的数据显示出，2004年的CO_2排放量在2003年基础上有一个明显的增加，由于当年GDP的明显增加量使得脱钩系数不至于上升太大。所以，一定程度上来说，GDP的增长还是很大程度上依赖能源的消耗。

从2005年开始，武汉市经济增长与能源消耗的脱钩比率就已经达到了脱钩良好的标准，一直低于0.5，而且逐年呈现下降的趋势。从图4可以看出，到2005年，武汉市的脱钩比率已经低于0.5，向脱钩较好的情景发展。2005年脱钩系数的降低原因，从表3中可以看出。2005年的GDP在2004年基础上上升了10%，而2005年的CO_2排放量在2004年的基础上却降低了。所以整体显示出了脱钩比率持续向下的趋势。而2005～2008年，脱钩比率下降速度加快，逐渐接近绝对脱钩情景。武汉市的GDP在这个时段持续上涨，而且速度越来越快，2008年的GDP在2005年的基础上，上涨了60%。同期的CO_2排放量也在增加，但是增加的速度慢于GDP增长速度。所以整体的脱钩比率已经达到良好情景。

虽然武汉市的经济增长与能源消耗的脱钩比率呈现良好发展态势，但是认真分析发现脱钩比率的持续下降主要依赖于武汉市GDP的持续高涨。而对武汉市GDP增长产生巨大贡献大部分是高能耗产业。根据《武汉市统计年鉴》中数据显示，对武汉市工业总产值贡献最大的前5个行业是：交通运输设备制造业、黑色金属冶炼及压延加工业、电力、热力的生产和供应业、通信设备、计算机及其他电子设备制和电气机械及器材制造业。这五大行业占据工业总产值的70%，而武汉市的工业总产值对GDP的贡献则占到48%，由此可见武汉市GDP的持续增长很大程度上依赖高能耗产业的快速发展，单位GDP能耗依然很高。如果武汉市依然采取这样的发展路径，能源消耗和CO_2排放量将会随着GDP的增长而持续上升。这对武汉市发展低碳城市，实现减排目标将会是一个严峻挑战。

（三）武汉市2020年的减排任务分析

中国政府承诺到2020年，中国的CO_2排放量在2005年基础上减少40%~45%。要想达到这个目标，我们必须明确2020年CO_2的具体排放量。根据《中国统计年鉴》2005年的中国人口数量是13.1亿，而2005年中国的人均CO_2排放量是3.9吨，由此可以计算出中国2005年的CO_2排放量是51.09亿吨。而2020年的CO_2排放量要在此基础上减少45%，则中国2020年的CO_2排放总量即为28.1亿吨。根据这个总目标，我们要对这个总目标进行细分。

考虑到各地的复杂情况，本文简单根据各省各地历年的GDP占全国GDP的比率对应把CO_2排放量细分到各省各地，并以此作为各地初级CO_2排放标准量。计算公式（4）表述为：

$$\text{各地 } CO_2 \text{ 排放标准量} = \frac{\text{各地 GDP 数量}}{\text{中国 GDP 数量}} \times 2020 \text{ 年中国 CO 排放标准量} \quad (4)$$

由此根据《武汉市统计年鉴》和《中国统计年鉴》数据可以推算出武汉市GDP数量占中国GDP数量的比率（见表4）。

表4　　1996~2008年武汉市GDP占全国GDP比重

年份	武汉市GDP（亿元）	全国GDP（亿元）	武汉市GDP占全国GDP比重
1996	782.13	70142.49	0.01
1997	894.77	78060.83	0.01
1998	1014.74	83024.28	0.01
1999	1157.71	88479.15	0.01
2000	1298.28	98000.45	0.01
2001	1467.02	108068.22	0.01
2002	1642.12	119095.69	0.01
2003	1788.99	135173.98	0.01
2004	2029.25	159586.75	0.01
2005	2367.46	185808.60	0.01

续表

年份	武汉市 GDP（亿元）	全国 GDP（亿元）	武汉市 GDP 占全国 GDP 比重
2006	2710. 29	217522. 70	0. 01
2007	3171. 28	267763. 70	0. 01
2008	3791. 28	316228. 80	0. 01

通过 1996 ~ 2008 年的数据，我们发现武汉市 GDP 占全国 GDP 比重基本稳定在 1，根据公式（2）我们计算出武汉市 2020 年 CO_2 排放标准量如下：

武汉市 CO_2 排放标准量 =0. 01 ×28. 1 亿吨 =2810 万吨

武汉市要发展低碳城市，为中国低碳经济的发展做出贡献，就需要以此为目标，使武汉市 2020 年的 CO_2 排放量减少到 2810 万吨。但是根据第二个部分的数据分析，我们发现武汉市 CO_2 排放量早在 2004 年就已经达到 3208. 99 万吨，而且 CO_2 排放量是呈逐年上升的趋势。由此可见，要依然保持经济增长和能源消耗脱钩比率小于 0. 5，完成 2020 年的减排任务，还需要从各个领域来实现节能减排，以此推动武汉市的低碳发展。

四、武汉市发展低碳城市的对策

根据第四部分关于武汉市发展低碳城市的实证分析结果看出，武汉市已经基本实现了经济增长与 CO_2 排放量相对脱钩，已经具备了发展成为低碳城市的基础。但是由于武汉市 GDP 快速增长对能源消耗的惯性依赖，以及武汉市重化工产业发展对 GDP 的重大贡献，使得在武汉市未来的经济发展中将仍然会伴随 CO_2 排放量的上升。所以根据上述对武汉市 CO_2 排放量的影响因素的分析，武汉市要实现低碳发展，必须从能源结构、产业结构、人口结构和绿化结构方面来采取措施。

（一） 加快调整能源结构和产业结构，提高能源效率，实现清洁生产

湖北省是千湖之省，武汉市也有大量的湖泊，所以应该结合自身优势，积极发展水资源的利用。而且水能是清洁能源，不会产生大量的 CO_2。但是考虑到能源调整的功能与成本约束，短期内想改变能源结构有困难。所以现在的重点应该放在提高能源的利用效率上，加强武汉市大量重工业企业的转型改革，调整产业结构，引入市场竞争机制，努力改进技术，提高能源利用效率。从资源的开采，产品的生产，产品的使用和废弃物的处置的全过程中，最大限度地提高资源和能源的利用率，最大限度地减少它们的消耗和污染物的产生。同时加快产业结构的

优化升级，大力推动能源环保产业的发展，提高高碳产业的市场准入条件。能源环保产业正在成为全球产业发展的热点。武汉城市圈发展环保能源产业，重点依托青山环保产业基地，突破性地发展以生物质能、太阳能光伏、半导体照明、风力发电、节能装备、电力环保、水环保、循环经济等为重点的能源环保产业，使新能源与环保产业发展成为新的支柱产业，并带动相关产业的健康持续发展。

（二）合理规划武汉市人口数量,加快改进武汉市交通现状，实现城市生活低碳化

武汉市人口主要分成三部分：武汉本地居民、外来学生人群和外来务工人员。根据不同人员的特点要采取不同的政策，防止武汉市的人口数量盲目扩张。在家庭生活交通上节能，使用高效空调、照明及节能家电，公共交通服务上不断改进，发行一卡通，加强换乘减免等措施；企业不断改进技术，加强节能型汽车的推广等技术措施来降低交通燃油消耗；提高个人的思想意识及节能观念，提倡可能情况下依靠自行车及步行交通。在生活模式和消费观念上进行积极引导，减少 CO_2 排放不仅仅是政府的责任，而且个人也应当承担责任。我们应当倡导和实施一种低碳的消费模式、一种可持续的消费模式，在维持高标准生活的同时尽量减少使用消费能源多的产品。

（三）加强武汉市绿化带的建设,增加碳汇

碳汇主要通过陆地植被固碳，植被通过光合作用而吸收大气中的碳含量，并将其固定在植物体内和土壤中。据研究，平均每公顷绿地日平均吸收 $11767TCO_2$，释放 $1123TO_2$。武汉市应该增加街头绿化、公园、沿江、道路绿化建设，沿城市周边设置防风林，保护现有沼泽地，从整个城市范围内做到生态平衡。

参考文献

[1] IPCC，2007：Climatechange2007：the fourth assessment report of the intergovmental panel on climate change，Cam-bridge University Press.

[2] 夏堃堡：《发展低碳经济，实现城市可持续发展》，载《环境保护》2008 年第 2 期。

[3] 付允、汪云林、李丁：《低碳城市的发展路径研究》，载《科学对社会的影响》2008 年第 2 期。

[4] 胡鞍钢：《中国如何应对全球气候变暖的挑战》，载《国情报告（第十卷 2007 年（下））》。

[5] 陈飞、诸大建：《低碳城市研究的理论方法与上海实证研究》，载《城市发展研究》2009 年第 10 期。

[6] 陈诗一:《节能减排与中国工业的双赢发展: 2009 ~ 2049》, 载《经济研究》2010 年第 10 期。

[7] 徐玖平、李斌:《发展循环经济的低碳综合模式》, 载《中国人口、资源与环境》2010 年第 3 期。

[8] 张坤明:《低碳世界中的中国: 地位、挑战与战略》, 载《中国人口、资源与环境》2008 年第 18 期。

[9] 王崇梅:《中国经济增长与能源消耗脱钩分析》, 载《中国人口、资源与环境》2010 年第 3 期。

[10] 陈飞、诸大建:《低碳城市研究的内涵、模型与目标策略确定》, 载《城市规划学刊》2009 年第 4 期。

[11] 刘文玲、王灿:《低碳城市发展实践与发展模式》, 载《中国人口、资源与环境》2010 年第 4 期。

(原载《中南财经政法大学研究生学报》2011 年第 2 期, 合作者: 曾娟)

后　　记

改革开放已经40年了，我国社会经济发展日新月异。总结这几十年的发展变化，也可反映出自己的研究历程。通过整理多年来的点滴成果，形成本书，内容针对中国改革开放以来人口资源环境与经济发展的变化、问题和策略进行分析研究，包括人口与经济发展、资源与经济发展、环境与经济发展三个部分内容。其中有部分是与我指导的学生的合作成果，论文参考了大量研究成果，引用了较多学者的思想观点，在此表示衷心的谢意！

中南财经政法大学经济学院组织出版了本书，卢现祥院长、罗良文副院长、黎天亚老师提供了出版支持和帮助，我的学生刘培、杨路路、许嘉俊、秦占全、王春晓、邓泽、赵平平、赵路等进行了文稿的整理、排版、校对工作，在此一并表示感谢！

欢迎专家读者批评指正，谢谢！

陈　浩

2019年9月30日